河北省社会科学基金项目

河北经贸大学学术著作出版基金资助

● 河北省社会科学基金项目

河北省农村非正规金融机构 现状及发展对策研究

徐临 曹华青 著

中国社会科学出版社

图书在版编目（CIP）数据

河北省农村非正规金融机构现状及发展对策研究 /
徐临，曹华青著 . —北京：中国社会科学出版社，
2014. 12

ISBN 978 - 7 - 5161 - 5315 - 4

Ⅰ. ①河…　Ⅱ. ①徐…②曹…　Ⅲ. ①农村金融 -
研究 - 河北省　Ⅳ. ①F832. 35

中国版本图书馆 CIP 数据核字（2014）第 306559 号

出 版 人	赵剑英
选题策划	宫京蕾
责任编辑	许　琳
责任校对	石春梅
责任印制	何　艳

出　　版	中国社会科学出版社
社　　址	北京鼓楼西大街甲 158 号
邮　　编	100720
网　　址	http：//www. csspw. cn
发 行 部	010 - 84083685
门 市 部	010 - 84029450
经　　销	新华书店及其他书店

印刷装订	北京市兴怀印刷厂
版　　次	2014 年 12 月第 1 版
印　　次	2014 年 12 月第 1 次印刷

开　　本	710×1000　1/16
印　　张	17. 25
插　　页	2
字　　数	254 千字
定　　价	64. 00 元

前　言

　　金融是现代经济的核心，是现代社会的和谐稳定器，解决农业发展、农民增收和农村经济发展问题，离不开金融强有力的支持。河北省是农业大省，农业经济比重较高，但农村生产发展与国民经济对农业的需求还不适应，农村经济发展落后于城市经济，这与河北省农村金融机构支农服务缺乏、金融资源供给不足不无关系。当前，农村金融市场上的正规金融机构发放的贷款不能满足农村金融的市场需求，造成农村金融市场效率低下、农村金融供给不足。农村非正规金融机构内生于乡土社会网络，与正规金融机构相比，在农村金融供给中拥有信息优势，有着很强的生命力。在农村正规金融机构无法满足广大农户资金需求的情况下，河北省农村非正规金融机构在一定程度上缓解了农村金融供求的不平衡，成为不可忽视的农村金融力量。

　　本书以对河北省农村地区非正规金融机构活动的实地调研为基础，借鉴国内外非正规金融机构成功经验，分析河北省农村非正规金融机构与正规金融机构的比较优势，研究河北省农村非正规金融机构的发展对策，探求其向正规金融机构转化的主要模式和与农村正规金融机构的合作路径，以求能为河北省农村非正规金融机构的发展、改善农村金融供给、完善农村金融组织创新提供参考，同时也为政策制定者提供有价值的决策依据。

　　本书的主要结论如下：第一，信息优势是河北省农村非正规金融机构广泛存在于农村金融市场的主要原因。但法律地位缺失、自身资金实力不足、风险控制等管理水平低下、信息优势具有相对性、外部环境剧烈变化等因素制约了河北农村非正规金融机构的发展。第二，河北省农村非正规金融机构和正规金融机构在农村金融市场上有各自比较优势，设计合适的规则可以促使河北省农村非正规金融机构和正规金融机构开展合作。通过与正规金融机构合作，河北省农村非正规金融机构可以获得更进一步的发展，实现河北省农村非正规金融机构、正规金融机构和农户的三方共赢。第三，向正规金融机构转化或者与正规金融机构合作，离不开政府的支持和引导。全书共分八章。

第一章，绪论。对农村非正规金融机构的概念、主要形式、研究对象、研究思路和方法等基本问题进行理论综述和概括，作为全书研究的基础。

第二章，从金融抑制理论、金融中介理论、信息经济学、制度变迁理论的角度对农村非正规金融研究成果进行综述，为河北省农村非正规金融机构的研究提供了前提。

第三章，介绍国内外非正规金融机构发展概况。研究表明，非正规金融机构在发展中国家和许多发达国家都是一个十分普遍的现象，尽管不同国家非正规金融机构的历史背景和存在形式不同，但都对本国或地区经济的发展起到了积极的作用，各国也都对非正规金融的发展采取了较为积极的政策，并非简单地压制或限制。通过对国内外非正规金融机构发展概况的介绍，得出对河北省农村非正规金融机构发展有借鉴意义的经验和启示。

第四章，介绍河北省农村主要非正规金融机构的发展历史、现状及面临的一些问题。

第五章，以实地调研为基础，从农户角度出发，分析河北省农村非正规金融机构在农村金融市场中的现状及面临的一些问题。

第六章，探讨河北省农村非正规金融机构健康发展应采取的向正规金融机构转化或和正规金融机构合作的几种模式。

第七章，设计了一套适合河北省农村非正规金融机构的农户信用风险等级评价指标，构建农村非正规金融机构的农户信用风险等评估模型。该指标体系和评估模型对于实现河北省农村非正规金融机构稳健经营发展，破解农村金融供给瓶颈具有重要的意义。

第八章，在前述章节的基础上，提出发展河北省农村非正规金融机构的政策建议。

本书第三、四章由曹华青撰写，其余章节由徐临撰写。

目　　录

第一章

绪　论

第一节　研究背景和意义

一　研究背景

中国农村改革是中国改革的先行者，在改革开放之初，随着家庭联产承包责任制改革和乡镇企业的兴起，农村经济保持了快速发展，为实现国民经济又好又快发展、保持社会和谐稳定，奠定了坚实的基础，提供了重要的支持，做出了很大的贡献。但我国目前还是一个发展中国家，农业依然是中国经济发展的薄弱环节，城乡发展还极不平衡，农业基础依然薄弱，农民增收的长效机制仍未真正建立起来，与城镇居民相比，农民的收入仍然较低，农村居民内部的收入差距也越来越大。从 2004 年到 2013 年，中央一号文件连续十年聚焦"三农"，说明中央对农业问题的关注达到了前所未有的高度，同时也反映出农业、农村、农民问题已经成为我国经济发展中一个必须着重解决的问题。

河北省为农业大省，以 2011 年主要农村经济指标全国各省市排序为例，河北粮食总产量位居第 6，棉花总产量位居第 3，油料总产量位居第 8，糖料总产量位居第 13，肉类总产量位居第 6，水产品总产量位居第 14，水果总产量位居第 3，奶类总产量位居第 3。[①] 八大指标中有 6 项指标位居前 10，且其中有 3 项指标位居第 3。

---

① 《2012 年中国农村统计年鉴》。

　　《河北省国民经济形势新闻发布稿》数据显示，河北农村居民收入增速连续几年快于城镇居民收入，但是由于农村居民人均收入远远低于城镇居民，尽管增速较大，但是城乡居民人均收入差却连续增大。一般来说，发达国家的城乡收入差距在 1.5 倍左右，发展中国家略高一些，为 2 倍左右，而河北省近 4 年均在 2.5 倍以上；在京津冀地区，以 2012 年的数据来看，河北省城乡居民人均收入比为 2.54，高于天津的 2.18 和北京的 2.21（详见表 1 - 1 和表 1 - 2）。因此，"不断缩小城乡差距"、"消除城乡二元结构"，依然是我国面临的长期而艰巨的任务，更是河北省长期面临的巨大挑战。

表 1 - 1　　　　2010—2013 年河北农村居民人均纯收入与城镇居民人均可支配收入比较

年份	2010		2011		2012		2013	
类别	农村	城镇	农村	城镇	农村	城镇	农村	城镇
收入（元）	5958	16263.4	7120	18292.23	8081	20543	9012	22580
增长率（%）	15.70	10.50	19.50	12.50	13.50	12.30	12.60	9.90
城乡收入比	2.73		2.57		2.54		2.51	
城乡收入差（元）	10305.4		11172.23		12462		13568	

　　数据来源：2010—2013 年《河北省国民经济形势新闻发布稿》。

表 1 - 2　　　　2012 年河北、天津、北京农村居民人均纯收入与城镇居民人均可支配收入比较

地区	河北		天津		北京	
类别	农村	城镇	农村	城镇	农村	城镇
收入（元）	8081	20543	13571	29626	16476	36469
增长率（%）	13.50	12.30	14.10	10.10	11.80	10.80
城乡收入比	2.54		2.18		2.21	
城乡收入差（元）	12462		16055		19993	

　　数据来源：2012 年《河北省国民经济形势新闻发布稿》、2012 年《天津市国民经济和社会发展统计公报》（http：//www. stats - tj. gov. cn/Article/tjgb/stjgb/201304/23191. html）、北京市 2012 年《国民经济和社会发展统计公报》（http：//www. bjstats. gov. cn/xwgb/tjgb/ndgb/201302/t20130207_ 243837. htm）。

　　大量的理论和实证研究表明，金融是现代经济的核心，是现代社会的和谐稳定器，解决农业发展、农民增收和农村经济发展问题，离不开金融强有力的支持。从金融角度服务于"三农"，对于统筹区域发展、城乡发展，缩小贫富差距，促进城乡一体化，构建和谐社会，实现国民经济持续稳定发展具有极为重要的战略意义。

　　农村经济发展落后于城市经济的根本原因是农村存在严重的资金短缺问题。[①] 杜晓山认为，社会主义新农村建设到 2020 年全面实现还有七八年，如果按照每年 3 万亿元或 4 万亿元算的话，总共需要的资金在 21 万亿元到 32 万亿元之间。[②] 李盼盼、王秀芳（2012）认为河北省农村存在巨大的金融缺口，并且金融缺口存在不断扩大的趋势（详见表 1 - 3）。

表 1 - 3　　　　**2011—2015 年河北省农村金融缺口预测**　　　（单位：万元）

年份	2011	2012	2013	2014	2015
金融缺口	858.67	972.85	1101.62	1244.97	1402.9

本表数据引自李盼盼、王秀芳《基于 ARMA 模型的河北省农村金融融量问题研究》，《中国农学通报》2012 年第 2 期，第 161—165 页。

　　河北省农村金融缺口的形成可追溯到经济、体制根源。经过多年的改革与发展，我国农村金融体系建设取得了巨大成绩，目前，农村金融已形成正规金融与非正规金融并举且互相渗透，同时非正规金融向正规金融转化趋势明显的局面。但这种格局还很不完善，正规金融没有形成"三农"信贷资金供给的制度保障，非正规金融风险凸显，而前者正是非正规金融产生和兴起的根本原因之一。

　　（一）农村正规金融

　　农村正规金融根据成立时间的长短或制度的完善程度可分为传统

---

　　①　李盼盼、王秀芳：《基于 ARMA 模型的河北省农村金融融量问题研究》，《中国农学通报》2012 年第 2 期。

　　②　杜晓山：《我国农村金融面临较大的资金缺口》（http://cz. ce. cn/ft/201306/20/t20130620_ 934924. shtml）。

农村正规金融和新型农村正规金融。前者主要包括政策性的中国农业发展银行、商业性的中国农业银行、合作性的农村信用社、邮政储蓄、农业保险，后者主要包括农村商业银行、农村合作银行、村镇银行、农村资金互助社、贷款公司。

1. 传统农村正规金融

（1）中国农业发展银行

中国农业发展银行是直属国务院领导的我国唯一的一家农业政策性银行，1994年11月挂牌成立。主要职责是按照国家的法律、法规和方针、政策，以国家信用为基础，筹集资金，承担国家规定的农业政策性金融业务，代理财政支农资金的拨付，为农业和农村经济发展服务。目前，全系统共有31个省级分行、300多个二级分行和1800多个营业机构，服务网络遍布中国大陆地区。①

中国农业发展银行河北省分行作为农发行总行下属一级分行，成立于1995年3月。目前，农发行河北省分行下辖163个分支机构，其中二级分行（含省分行营业部）11个、县级支行151个，分支机构遍布全省各市县。业务范围涉及为粮、棉、油、糖等重要农副产品收购、储备、调控、调销、加工等提供政策贷款，为农业科技、农业产业化龙头企业、农村基础设施建设和农业综合开发、农业小企业、农业生产资料、商业储备贷款业务、农村流通体系建设等提供政策贷款。② 以2013年为例，农发行河北省分行累计投放支农贷款349亿元，支农贷款年末余额达到784亿元。全年累计投放粮棉油收储贷款223亿元，粮棉油收储贷款余额达到394亿元；粮棉市场化收购贷款185亿元；向全省51个建设项目投放中长期贷款82亿元，农业农村基础设施建设中长期年末贷款余额达361亿元；发放县域农业农村基础设施建设贷款76亿元；向农业产业化龙头和加工企业、农业小企业投放贷款62亿元；全年累计投放农业科技贷

---

① 《农发行简介》（http：//www. adbc. com. cn/templates/T_ second/index. aspx？ nodeid = 5）。

② 《中国农业发展银行河北省分行介绍》 （http：//www. adbc. com. cn/templates/hebei_ list/index. aspx？ nodeid = 213）。

款 12 亿元。①

农业发展银行由于仅靠财政拨款的渠道筹集资金，只能主要对粮、棉、油等重要农副产品收购提供政策性贷款，目前对农业开发和农村基础设施建设的支持还远远不够。

（2）中国农业银行

中国农业银行的前身最早可追溯至 1951 年成立的农业合作银行。20 世纪 70 年代末以来，相继经历了国家专业银行、国有独资商业银行和国有控股商业银行等不同发展阶段。2009 年 1 月，整体改制为股份有限公司。2010 年 7 月，分别在上海证券交易所和香港联合交易所挂牌上市，完成了向公众持股银行的跨越。②

农行河北省分行是中国农业银行在河北省设立的一级分行，1979 年恢复成立。截至 2010 年年末，农行河北省分行共有各级各类机构 1044 个，在岗员工 20741 人。③

中国农业银行重点支持供销社的农业生产资料贷款。农业银行向国有独资商业银行的转变，导致其放弃低利润的农村领域，在 1995 年后就提出了"向城市进军"的口号，大量撤并农村网点，收缩了基层县支行的信贷审批权力，对农村信贷业务日渐减少，形成逐步淡出农村和支农服务的局面。

（3）农村信用社

新中国成立 60 年来，农村信用社曾历经村集体、人民公社、农业银行、人民银行、银监部门管理。2003 年，国务院启动深化农村信用社改革试点工作，把农村信用社交由省级政府负责管理。2004 年 10 月，河北省正式启动农村信用社深化改革工作。经过筹建、创立，2005 年 6 月 29 日，河北省农村信用社联合社（简称省联社）挂牌成立，正式在省政府授权下对全省农信社履行行业管理职能。截至 2011

---

① 《河北农发行 2013 年末支农贷款余额比年初增加 100 亿》（http：//finance. ifeng. com/a/20140222/11722907_ 0. shtml）。

② 《农行简介》（http：//www. abchina. com/cn/AboutABC/ABCInformation/201007/t20100715_ 33147. htm）。

③ 《分行简介》（http：//www. abchina. com/cn/branch/he/aboutus/default. htm）。

年末，省联社在全省 11 个设区市设有 3 个市级联社、8 个办事处，在县级设有 154 个县级联社（农村合作银行、农村商业银行），全省农村信用社共有 4919 个网点，员工 53926 人。农村信用社服务方向和市场定位为"立足三农、面向县域（社区）、服务中小企业"，是省内涉农信贷投放最多的银行类金融企业，名副其实的农村金融主力军。[①] 截至 2013 年 3 月 31 日，全省农信社涉农贷款余额达 3603.4 亿元，小微企业贷款余额达 2457.8 亿元，消费贷款余额达 145.87 亿元，扶贫开发贷款余额达 300.2 亿元；近年来，河北省农信社以全省银行业金融机构 20% 左右的存款资金，发放了占全省银行机构 40.6% 的涉农贷款和近 50% 的小微企业贷款。[②]

但农村信用社自身存在资本严重不足，资产质量差，农村信用社的发展和运营存在着产权不清、治理结构不完善、对三农的支持力度明显不足。而且受农村经济制度、农村经济社会发展水平以及农村信用社历史发展路径的影响，不同规模、盈利能力和区位的农村信用社沿着四个方向变革：设立农村商业银行，设立农村合作银行，成立信用合作联社，对于严重支不抵债、支农需求较少的予以撤销。

（4）邮政储蓄

邮政储蓄是现阶段我国农村网点最普遍、结算体系最先进的金融组织，但是由于邮政储蓄只吸收存款不发放贷款，加剧了农村金融资金外流的速度，不利于农村经济的发展。

（5）中国人民保险公司

中国人民保险公司于 1982 年开始承办农村保险业务。[③] 虽然 1985 年国务院颁布的《保险企业管理暂行条例》鼓励保险企业发展农村业务，为农民提供保险服务，但是 1985—2004 年，我国农业保险除有两年实现微利外、其余 18 年都是亏损的状况无疑是造成该项业务在 20 世

---

① 《河北省农村信用社简介》（http：//www. hebnx. com/about. asp？id=2）。

② 高玉成：《河北农信优化信贷结构全力满足"三农"资金需求》（http：//www. heb-nx. com/newsdetail. asp？newsId=422）。

③ 姚耀军：《中国农村金融体系的资金配置功能分析》，《财经理论与实践》2006 年第 4 期。

纪 90 年代初短暂发展后长期处于停滞不前的根本原因。2004 年、2005 年、2006 年中央一号文件提出要加快建立政策性农业保险制度，2007 年《中共中央　国务院关于积极发展现代农业扎实推进社会主义新农村建设的若干意见》中进一步要求扩大农业政策性保险试点范围，各级财政对农户参加农业保险给予保费补贴，完善农业巨灾风险转移分摊机制，探索建立中央、地方财政支持的农业再保险体系。[①] 国家鼓励政策的相继出台，明显促进了农业保险的发展（详见表 1 - 4）。

表 1 - 4　　　　　2005—2011 年农业保险保费收入情况

年份	2005	2006	2007	2008	2009	2010	2011
保费（亿元）	7	8	53.3	110.7	133.9	135.9	174
增长率	—	14.29%	566.25%	107.69%	20.96%	1.49%	28.04%

数据来源：2007 年、2009 年、2011 年、2012 年《中国统计年鉴》相关数据计算所得。

表 1 - 4 表明，农业保险业务在 2007 年、2008 年快速发展，但 2009 年以后发展速度放缓，这和农业保险的高赔付率有比较大的关系（详见表 1 - 5）。

表 1 - 5　　　　　2005—2011 年农业保险、财产保险及保险公司
合计赔款给付率情况

年份	农业保险赔款给付率	财产保险公司赔款给付率	保险公司合计赔款给付率
2005	85.71%	53.86%	23.05%
2006	75.00%	52.25%	25.50%
2007	55.91%	50.98%	32.19%
2008	57.90%	60.32%	30.37%
2009	71.10%	54.74%	28.06%
2010	70.64%	45.08%	22.03%
2011	47.01%	47.06%	27.40%

数据来源：由 2007 年、2009 年、2011 年、2012 年《中国统计年鉴》相关数据计算所得。

---

① 李文：《关于我国农业保险法律制度建设的思考》，《特区经济》2011 年第 2 期。

表1-5表明，农业保险业务相对其他形式的保险业务，风险大，收益低。因此，以追求利润最大化为目的的商业保险公司缺乏经营该项业务的内生动力。

上述传统农村金融制度安排，理论上基本符合农村金融发挥特定功能的要求，但在实际操作中，这些金融机构商业化的经营目标由原来的支持农业和农村经济发展转向了追求自身利益最大化，致使农村金融功能不能正常有效地发挥。

事实表明，单纯依靠对传统正规金融机构实施业务管制不仅难以阻止农村资金流向城市、流向高收益产业，还使农村正规金融机构的行为发生扭曲，并积累极高的不良资产，而绝大多数存在借贷需求的农户及中小企业依然面临着融资难问题。同时，低覆盖率、低供给、低投保率的农村保险相对于高风险、高亏损、高需求的农村经济，没有充分发挥其转嫁风险、分担损失的功能。

2. 新型农村正规金融

（1）农村商业银行

农村商业银行是由辖内农民、农村工商户、企业法人和其他经济组织共同发起成立的股份制地方性金融机构。主要任务是为当地农民、农业和农村经济发展提供金融服务，促进城乡经济协调发展。

根据2003年9月实施的《农村商业银行管理暂行规定》，"农村商业银行主要以农村信用社和农村信用社县（市）联社为基础组建"，"设立前辖内农村信用社总资产10亿元以上，不良贷款比例15%以下"。显然，起初农村商业银行是由农村信用社改制而来的。2014年3月，中国银监会发布实施《中国银监会农村中小金融机构行政许可事项实施办法》，该办法规定农村商业银行"在单家农村合作银行或农村信用社基础上变更组织形式设立，在两家及两家以上农村商业银行、农村合作银行或农村信用社基础上以新设合并方式设立"，这样，农村商业银行的设立就有所突破，同时体现了农村合作银行的改革方向。

2014年7月9日，通过中国银行业监督管理委员会"金融许可证信息"系统检索，以机构名称"农村商业银行"查询到27351条记录，即表示目前我国农村商业银行或其分支机构有 27351 家；利用该系统，添加机构地址"河北"重新查询，有 589 条记录，即表示目前河北省境内农村商业银行或其分支机构有 589 家。农村商业银行的成立，一方面较好地改善了原来农村信用资本严重不足的局面，增强了市场竞争力，如 2013 年 10 月 23 日正式挂牌开业的河北唐山农村商业银行股份有限公司，是河北省首家市级农商行，也是全省规模最大的农村商业银行，在唐山市丰润、丰南、古冶、开平和郊区 5 家农村联社的基础上成立，注册资本金达 20.17 亿元；另一方面商业银行的逐利性让人们不得不怀疑这种金融模式对三农支持的前景。

（2）农村合作银行

农村合作银行是由辖内农民、农村工商户、企业法人和其他经济组织入股组成的股份合作制社区性地方金融机构。主要任务是为农民、农业和农村经济发展提供金融服务。

根据 2003 年 9 月实施的《农村合作银行管理暂行规定》，"农村合作银行主要以农村信用社和农村信用社县（市）联社为基础组建"。很显然，农村合作银行和农村商业银行都是农村信用社改制的产物。两者主要的区别详见表 1-6。

表 1-6　　　　　　农村商业银行与农村合作银行主要的区别

区别	农村商业银行	农村合作银行
产权制度	股份制	股份合作制
股权设置	股本划分为等额股份，同股同权、同股同利	股权分为资格股、投资股两种股权，资格股实行一人一票，投资股每增加一定额度就相应增加一个投票权
法人治理	权力机构是股东大会，同时设置董事会、监事会和经营管理层	权力机构是股东代表大会，股东代表由股东选举产生，同时设置董事会、监事会和经营管理层
注册资本金	不低于 5000 万元人民币	不低于 2000 万元人民币
资本充足率	达到 8%	达到 4%

2014 年 7 月 9 日，通过中国银行业监督管理委员会"金融许可证信息"系统检索，以机构名称"农村合作银行"查询到 4166 条记录，即表示目前我国农村合作银行或其分支机构有 4166 家；利用该系统，添加机构地址"河北"重新查询，有 78 条记录，即表示目前河北省

境内农村商业银行或其分支机构有 78 家。这些农村合作银行批准成立的时间为 2005—2010 年，除 3 家外其余都成立于 2008 年。近四年来河北省没有新成立一家农村合作银行，这说明通过实践检验，管理层对这种模式并不看好。究其原因主要是由于股份制与合作制是一对很难兼容的产权制度形式，因而在这种股权合作制难以建立其完善、有效率的法人治理结构的。2007 年 1 月，中国银监会发布实施《贷款公司管理暂行规定》，明确表示"贷款公司是由境内商业银行或农村合作银行全额出资的有限责任公司"；2014 年 3 月，中国银监会发布实施《中国银监会农村中小金融机构行政许可事项实施办法》，进一步为农村合作银行指明了改制方向——变更组织形式，设立农村商业银行。

（3）村镇银行

村镇银行是指经中国银行业监督管理委员会依据有关法律、法规批准，由境内外金融机构、境内非金融机构企业法人、境内自然人出资，在农村地区设立的主要为当地农民、农业和农村经济发展提供金融服务的银行业金融机构。2007 年年初，银监会为调整放宽农村地区银行业金融机构准入政策，制定发布了《村镇银行管理暂行规定》，探索培育以村镇银行为主体的新型农村金融机构。自中国第一家村镇银行——四川仪陇惠民村镇银行于 2007 年 3 月 1 日诞生开业①，截至 2013 年年末，全国共组建村镇银行 1071 家，其中开业 987 家、筹建 84 家。目前，村镇银行已遍及全国 31 个省份，覆盖 1083 县（市），占县（市）总数的 57.6%。组建的 1071 家村镇银行中，中西部省份达 665 家，占 62.1%；已开业的 987 家村镇银行中，有 739 家实现盈利；以支农支小为主要特色，农户贷款和小企业贷款分别达 1455 亿元和 1825 亿元，合计占比 90%。直接和间接入股村镇银行的民间资本为 472 亿元，占股本总额的 71%。②

---

① 霍朗：《中国第一家村镇银行已于 3 月 1 日诞生开业》（http://www.51credit.com/HangYe/YeJieDongTai/T - YeJieDongTai/article170135.shtml）。

② 刘诗平：《一号文件解读：村镇银行将逐步实现县市全覆盖》（http://www.gov.cn/jrzg/2014 - 02/02/content_ 2579800.htm）。

河北省首家村镇银行——张北信达村镇银行于 2008 年 6 月 26 日
开业①，截至 2013 年年末，河北省共计组建村镇银行 51 家，其中开
业 44 家，其中 2013 年开业 21 家，批准筹建 7 家；分支机构 16 家，
其中 2013 年开业 14 家。已开业村镇银行注册资本总额为 14.30 亿
元，从业人员 1275 名。资产总额 120.76 亿元，负债总额 104.88 亿
元，各项存款 93.06 亿元，各项贷款 59.97 亿元，贷款户 6075 数户，
实现净利润 1.45 亿元。②

大量调研结果表明，村镇银行可以部分缓解中小农户、小微农业
企业贷款难问题，在金融体系中引发"鲶鱼效应"，加速推进农村正
规金融机构的制度改革，其新的经营理念为农村金融组织发展注入活
力，同时有效地推动农村非正规金融机构的正规化，是非金融机构和
自然人进入农村金融领域的一次有益探索。③ 但是村镇银行也存在着
亟待解决的问题，如业务面窄，客户需求满足度不高；百姓认同度不
高，吸收存款较难；专业人员（管理人员、金融专业人员、信息系统
技术人员）缺乏；经营风险日渐扩大等等。④

---

① 《中国银行业监督管理委员会张家口监管分局 2008 年工作总结》 （http：//
info. hebei. gov. cn/eportal/ui？ pageId = 2100995&articleKey = 4970347&columnId = 332164）。

② 范婧睿： 《河北已有 44 家村镇银行开业实现净利润 1.45 亿元》 （http：//
finance. hebnews. cn/news/2014 - 01/27/content_ 3754667. htm）。

③ 刘渝阳：《从小额信贷看村镇银行试点对"三农"的支持——基于四川仪陇惠民村
镇银行试点调查》，《四川省情》2007 年第 11 期。

④ 李海申、苗绘：《河北村镇银行发展现状及政策建议》，《中国财政》2012 年第 22
期；郭晓鸣、唐新：《村镇银行：探索中的创新与创新中的选择——基于全国首家村镇银行
的实证分析》，《天府新论》2009 年第 2 期；阮勇：《村镇银行发展的制约因素及改善建
议——从村镇银行在农村金融市场中的定位入手》，《农村经济》2009 年第 1 期；田颖莉、
贾泽啸：《村镇银行发展面临的困难和对策——对某村镇银行股份有限公司的调查》，《广
东农业科学》2009 年第 8 期；田光武：《村镇银行经营困境与可持续发展——来自我国第
一家外资村镇银行的调查》，《武汉金融》2009 年第 9 期；李鸿建：《村镇银行：生存困境
和制度重构——基于对全国 3 家村镇银行的调查》，《武汉金融》2010 年第 3 期；蒋玉敏：
《村镇银行风险管理现状、问题与对策——以浙江长兴联合村镇银行为例》，《浙江金融》
2011 年第 5 期；郭兴平：《村镇银行经营管理的现状、问题及对策——基于两家村镇银行的
调研报告》，《银行家》2012 年第 3 期。

　　（4）农村资金互助社

　　农村资金互助社是民间内生自发金融创新的产物①，为了鼓励其发展，2004 年中央一号文件明确提出"改革和创新农村金融体制"，"鼓励有条件的地方，在严格监管、有效防范金融风险的前提下，通过吸引社会资本和外资，积极兴办直接为'三农'服务的多种所有制的金融组织"。在政策引导下，开始了资金互助合作的大胆尝试。

　　为做好调整放宽农村地区银行业金融机构准入政策的试点工作，银监会制定了《农村资金互助社管理暂行规定》和《农村资金互助社组建审批工作指引》，并于 2007 年 1 月 22 日开始公布实施。2007 年 3 月 9 日，全国首家农村资金互助社——百信农村资金互助社在吉林省梨树县闫家村正式挂牌营业，是经中国银监会批准的首家全部由农民自愿入股组建的农村合作金融机构。② 截至 2014 年 7 月 5 日，通过中国银行业监督管理委员会金融许可证信息系统查询到全国农村资金互助社 49 家，在各省分布见表 1 - 7。

表 1 - 7　　　　　　　　　农村资金互助社各省数量分布

省份	数量	省份	数量	省份	数量	省份	数量	省份	数量	省份	数量
安徽	1	新疆	1	山东	2	海南	3	吉林	4	浙江	8
河北	1	内蒙古	2	重庆	2	河南	3	黑龙江	6		
四川	1	青海	2	广西	3	甘肃	4	山西	6	合计	49

　　2008 年 10 月，河北省第一家农村资金互助社——晋州市周家庄农村资金互助社正式挂牌运营。注册资本 1000 万元人民币。其中，周家庄乡 13006 个社员入股 636 万元人民币，剩余的 364 万元股金按照"入股自愿、利润共享、风险共担"的原则，每股最小 1 万元，最多不准超过总股金的 5%，向全乡范围的集体企业、个体企业和广大群众吸收。按照河北银监局核准的业务范围，互助社可以办理社员存

　　① 王苇航：《关于发展农村资金互助合作组织的思考》，《农业经济问题》2008 年第 8 期。

　　② 赵红梅：《全国首家农村资金互助社吉林开张》（http：//news. xinhuanet. com/fortune/2007 - 03/12/content_ 5835078. htm）。

款、贷款和结算业务；买卖政府债券和金融债券；办理同业存放；办理代理业务；向其他银行业金融机构融入资金（符合审慎要求）；经银行业监督管理机构批准的其他业务。[①]

农村资金互助社作为新型农村金融机构是农村正规金融机构的有力补充，但它的生存与发展环境却并不乐观，发展过程中存在设立门槛过高、经营范围过窄、风险管理偏严、社员缺少安全感、相关法律法规未能及时完善等问题。[②]

（5）贷款公司

贷款公司是指经中国银行业监督管理委员会依据有关法律、法规批准，由境内商业银行或农村合作银行在农村地区设立的专门为县域农民、农业和农村经济发展提供贷款服务的非银行业金融机构。贷款公司是由境内商业银行或农村合作银行全额出资的有限责任公司。

根据2007年1月中国银监会发布实施《贷款公司管理暂行规定》，贷款公司的设立要求"注册资本不低于50万元人民币"，显然低于农村商业银行和农村合作银行的标准；"贷款公司不得吸收公众存款"，"贷款公司的营运资金为实收资本和向投资人的借款"，而农村商业银行和农村合作银行则"经中国银行业监督管理委员会批准，农村商业银行可经营《中华人民共和国商业银行法》规定的部分或全部业务"。

2014年7月9日，通过中国银行业监督管理委员会"金融许可证信息"系统检索，以机构名称"贷款　公司"（注：中间有空格）查询到14条记录，即表示目前我国贷款责任有限公司有14家。这14家贷款公司天津有5家，四川、湖北各2家，辽宁、吉林、内蒙古、浙江、重庆各1家。河北省目前没有贷款公司。

（二）农村非正规金融

游离于法律法规规范和监管之外的农民资金合作社等农村非正规

[①]《河北首家农村资金互助社挂牌运营》（http://www.he.xinhuanet.com/news/2008-10/15/content_14639261.htm）。

[②] 朱晓静：《农村资金互助社发展问题及建议》，《山东农业大学学报》（社会科学版）2009年第1期。

金融机构内生于乡土社会网络,与正规金融机构相比,在农村金融供给中拥有信息优势,有着很强的生命力。在农村正规金融机构无法满足广大农户资金需求的情况下,农村非正规金融机构在一定程度上缓解了农村金融供求的不平衡,成为不可忽视的农村金融力量。近些年来,大量的调查研究表明,非正规金融在中国发展迅猛,已达到一定的规模,对经济的发展起到了巨大的支持作用,尤其是对农村经济发展的支持作用尤为明显。

　　农村经济主体的融资需求具有规模小、风险大、征信难、周期长、分散化等特点,因此农村金融业务成本高、利润低,致使以逐利为目的的商业化正规金融纷纷退出农村市场。同时,农村经济的发展、贫富差距的加大使农村非正规金融形成旺盛的需求和供给。国际农业发展基金(IFAD)的研究报告(2001)指出,在中国,农民来自非正规市场的贷款大约为来自正规信贷机构的4倍。温铁军(2001)对东、中、西部共5个省份24个市县的一些村庄进行了个案调查,发现民间借贷的发生率高达95%,高利息的民间借贷发生率达到了85%。[①]

　　而河北的非正规金融机构在农村金融市场也非常活跃。崔苗(2010)2006—2009年对河北省保定市徐水县新庄村进行了实证研究,研究发现,在其调查样本中选择"大利款"(大利款是当地非正规金融的主要形式,月利率基本上在2%左右)的人数达490人,占所有调查样本的66.7%;选择私人借款的为5.1%,占所有调查样本的36.9%;而选择正规金融机构银行、信用社贷款的仅占4.9%。[②]刘星(2010)根据对石家庄市晋州市、承德市围场县、廊坊市永清县、衡水市安平县进行了调查,包括农行在内的四大商业银行和农业发展银行在2007年均未向农户发放过种养业贷款,农户资金需求主

　　① 温铁军:《农户信用与民间借贷研究——课题主报告》(http://www.cei.gov.cn/LoadPage.aspx? Page = ShowDoc&CategoryAlias = zonghe/jjfx&ProductAlias = 50lt&BlockAlias = 50cyfx&filename = /doc/50cyfx/200107311731.xml)。

　　② 崔苗:《论非正规金融向正规金融的演变》,硕士学位论文,中国政法大学,2010年,第32页。

要通过民间借贷和信用社解决，如 2007 年围场县农村信用联社全年累计发放贷款 11 万笔，13.4 亿元，其中农户贷款 10.8 万笔，但贷款总额只有 6.2 亿元。[①] 卢钦（2010 年）对邯郸市 2008 年年末调查资料显示，农户信贷资金的来源渠道主要有银行、农村信用社等正规金融机构和非正规金融机构。[②] 中国人民银行邯郸市中心支行 2008 年统计资料显示，邯郸市农村信用社 2008 年 12 月农户贷款月末余额为88.9 亿元，农户信贷供求差额约为 162.5 亿元。李建英、窦丽琛、赵翠（2009）2008 年 7 月课题组选择河北省石家庄、保定、廊坊、唐山、沧州、衡水、邯郸、邢台、张家口、秦皇岛、承德共 11 个地区的农户进行了"农户金融需求有关问题的问卷调查"，从调查的借贷款次数和金额情况看，农户从正规金融机构借贷款累计数不及从民间借贷累计数的一半。[③] 吴雪琛（2013）对河北省武强县、河北省徐水县，刘玲玲、杨思群（2007）对河北省唐山市、沧州市、衡水市、保定市、邯郸市、张家口市所属的 12 个市县进行了农村金融调查，调查表明正规金融机构数量少，借款手续复杂，借款方式单一，满足不了农村金融的多层次需求，导致农村乡镇企业或者农户转向非正规金融机构筹集资金。[④]

中央财经大学课题组（2004）认为中国地下信贷规模在 7400 亿—8300 亿元之间。[⑤] 郭沛（2004）估算，窄口径的农村非正规金融规模1997—2002 年一直在 1802 亿—2001 亿元（均值为 1993.89 亿元，标准差为 103.42），宽口径的规模则在 2238 亿—2750 亿元（均值为2561.19 亿元，标准差为 186.13）。按窄口径计算，1997—2002 年农

① 刘星：《我国农村微型金融服务及风险防范研究》，博士学位论文，西南财经大学，2010 年，第 45 页。

② 卢钦：《中国农村金融服务体系重构》，博士学位论文，河北大学，2010 年，第39 页。

③ 李建英、窦丽琛、赵翠：《河北省农户金融需求调查报告》，《河北金融》2009 年第 2 期。

④ 吴雪琛：《关于农村金融服务的调查报告》，《河北企业》2013 年第 10 期。

⑤ 中央财经大学课题组：《中国地下金融已近一万亿之巨，东北成为新灾区》，《中国新闻周刊》2005 年 1 月 20 日。

村非正规金融的规模分别占当年金融机构对个私经济短期贷款量的 4.66 倍、4.25 倍、3.63 倍、3.04 倍、2.25 倍和 1.89 倍；按宽口径计算，该比例分别为 5.79 倍、5.24 倍、4.53 倍、3.93 倍、2.95 倍及 2.60 倍。[①] 郭梅亮、徐璋勇（2011）认为，从全国趋势上看，农村非正规金融呈现出递增的趋势，其具有旺盛的生命力的根本原因是，在分散化的农村金融市场中，它相对于正规金融具有信息和履约机制上的相对优势，能有效地节约交易成本，降低违约率。因此，对于农民来说，非正规金融市场的重要性远远超过正规金融市场。[②]

　　根据中国人民银行石家庄中心支行 2005 年的统计数据，河北省民间金融的规模大约在 300 亿—350 亿元之间。[③]

　　2008 年，中国人民银行石家庄中心支行对河北省 19 个县（市）6840 个样本监测统计测算发现，全省作为监测点 19 个县（市）2007 年年末的民间融资的规模在 18.66 亿元以上，约占全省同期各项贷款余额的 2.2%。[④] 河北省企业融资服务协会与河北经贸大学中小企业融资研究中心共同发布了 2013 年上半年河北省融资分析报告，数据显示，至 6 月月末全省民间融资规模 500 亿元左右。[⑤] 而 2014 年 2 月 20 日，中国人民银行正式对外发布 2013 年地区社会融资规模统计数据显示，河北省以 6247 亿元的社会融资规模排在全国第 9 位。从以上数据来看，河北省非正规金融融资规模约占正规金融融资的 1/6 左右。

　　尽管我国非正规金融活动历时悠久，分布广泛，而且组织形式多种多样，但新中国成立初的一系列金融政策的实施，致使非正规金融

---

① 郭沛：《中国农村非正规金融规模估算》，《中国农村观察》2004 年第 2 期。

② 郭梅亮等：《农村非正规金融组织演变、规模与政策选择》，《金融理论与实践》2011 年第 3 期。

③ 王鑫斌、侯艳蕾、李小娟：《缓解河北民营中小企业融资难——基于发展民间金融视角》，《金融理论与教学》2012 年第 1 期，第 47—49 页。

④ 胡利峰：《河北省农户小额贷款问题研究》，硕士学位论文，中国农业科学院，2009 年，第 20 页。

⑤ 刘文静：《河北民间融资规模近 500 亿，近八成企业借款打借条》 （http://hebei. sina. com. cn/news/interview/2013 – 08 – 26/101266062. html）。

市场几乎停滞，直到改革开放之后，非正规金融才重获新生，焕发活力。但是，农村非正规金融，由于长期缺乏相关的法律支持和有效的监督，在发展过程中不可避免地出现了各种各样的问题，如内部经营管理混乱、信用程序活动不规范、利率过高等问题，至今还没有形成规范、统一的金融市场。缺乏有效控制风险的手段，容易放大金融风险，引起金融恐慌。由于我国金融监管当局对非正规金融时而采取一味封杀的政策，时而采取默认的态度，其生存的外部环境不稳定，借贷行为的安全性没有保障，增加了其经营风险。

但随着非正规金融对中国各地农村经济发展的促进作用日益明显，农村非正规金融引起了学者们越来越多的思考：农村非正规金融为什么深受农户的欢迎？与正规金融相比，非正规金融有什么样的优势使其长盛不衰？非正规金融演变的动力机制是什么？它与正规金融的关系是怎样的？如何控制非正规金融的风险？非正规金融继续存在还是引导它走向正规？如何低成本地实现非正规金融与正规金融的连接？国内外非正规金融有何异同？国外农村非正规金融的发展和规范对我们有何启示？信息技术的发展对农村非正规金融的发展有何影响？这些问题无疑都值得我们从历史与逻辑的角度进行深入探讨。对农村非正规金融问题的研究不仅有助于为我国现代农村金融制度体系的建构提供理论指导，就其实践意义而言，还有利于解决"三农"融资难问题和提高农民抵御农业生产自然风险和农产品市场风险的能力。因此，农村非正规金融及其制度的建立逐渐受到了政府的重视。

2013年6月27日在北京举行的十二届全国人大常委会第三次会议上，受国务院委托，中国银行业监督管理委员会主席尚福林作了关于农村金融改革发展工作情况的报告。尚福林介绍称[①]，近年来我国农村金融改革发展取得显著成效：农村信用社改革不断深化，多层次农村金融组织体系基本形成，农村金融服务网络覆盖范围扩大，涉农信贷投放和服务创新取得阶段性成效，农村金融基础设施日益完善，

---

① 尚福林：《多层次、较完善的农村金融服务体系已初步形成》（http://www.ce.cn/macro/more/201307/03/t20130703_24536311.shtml）。

农村金融政策支持体系初步建立，支农服务监管制度从无到有。截止到报告日，金融机构网点已覆盖了全部县（市）和绝大多数乡镇，金融服务已覆盖全部乡镇。报告同时指出，当前农村金融改革发展仍面临一些突出问题：受多种因素影响，农村金融仍然是金融发展的薄弱环节。农村信贷结构不平衡，局部供求矛盾突出；金融功能配置有待进一步健全，缺位、错位等问题仍然存在；各类金融业态发展协调不够，协同效应发挥不充分；扶持政策的协调性和合力尚有提升空间；部分问题无法通过市场和行政手段解决，需要适时启动相关农村金融立法。各类金融业态发展不协调、协同效应发挥不充分具体表现为：农村缺乏把富余资金转化为信贷投入的机制，农民缺乏抵御农业生产自然风险和农产品市场风险的能力。我国农业保险深度和广度有待提升，涉农信贷风险尤其是因重大自然灾害形成的巨额信贷损失缺乏分散渠道和补偿安排。金融功能配置不健全，缺位、错位等问题并存的具体表现为：一是政策性金融改革有待进一步推进。二是邮政储蓄银行县域分支机构和大中型银行县支行存贷比总体较低，资金上存问题普遍存在。三是农村信用社被迫补位，承担了服务金融空白乡镇、贫困农户等大量政策性任务。四是游离于法律法规规范和监管之外的农民资金合作社等组织大量出现，风险隐患不容忽视。

银监会 2006 年 12 月发布的《银监会关于调整放宽农村地区银行业金融机构准入政策，更好支持社会主义新农村建设的若干意见》中表示，允许为解决农村地区银行业金融机构网点覆盖率低、金融供给不足、竞争不充分等问题，中西部、东北和海南省的县（市）及县（市）以下地区，以及其他省（区、市）的国定贫困县和省定贫困县（以下统称农村地区）可以适度调整和放宽农村地区银行业金融机构准入政策，降低准入门槛，强化监管约束，加大政策支持，积极支持和引导境内外银行资本、产业资本和民间资本到农村地区投资、收购、新设村镇银行、农村资金互助社、贷款公司等金融机构。

为做好调整放宽农村地区银行业金融机构准入政策的试点工作，2007 年 1 月 22 日，银监会共出台《村镇银行管理暂行规定》的通知、《贷款公司管理暂行规定》、《农村资金互助社管理暂行规定》、

《村镇银行组建审批工作指引》、《贷款公司组建审批工作指引》、《农村资金互助社组建审批工作指引》等6大政策法规。此外，为了规范新型农村金融机构，先后出台《农村资金互助社示范章程》、《小额贷款公司改制设立村镇银行暂行规定》、《新型农村金融机构2009—2011年总体工作安排》等相关政策法规。2010年，为贯彻落实《国务院关于鼓励和引导民间投资健康发展的若干意见》，鼓励和引导民间资本进入银行业，加强对民间投资的融资支持，中国银监会制定实施了《关于鼓励和引导民间资本进入银行业的实施意见》。

2011年7月，在重庆市举行的"中国农村经济论坛"上，中央农村工作领导小组办公室副主任唐仁健提出，目前我国金融服务"三农"能力薄弱，必须大力发展非正规金融，以适应农村、农业发展对分散、短期、无抵押担保的现实金融需求。[①]

2012年5月，银监会出台《关于鼓励和引导民间资本进入银行业的实施意见》，支持民营企业参与村镇银行发起设立或增资扩股，将村镇银行主发起行最低持股比例由20%降低为15%，并明确在村镇银行进入可持续发展阶段后，主发起行可以与其他股东按照有关原则调整各自的持股比例。

2013年11月12日，中共十八届三中全会全体会议通过《中共中央关于全面深化改革若干重大问题的决定》。决定提出：完善金融市场体系。扩大金融业对内对外开放，在加强监管前提下，允许具备条件的民间资本依法发起设立中小型银行等金融机构。推进政策性金融机构改革。健全多层次资本市场体系，推进股票发行注册制改革，多渠道推动股权融资，发展并规范债券市场，提高直接融资比重。完善保险经济补偿机制，建立巨灾保险制度。发展普惠金融。鼓励金融创新，丰富金融市场层次和产品。

本书在农村非正规金融已经成长为国家金融系统不容忽视的一部分的背景下，在非正规金融发展中存在的问题已经到了不得不重视的

---

① 李松等：《发展"非正规金融"缓解"三农"融资难题》（http://news.xinhuanet.com/fortune/2011-07/11/c_121651553.htm）。

地步的情况下，探讨农村非正规金融产生的各种现实原因和理论原因以及对农村经济的影响，研究如何引导和规范非正规金融，使其健康发展，更好地为农村经济发展服务。

二　研究意义

首先，从河北省农村非正规金融机构现状出发，借鉴国内外农村非正规金融机构成功经验，分析河北省农村非正规金融机构与正规金融机构的比较优势，研究河北省农村非正规金融机构的发展对策，探求其与农村正规金融机构新的合作路径，以求能发挥河北省农村非正规金融机构与正规金融机构各自的比较优势，改善农村金融供给、完善农村金融组织创新，实现河北省农村非正规金融机构与正规金融机构的双赢。

其次，对非正规金融进行经济学分析和研究，可以为宏观和微观经济金融政策的制定提供参考依据，允许和鼓励非正规金融发展，在一段时期内形成多元化的投融资体系，是目前切实可行的选择。

最后，虽然本书将研究的视角放在河北省农村的非正规金融，但非正规金融在中国是普遍存在的，而且其成因与担当的经济角色十分相似，因此，本书的研究应该对整个国家的非正规金融具有一般意义。

第二节　农村非正规金融机构的
概念界定与主要形式

一　基本内涵

对非正规金融概念的界定是河北省农村非正规金融机构问题研究的基础。麦金农（1973）在其著作《经济发展中的货币与资本》中提出并论证了金融抑制假说与市场分割性假说，揭示了非正规金融在发展中国家产生的体制性根源。麦金农在考察发展中国家农民与正规金融组织之间的交易行为后得出的结论认为，发展中国家农村金融体系普遍存在着现代化金融市场和传统的金融市场并存的金融结构，即

"金融的二元性"，一部分是以商业银行、资本市场为代表的有组织的现代化金融市场（或金融机构）；另一部分是以高利贷、当铺、私人钱庄等为代表的传统的金融机构或金融市场。[①]

沿袭麦金农所描述的二元金融结构中的"传统"金融市场和金融活动，许多学者给出了许多类似的概念及提法。包括有非正规金融（informal finance）、非组织金融（unorganized finance）、非正式金融（informal finance）、非制度金融（non-institution finance）、民间金融（folk finance）、民间借贷（folk debit and credit、informal credit、private lending）、民间融资（non-governmental financing、informal finance、folk financing）、灰黑色金融（gray and black finance）、地下金融（underground finance）、路边金融市场（curb market）、体制外金融（external financial system）等。这些概念指代的对象基本相同，但是观察角度和侧重点不同。

以上述提法为关键词，于 2013 年 11 月 19 日通过"超星发现"数据库、CNKI 期刊库检索到文献的篇数及排序结果见表 1-8。

表 1-8　　　　　　　　　国内非正规金融等相关问题研究频率

相关名称	超星发现（篇）	CNKI 期刊（篇）
民间借贷	5402	4700
民间金融	2820	2390
民间融资	1830	1448
非正规金融	850	808
地下金融	418	292
非正式金融	156	193
灰黑色金融	7	8
体制外金融	2	11
非制度金融	1	6
非组织金融	0	1
路边金融市场	0	0
体外资金循环	0	0

---

① ［美］罗纳德·I. 麦金农：《经济发展中的货币与资本》，卢骢译，上海人民出版社 1997 年版。

　　从表 1-8 不难看出，文献中运用较多的有民间借贷、民间金融、民间融资、非正规金融、地下金融、非正式金融。

　　对于我国广泛存在的各种非正规金融，国内专家学者结合自己的研究给出了不同的定义，主要有：

　　（一）民间借贷

　　国内较早提出民间借贷概念的是黄世纯和苑德军（1984），他们认为所谓民间借贷，即个人之间、个人与合作经济之间以实物或货币形态授受信用的行为。[①]

　　宋磊（2005）认为民间借贷有广义和狭义之分，广义的民间借贷是指不通过官方正式金融机构的一切民间金融活动；狭义的民间借贷是以私人之间的借贷为主，同时还包括个人向集体企业和其他资金互助组织的借贷。[②]

　　曾康霖（2006）认为民间借贷是民间信用互助行为的表现，是一种自发性的、分散性的金融活动。[③]

　　周吉川（2011）认为民间借贷是相对于正规金融而言，指在国家依法批准设立的金融机构以外的自然人、法人及其他组织等经济主体之间的资金借贷。[④]

　　（二）民间金融

　　刁怀宏（2004）认为民间金融是民营金融机构或个人提供的各种金融服务和其他相关金融交易关系的总和。[⑤]

　　王自力（2005）认为民间金融实际上是指以个人信用为基础，没有得到国家法律认可的，尚未纳入政府监管范围的金融形式。[⑥]

　　胡德官（2005）认为民间金融是相对政府金融或国有金融而言的，它的产权必须是属于民间所有的，并应由民间金融组织或个人独

---

① 黄世纯等：《浅谈搞活农村信用与民间借贷》，《农村金融研究》1984 年第 1 期。

② 宋磊：《试论农村民间借贷》，《中国商人（经济理论研究）》2005 年第 4 期。

③ 曾康霖：《对区域民间金融的评析》，《西南金融》2006 年第 1 期。

④ 周吉川：《正确看待民间借贷的合法性》，《经济日报》2011 年 11 月 24 日第 07 版。

⑤ 刁怀宏：《民营经济、民间金融与经济增长研究》，《理论与改革》2004 年第 2 期。

⑥ 王自力：《怎样看待我国民间金融的发展问题》，《南方金融》2005 年第 7 期。

立自主地开展金融服务及与之相关的金融交易活动。①

（三）民间融资

陈鸿祥（2009）认为民间融资即游离于国家金融体系外的主要发生于居民个人之间、企业之间的资金借贷以及私募筹集资金等资金融通活动。②

穆林（2009）、田竞宸（2011）等认为，民间融资是指出资人与受资人之间，在国家法定金融机构之外，以取得高额利息与取得资金使用权并支付约定利息为目的而采用民间借贷、民间票据融资、民间有价证券融资和社会集资等形式暂时改变资金所有权的金融行为。民间融资是游离于国家正规金融机构之外的、以资金筹借为主的融资活动。③

（四）非正规金融

中国人民银行阜阳市中心支行课题组（2005）认为，非正规金融是指国家法律法规未明确保护和规范，处在金融监管当局日常监管之外的所发生的各种金融活动。④

左臣明（2005）认为，非正规金融是指处于央行和金融监管当局监管之外的那些金融活动。也就是说正规金融指的是那些经央行批准的，受金融监管当局监管的金融机构或金融活动，而除此之外的金融机构或金融活动为非正规金融。⑤

（五）地下金融

刘晓东（2005）认为，所谓地下金融（亦称黑市金融、非正规金融、草根金融），是指没有纳入我国金融管理机构常规管理系统而游

---

① 胡德官：《我国民间金融问题研究述评》，《中国农村观察》2005年第5期。

② 陈鸿祥：《民间融资：成因、效应及规范》，《金融会计》2009年第8期。

③ 穆林：《中国西部地区非正规金融发展：模式选择、制度设计与政策建议》，博士学位论文，西北大学，2009年，第18页。田竞宸：《民间融资问题探析》，《财会通讯》2011年第5期。

④ 中国人民银行阜阳市中心支行课题组：《转型中的融资便利：非正规金融的比较优势及经济效应——基于经济欠发达地区民间融资问题的实证研究》，《金融研究》2005年第12期。

⑤ 左臣明：《非正规金融研究文献述评》，《山东工商学院学报》2005年第6期。

离在正式金融体制之外的金融形式和活动。它是地下经济的组成部分，包括为地下经济服务的民间自发形成的未经工商注册登记的典当业、私人钱庄、标会等融资组织。①

熊庆欢和丁磊（2007）认为，地下金融指在国家相关法律允许之外，以经营行为的非正规性、隐蔽性为特征，以非制度信任（人际信任）为基础的金融行为。②

（六）非正式金融

卢现祥（1995）认为，非正式金融是相对正式金融而言的。按照世界银行的分析，在发展中国家，那些为非法人部门（如小农户、小生产者、零售商等）提供贷款的专业放贷人、典当商、商人等就是非正式金融。③

姜旭朝和丁昌锋（2004）认为，非正式金融是与正式金融相对的一个概念，系指金融体系中没有受到国家信用控制和中央银行管制的部分，包括非正式的金融中介（如货币经纪人、货币贷款人、私人储蓄协会等）和非正式金融市场（如场外市场、平行市场、地下市场、被分割的市场等）。④

张士锋和张小羽（2006）认为，非正式金融是指不通过依法设立的金融机构来融通资金的融资活动和用超出现在法律规范的方式来融通资金的融资活动。⑤

（七）灰黑色金融

朱德林和胡海鸥（1994）⑥、张庆亮（2006）⑦ 等认为，灰黑色金

---

① 刘晓东：《关于我国地下金融风险管理的思考》，《台声·新视角》2005 年第 1 期。

② 熊庆欢等：《我国地下金融成因与治理》，《商业文化（学术版）》2007 年第 10 期。

③ 卢现祥：《论我国的非正式金融与金融管制》，《中南财经大学学报》1995 年第 1 期。

④ 姜旭朝等：《民间金融理论分析：范畴、比较与制度变迁》，《金融研究》2004 年第 8 期。

⑤ 张士锋等：《推进我国民间金融有序运行的思考》，《上海金融学院学报》2006 年第 1 期。

⑥ 朱德林等：《我国灰黑色金融范畴》，《外国经济与管理》1994 年第 9 期。

⑦ 张庆亮：《中国农村民营金融发展研究》，博士学位论文，中国农业科学院，2006 年，第 117 页。

融是指不为政府控制监督，不为各类统计报表所反映，也不纳税的金融活动，实际上正是指隐蔽的、不公开的金融。根据是否适应市场经济发展要求，灰黑色金融又可以分为灰色金融和黑色金融。为现行制度法规所不容，但适应市场经济发展要求的金融活动定义为灰色金融；凡既为现行制度法规所不容，又不适应市场经济发展客观要求的金融活动，则定义为黑色金融。

综上所述，目前国内学术界对上述概念的界定虽然没有实现完全统一，但大致的范围是基本相同的，都是指相对正规金融而言处于中央货币当局或金融市场当局及金融法规监督之外的金融活动。

非正规金融（informal finance）是与正规金融相对应的一种称呼。Kropp（1989）认为，正规金融和非正规金融是同一国家中同时并存着的两个相互割裂的金融市场。正规金融通常要受到国家信用体系——中央银行和金融法规的控制和约束，非正规金融则可看作是游离在上述控制和约束之外的金融活动[1]。亚洲发展银行（ADB）（1990）从非正规金融部门经营特点的角度把非正规金融界定为"不受政府对于资本金、储备和流动性、存贷利率限制、强制性信贷目标以及审计报告等要求约束的金融部门"。Adams 和 Fitchett（1992）把所有处于中央货币当局或金融市场当局监督之外发生的金融交易、贷款和存款称为非正规金融。[2]

穆林（2009）认为，用理与法作为尺度，当前中国的非正规金融可分为三大类：第一类是合理且合法的非正规金融。这类非正规金融在政府规定的范围内从事金融活动，例如，民间借贷按照《最高人民法院关于审理借贷案件的若干意见》规定，借贷双方当事人意向明确，借贷行为合法，借贷利率不超过同期银行贷款利率的4倍，是受法律保护的。第二类是合理不合法的"灰色金融"。这主要包括农村社区性融资组织（主要是已经被政府清理整顿的农村合作基金会）、

---

① Kropp E. W. , *Linking Self-help Groups and Banks in Developing Countries*, Asian and Pacific Regional Agricultural Credit Association（APRACA），1989.

② Adams D. , Fitchett D. , *Lnformal Finance in Low-income Countries*, Boulder：West View Press，1992.

民间集资、金融合会和私人钱庄等。它们为现行法律所不容，但在不同程度上适应市场经济发展的需要。第三类是不合理也不合法的"黑色金融"，主要指高利贷、金融投机、诈骗和洗钱等违法犯罪的金融活动。

本书研究的是相对应于农村正规金融存在的金融形式，故采用农村非正规金融的概念。依据 Adams 和 Fitchett（1992）的界定方法，从监管角度来分析活动于农村经济领域内的非正规金融。因此，这种处于中央货币当局或金融市场当局严格监管之外的农村非正规金融活动，是相对于那些具有金融许可证并受金融监管部门严格监管的农村正规金融机构而言的。此外，需要特别强调的是，对于最近几年在我国县域范围内兴起的新型农村金融机构如农村资金互助合作社与小额贷款公司，由于这两类在官方非金融监管部门（如民政局、农业局、工商行政局）注册的资金融通组织，因为不受官方金融监管部门的严格监管，也不用严格地依照正规金融机构模式进行业务管理，因此可把这两类机构划归到农村非正规金融的行列。

显然，农村非正规金融机构是有别于农村正规金融机构而存在于农村地区的金融组织，而农村正规金融是指那些具有金融业经营资格并受金融监管部门监管的农村正规金融机构，主要包括中国农业银行、中国农业发展银行、农村信用合作社、农村商业银行、农村合作银行以及新成立的村镇银行等接受银监会监管的金融机构。

农村非正规金融机构在农村金融市场上的活动主要包括三个层次：一是农村各经济主体之间的互助性无息借贷；二是有息甚至高息的农村非正规借贷；三是农村非正规金融机构为中介进行的融资活动。①

二　农村非正规金融的主要形态

（一）私人借贷

私人借贷的历史源远流长，在我国各地普遍存在，最初主要在亲

---

① 胡士华：《农村非正规金融发展问题研究》，博士学位论文，西南大学，2007 年，第 18 页。

友之间或相互比较熟悉的人之间形成的一种互助性质的非常古老的信用形式。随着商品经济的发展，家庭之间的贫富差距逐渐加大，进而形成基于血缘、地缘及业缘的资本供需市场，营利性的私人借贷日渐兴盛。新中国成立后，营利性的私人借贷一度受到抑制，但是，随着农村改革的深入，农村经济日益活跃，当正规金融部门无法满足农户和小企业的信贷需求时，向亲朋好友借款就成为克服金融困境的重要途径之一。私人借贷资金的来源主要是自有资金，借贷期限短，金额也不大。这种借贷方式在一定程度上缓解了部分急需资金的农民的燃眉之急。

（二）高利贷

近年来，我国的利率逐渐市场化，贷款利率也已经放开，但中国人民银行还是对贷款利率有这样的一个限制：贷款利率超过国家规定的贷款利率4倍以上的即为高利贷。由于农民年收入较低，一些紧急情况（如婚丧嫁娶、生老病死等）所需资金额度较大，没有正规的金融机构愿意贷款给农民，无奈之际农民就会向高利贷求助，因此农村的高利贷市场一直都存在。在我国农村地区，高利贷在借贷关系中长期处于绝对垄断地位，高利贷放贷主要是用于生活消费，贫困的农民为了生活需要，不得不借高利贷，但是高利贷通过驴打滚、印子钱等不同形式剥削着农民，使得农民陷入了贫困、借贷、贫穷的恶性循环之中，高利贷甚至对当时的社会经济影响巨大。放高利贷的目的就是为了取得高额的利息，赚取暴利。借入者在紧急情况下，不得不借入资金应付突发状况，虽然高利贷缓解了客户的燃眉之急，但是后期还款给客户带来了很大的压力。而且高利贷大部分是通过非法手段吸收存款，再以很高的利息贷给农户，往往与黑社会势力勾结，有的还成为黑市洗钱的方式，不利于社会稳定。

（三）合会

合会简称会，英文名称为"Rotating Saving and Credit Associations"，即"ROSCAs"，直译为轮流储蓄与信贷协会。它是一种古老的信用形式，为互助性融资，集轮流储蓄和贷款于一体。具体来说，它是指民间小规模经济互助组织，参加者按期交款，轮流使用，是协会内部成员的一种共同储蓄活动，也是成员之间的一种轮番提供信贷的活动，也可理解为成员之间的资金互助，同时也涉及了储蓄和信贷方面的服务。合会成员多为邻居、亲戚等具有地缘和血缘关系的人，遍布于全国大部分的农村地区。合会的运行也要遵循一定的规则，比如推举这个合会的会首要出于一个特定的目的，召集有限数量的人员，每人每期上交约定数额的会钱，每期有一个人能得到集中在一起的全部当期会钱。新中国成立以后，合会在中国大陆一度受到抑制，改革开放以后又盛行起来，据有关部门调查，合会主要盛行于东南沿海地区。[①] 当代合会虽然还有部分互助合作的功能，但在经济功能、参会人员、规模等方面已经有别于传统合会。由于现代的合会依然没有得到金融监管部门的监管与法律的认可和保护，因而出现了很多问题。20 世纪 80 年代中后期以来，浙江、福建等地区合会倒会、崩盘事件时有发生，如 1984 年温州乐清的"黄华会"案，1985 年乐清、苍南的"抬会"风潮，2004 年奉化溪口"标会"案，2004 年福建福安"标会"案以及 2010 年福建连江"标会"案，2001 年通州倒会风等。这些合会的崩盘严重冲击了社会安定，加剧了金融市场的不稳定性，使国民经济遭受重大损失。之后政府加大了针对合会的打击力度，取缔了诸多互助和投机性质的合会。但合会并没有消失，目前在我国尤其是农村地区非正常金融机构中还有"合会"的身影。

（四）私人钱庄

私人钱庄是指没有经过国家相关部门审批成立的以吸收存款、发放贷款为主要业务，并从事一定范围的金融服务的金融组织。其资金来源主要有个体工商户的营业收入、城镇居民储蓄、农民存款和集体工商业的临时存款等。私人钱庄的信用评估、抵押方式等都比较灵活、简单，还款方式既可以一次还贷也可以分期还款，比较灵活。一般把规模较大的称为银号，规模较小的称为钱庄，虽然私人钱庄经过了工商部门的登记，也得到了当地政府的支持，但是中央银行却不

---

① 李庚寅等：《民间金融组织——合会的变迁及其思考》，《经济问题探索》2005 年第 2 期。

认为其是合法的金融形式。我国的私人钱庄目前处于一种逐渐被规范化的阶段，主要是规范私人钱庄的发展，取缔其中含有高利贷和非法集资元素的活动。我国的私人钱庄主要集中在温州地区，早在 20 世纪 80 年代，温州就有了第一家私人钱庄——方兴钱庄，虽然当时的方兴钱庄是经过当地政府批准的，但后来被中央银行调查，称其不合法，给予取缔。1989 年，私人钱庄被金融监管部门正式禁止后，私人钱庄的改革出现了两个方面的极端，一部分私人钱庄进行改革后组成信用合作社等组织，纳入了国家金融体系之中，而另外一些私人钱庄却转入地下经营，从此以后，我国的私人钱庄一直都属于地下组织，秘密运作。

（五）典当

典当是一种物品抵押的借贷组织，是我国历史上的一大传统金融业务，其融资快、手续简单。当铺深入农村，并且对放贷额度没有限制，只要有实物抵押，就可以借款，而且典当行对抵押品的认可范围较宽，期限又较为灵活，因而在农村市场可以较容易地和农民打交道，使其长久地流传下来。1996 年出台《典当行管理暂行办法》以后，典当行才开始规范化。因为这种融资方式既不像高利贷那样，收取较高利息来进行投机活动，这样可以有效地降低贷款者的融资成本，而且典当这种融资方式的放贷前提是必须要有实物进行抵押，这种规定又可以有效地降低典当行的经营风险，实现典当的长久运行，因而这种方式的信贷行为，可以说是当时非正规金融机构中一种较为先进的融资形式。

（六）民间集资

民间集资这种形式的融资方式是改革开放以后才开始出现的。改革开放后，国家大力促进经济发展，农村的居民具有很大的生产积极性，乡镇企业的发展也具有较高的热情，这些农村发展所需要的资金数额就变得比较庞大，但是正规金融机构要满足国有大企业经济改革转型所需要的资金，这些小企业需求的资金数额就得不到保障了。为了促进农村新兴经济的发展，国家出台了一些鼓励企业融资的措施，如允许企业进行民间集资，通过集资筹措自己的发展资金，这样一方面可以缓解正规金融机构的资金压力，也有利于调动全社会的生产积极性。但是，民间集资的负面影响不可小觑。近年来非法集资案时有发生。仅据浙江省高级法院数据，2007—2011 年，共有 219 人因犯集资诈骗罪而被判处刑罚，并且有连年增长的趋势。2003 年至 2007 年初，河北警方共受理非法吸收公众存款和集资诈骗案件 74 起，立案侦查 57 起，涉及金额 23 亿余元。其中石家庄、保定一些案件涉及人员成千上万，涉及金额过亿元。2010 年上半年，河北查处的 13 起涉嫌非法集资案件，涉案金额 263258 万元，受害群众 17000 多人。因为非法集资往往涉及人员广泛、资金数额较大，严重影响当地的经济秩序和社会稳定。所以，民间集资的监管一直是政府和学界研究的重点问题。

（七）小额信贷

取得成效的小额信贷项目多开始于 20 世纪 70—80 年代，实施小额信贷的组织机构主要是各类金融机构和非政府组织，包括国有商业银行、专门成立的小额信贷扶贫银行、由非政府组织实施小额信贷项目演变成的股份制银行、非正规金融中介服务组织（信贷联盟、协会、合作社等）。[①]

小额信贷（Microfinance）是指专向中低收入阶层提供小额度的持续的信贷服务活动。贷款的金额一般为 1000 元以上 10 万元以下。小额信贷主要面向广大工商个体户、小作坊、小业主、中小微型企业主发放贷款，是一种面向低收入群体的金融扶贫方式。小额信贷的特征是债务人无须提供抵押品或第三方担保，仅凭自己的信誉就能取得贷款，并以借款人信用程度作为还款保证的。由于这种贷款方式风险较大，一般要对借款方的经济效益、经营管理水平、发展前景等情况进行详细的考察，以降低风险。

中国第一家小额信贷扶贫机构为成立于 1993 年 10 月的易县扶贫经济合作社，隶属于县扶贫办，领导机构为社科院农发所旗下的北京市农发扶贫基金。二十多年来，扶贫社在一定程度上弥补了易县农村

---

① 杜晓山：《中国农村小额信贷的实践尝试》，《中国农村经济》2004 年第 8 期。

金融服务不足，解决了部分农户贷款难问题，对当地农村经济发展起到促进作用。易县模式带有政府参与的半官方性质，但其合法地位一直没有得到完全确认。由于扶贫社管理错位等原因，运营过程中出现了很多问题，扶贫社目前已经并入中国扶贫基金会。

（八）农村合作基金会

农村合作基金会是中国当代农村地区最大的民间信用组织，1984年开始试办，1995年，全国已有近40%的乡镇和17%左右的村建立了合作基金会。但是，这种受到政府充分肯定的农村金融制度安排，却由于自身发展过程中存在的一系列问题，导致不断出现支付危机，严重扰乱了农村金融秩序。1999年1月，国务院发布文件，将其在全国范围内统一清理和取缔。但农村合作基金会组织并没有消失，目前在农村个别地区还存在极少量的农村合作基金会组织，只是经营方式已由以前的公开转为地下。

（九）担保公司

担保公司是指具有代为清偿债务能力，为债务人做信用担保以赚取利润差价或服务费的中介性公司。当债务人不履行债务时，由保证人按照约定履行债务或者承担责任。根据《融资性担保公司管理暂行办法》（2010），担保公司一般分为两类：融资性担保公司和非融资性担保公司。其模式可分为非营利性的政策性担保机构、营利性的商业性担保机构和互助性担保机构等三种。截至2013年年底，全国融资性担保公司8185家；截至2012年年底，融资性担保机构达到543家。

（十）互联网金融

互联网金融是依托现代信息科技进行的金融活动，具有融资、支付和交易中介等功能。① 由于其具有金融资源可获得性高、交易信息相对对称、资源配置去中介化、交易成本低、效率高等特点，因此近两年得到爆发式发展。

余额宝、理财通、零钱宝等互联网金融终端把触角伸到了电子支

---

① 宫晓林：《互联网金融模式及对传统银行业的影响》，《南方金融》2013年第5期。

付乃至贷款投资等金融领域。仅以余额宝为例，余额宝规模突破 1000 亿元，开户数超过 2900 万，这一切发生在 5 个月内。2013 年"双十一"支付宝总支付 1.88 亿笔，其中余额宝共支付 1679 万笔，涉及 556 万户。沪深股市发展 20 多年，两个市场的有效账户约 1.4 亿。余额宝基本上在 5 个月达到了股市 15 年的开户数。截至 2014 年 2 月 26 日，余额宝用户数突破 8100 万，在短短近半个月时间增加了 2000 万个用户。2 月中旬余额宝户均规模约 6500 元，余额宝规模或已经突破 5000 亿元。而货币基金总量很可能已突破万亿元大关。余额宝来势凶猛，银行传统业务感受到越来越大的竞争压力。[①]

P2P 网络借贷行业（以下简称 P2P 行业），是指个人对个人之间以网络平台作为媒介进行的信贷交易，其主要服务范围为民间借贷，是民间借贷的网络版。从我国第一家 P2P 网贷平台拍拍贷于 2007 年 8 月正式成立起，短短几年间，P2P 网贷平台如雨后春笋，在国内得到了迅速发展。据统计，2013 年该行业国内总成交量达 1058 亿元，较 2012 年翻了近五番。[②]

《中国互联网络发展状况统计报告》（2014）指出：截至 2013 年 12 月，我国网民中农村人口占比 28.6%，规模达 1.77 亿，相比 2012 年增长 2101 万人。其中河北省网民数为 3389 万人，普及率为 46.5%，网民规模增速为 12.7%，位列全国第 12。[③] 由此估计，目前河北省农村网民人数约为 969 万多人。该报告同时指出：2013 年，农村网民规模的增长速度为 13.5%，城镇网民规模的增长速度为 8.0%，城乡网民规模的差距继续缩小。由此可见，互联网金融必然会对河北省农村金融市场产生重大影响。

由于互联网金融目前尚处于监管真空，缺乏相应信用评级标准，

---

① 蔡晓月：《互联网金融是冲击更是机遇》（http：//www. ce. cn/culture/gd/201403/24/t20140324_ 2537356. shtml）。

② 《70 家 P2P 平台倒闭潮后的剖析与思考》 （http：//stock. sohu. com/20140324/n397091561. shtml）。

③ 中国互联网络信息中心：《中国互联网络发展状况统计报告》（http：//www. cnnic. net. cn/hlwfzyj/hlwxzbg/hlwtjbg/201403/P020140305346585959798. pdf）。

所以存在各种风险，如技术风险、经济风险等。就在 2013 年 P2P 行业在国内呈现爆发式发展的同时，P2P 行业的倒闭潮也如影随形地出现了，从 2013 年 7 月初到该年年底，几个月内就先后有 70 余家 P2P 平台倒闭，共涉及资金 12 亿多元，其中，仅 10 月份便有 40 家 P2P 平台宣布资金链断裂或倒闭。

三　研究对象

农村非正规金融机构问题比较复杂，为了能突出重点，本书将研究对象限定在农户的视角。农村非正规金融市场的参与者主要包括农户和农村中的企业，其中，农村中小企业是其最主要的参与者。本书主要从农户的视角来切入农村非正规金融问题，一方面是因为在我国农村地区有很多企业本身就是由农户或农民自己创办的，或者说农村里的家族型中小企业的融资决策跟农户的融资决策具有很强的相似性；另一方面是因为农村经济社会的基本决策单位是家庭而不是农民个人，在我国乡土社会里历来就存在比较强烈的家庭观念，一系列重要的经济决策也通常是基于家庭整体决策而形成的[1]，尤其是在农户投融资问题上更是如此。因此，从农户视角来研究农村金融问题比较符合我国农村实际情况。因此，本书仅仅从农户的视角来切入农村非正规金融问题。

四　研究思路和方法

（一）研究思路

以农村非正规金融为切入点，运用经济学的相关原理，对农村非正规金融产生、稳定发展进行一般性的解释，通过对比分析国内外非正规金融机构发展现状，全面分析河北省农村非正规金融机构在农村金融市场中的现状，在对河北省农村非正规金融机构进行现状分析的基础上，剖析河北省农村非正规金融机构发展过程中的种种问题，设

---

[1]　王春超：《转型时期中国农户经济决策行为研究中的基本理论假设》，《经济学家》2011 年第 1 期。

计非正规金融机构与正规金融机构合作的博弈规则，提出两者开展合作的模式与对策，以期能促进河北省农村非正规金融机构的健康发展。

（二）研究方法

1. 理论分析与对策探讨相结合

要准确分析河北省农村非正规金融机构，首先要对农村非正规金融机构发展的一般理论进行分析。根据经济体制转轨的现实以及农村金融体制改革和发展的情况，从理论上对农村非正规金融机构的发展进行了分析，提出了农村非正规金融机构发展的理论支撑和现实依据。在理论分析的基础上，针对不同类型的农村非正规金融机构的发展提出了相应的对策和建议，注重实践中的可行性和操作性。

2. 实证分析与规范分析相结合

力求将实证分析与规范分析有机地结合起来，试图通过对现实中河北省农村非正规金融的产生、发展、规模进行考察与分析，并进行了农村农户问卷访谈。在研究过程中，对我国农村正规金融和非正规金融发展规模的分析、对河北省农村农民借贷供需、对历史和现实中出现的非正规金融机构进行客观的描述和刻画，运用较多的是实证研究的方法；而对于河北省农村非正规金融机构的发展演变、发展路径、发展的政策建议等，较多运用规范研究的方法。

3. 历史与发展相结合的方法

力图以一个比较新颖的角度和开阔的视野来研究河北省农村非正规金融机构的兴起和发展问题。探讨非正规金融必须从历史角度出发，只有在中国渐进改革和中国金融制度建立的逻辑中才能找到非正规金融及其制度的发展轨迹，对于非正规金融这样的具体金融问题，应该从历史轨迹和进程来研究其一般规律，把握其发展趋势，在进行历史分析的基础上，归纳总结出具有借鉴意义的启示，以期对未来中国农村民营金融的发展提供可以借鉴的经验和参照。

4. 定性分析与定量分析相结合

定性分析要求对经济运行过程中纷繁复杂的经济现象及其关系进行推理和逻辑阐述，揭示其一般性的、本质的规律。定量分析是对经济社会活动进行数量分析的方法总称，目的是对经济活动的量化、精确化。在研究农村非正规金融问题时，既要研究其质的定性，也要注重量的变化。二者互为补充、互相验证。在梳理经典文献的基础上总结出农村非正规金融存在的必要性、特点的同时，利用博弈论、机制设计理论和金融学理论，研究河北农村非正规金融机构与正规金融机构在农村金融业务中的合作博弈规则，增强定性分析结果的可靠性。

5. 对比的方法

通过对中外非正规金融的对比、对河北省和中国其他地区的农村非正规金融的对比，以及正规金融与非正规金融机构的对比，才能较全面地了解农村非正规金融的发展变化趋势，从中吸取经验教训，促使河北农村非正规金融机构健康发展。

第二章

农村非正规金融研究成果综述

第一节 金融抑制理论

一 国外主要研究成果

1973 年，罗纳德·I. 麦金农教授和爱德华·S. 肖教授分别出版了意义深远的《经济发展中的货币与资本》和《经济发展中的金融深化》两本书，标志着金融抑制理论和金融深化理论的形成，从此才真正产生了以发展中国家（地区）为研究对象的金融发展理论。

罗纳德·I. 麦金农在《经济发展中的货币与资本》一书中指出，"有组织的银行业在向欠发达国家的经济内地渗透上，在为一般的农村地区，特别是为小额借款人服务方面，是很不成功的。银行信贷仍然是某些飞地——独占的许可证进口贸易，大规模稀有矿物出口，受高度保护的制造业，大跨国公司，各种政府机构，如咖啡销售理事会或政府控制的公用事业公司——的一个金融附属物。甚至政府往来账户上的普通赤字，也常常预先占用存款银行的有限放款资源。经济中其他部门的融资，则必须由放债人、当铺老板和合作社的不足的资金来满足。这就是我称之为'金融抑制'的现象"，"提高银行的贷款效率，是扩大货币体系实际规模和缓和金融抑制的一个必要条件"。①

爱德华·S. 肖在《经济发展中的金融深化》一书中指出，"一国

---

① ［美］罗纳德·I. 麦金农：《经济发展中的货币与资本》，卢骢译，上海三联书店1988 年版，第 76 页。

经济中的金融部门在经济发展中举足轻重。它有助于避免单调乏味地重复受压制的经济行为，加速经济增长。倘若受到抑制或被扭曲，它亦可能截断和摧毁经济发展的动力"，"在其他发展战略中，一种具有'深化'金融效应的新战略——金融自由化战略——始终促进经济发展。自由化在经济发展中至关重要。不过，以为只有金融自由化才能促进发展并不是我们的观点。相反，我们主张，金融自由化应与金融部门以外的各种配套措施和谐地联系在一起"①。

罗纳德·麦金农和爱德华·S. 肖从两个角度得出相似的结论：发展中国家的金融抑制现象表现出金融体系的二元状态，即现代化金融机构与传统金融机构并存。揭示了非正规金融在发展中国家产生的体制性根源，认为发展中国家存在非正规金融现象是金融抑制的结果，对此问题的解决只能实行金融深化改革，即政府应放弃对金融业的过分干预，在金融市场引入竞争机制，恢复金融业的竞争，以提高金融业的效率。

二　国内主要研究成果

国内学者对金融抑制理论的相关研究主要集中在该理论的评述及发展、验证和应用等方面。

（一）理论评述

金中夏（1988）一方面肯定了麦金农和肖的金融深化理论在理论和实践上对经济学界产生的不可忽视的影响，另一方面也指出它在限制条件、研究对象等方面的不足。②

陈卫东（1996）认为金融深化理论的主要缺陷有：（1）过分看重信贷市场对经济发展的影响，而忽视了对科技发展、生产力和生产关系等因素的分析；（2）未考虑发展中国家的具体条件；（3）对发展中国家经济发展的政策主张仍囿于传统的自由主义经济理论思想

---

① ［美］爱德华·S. 肖：《经济发展中的金融深化》，王威等译，中国社会科学出版社 1989 年版，第 2 页。

② 金中夏：《爱德华·肖和罗纳德·麦金农的金融深化理论的贡献与不足》，《世界经济》1988 年第 6 期。

中；（4）该理论缺乏对各发展中国家开放情况下的综合考察；（5）货币与实物资本为互补品的观点有失偏颇。[①]

刘桂艳和刘伟丽（2003）认为金融深化也加大了金融风险，故提出金融约束作为发展中国家金融深化的必由之路。[②]

辛子波（2004）认为，不应片面地夸大金融自由化改革在消除金融抑制以及促进经济发展方面的作用，金融自由化改革必须与经济体制中其他方面的改革相配套才能促进经济发展。[③]

石倩（2011）从储蓄与投资两方面分析金融深化理论的不足，通过对我国金融深化程度的测算认为我国金融深化程度较高，建议金融深化道路应采取渐进式、合理定位政府在金融深化中的作用。[④]

（二）理论验证

周业安（1999）实证分析了中国政府的金融抑制政策对企业融资能力的影响，其结论基本支持金融抑制论。[⑤]

韩廷春（2001）运用中国经济发展过程的有关数据在进行了实证分析后发现，技术进步与制度创新是中国经济增长的最关键因素，金融深化理论与利率政策必须与经济发展过程相适应，不能单纯追求金融发展与资本市场的数量扩张，应更加重视金融体系的效率与质量。[⑥]

（三）理论应用

张元红（1999）通过考察湖北汉川福星村的金融供给、农民的存贷行为及其对金融服务的需求，认为一些制度性和政策性的因素是造

---

① 陈卫东：《金融深化理论及其发展评介》，《城市金融论坛》1996年第10期。

② 刘桂艳等：《金融深化理论及其发展战略思考》，《哈尔滨商业大学学报》（社会科学版）2003年第3期。

③ 辛子波：《经济全球化背景下金融深化理论的反思》，《财经问题研究》2004年第3期。

④ 石倩：《麦金农和肖的金融深化理论评述》，《知识经济》2011年第19期。

⑤ 周业安：《金融抑制对中国企业融资能力影响的实证研究》，《经济研究》1999年第2期。

⑥ 韩廷春：《金融发展与经济增长：基于中国的实证分析》，《经济科学》2001年第3期。

成农村地区金融市场分割和农民被正规市场排斥的重要原因，农村金融部门应深化改革，争取为农民提供更多的金融服务。[1]

何广文（1999）基于农村居民资金借贷出现扭曲的行为特征和麦金农、肖的金融抑制理论，提出可以通过完善农村金融组织体系，推进金融深化，规范农村资金借贷行为。[2]

乔海曙（2001）认为我国农村金融抑制属于供给型金融抑制，正规金融部门对农户贷款的供给十分有限是形成金融抑制的主要原因。[3]

高帆（2002）认为我国农村金融抑制不仅存在供给型金融抑制，而且还具有需求型金融抑制的特点。[4]

姜旭朝、丁昌锋（2004）认为非正式金融是金融市场不健全和不完善的产物。非正式金融往往难以获得合法的经济地位，其形式规范容易与地下经济相联系。[5]

任森春（2004）指出在发展中国家和许多转轨经济国家，非正规金融更多的是政府选择金融抑制战略的结果。[6]

王国华和李克强（2006）以西方金融深化理论为基础，分析我国金融抑制状况，提出了农村金融深化的建议。[7]

张杰等（2006）认为，我国现阶段农村金融市场正式与非正式金融的二元分割与共存，金融抑制政策只是浅层次上的原因，深层次上是农村现阶段的经济发展水平及农村金融需求主体的多样性所决定

①　张元红：《农民的金融需求与农村的金融深化——以湖北汉川福星村为例》，《中国农村观察》1999 年第 1 期。

②　何广文：《从农村居民资金借贷行为看农村金融抑制与金融深化》，《中国农村经济》1999 年第 10 期。

③　乔海曙：《农村经济发展中的金融约束及解除》，《农业经济问题》2001 年第 3 期。

④　高帆：《血缘债、关系债、人情债盛行——农民借贷偏好隐合约》，《中国国情国力》2002 年第 5 期。

⑤　姜旭朝等：《民间金融理论分析：范畴、比较与制度变迁》，《金融研究》2004 年第 8 期。

⑥　任森春：《非正规金融的研究与思考》，《金融理论与实践》2004 年第 9 期。

⑦　王国华等：《论我国农村金融抑制与金融制度创新》，《中央财经大学学报》2006 年第 5 期。

的。政府应协调金融结构与农村经济的发展，协调金融制度与农村社会内在制度的发展。[1]

第二节　金融中介理论

在市场经济中，储蓄与投资的转化过程是围绕金融中介来展开的，金融中介存在的必要性和必然性等问题一直是金融学领域关注的问题。[2]

一　国外主要研究成果

（一）金融中介无效论

在传统的 Arrow-Debreu 范式中，企业和家庭通过市场相联系，状态变量与主观概率在模型中是外生的，由此可得出中介是无效的。[3]

弗里德曼和施瓦茨（Friedman & Schwartz，1963）认为，由中央银行控制的货币供给是最为关键的金融变量，银行在货币创造功能之外不会发挥其他功能，包括中介功能。[4]

法玛（Fama，1980）认为，家庭可以构建资产组合以抵消中介持有的任何头寸，而无须中介的任何介入。[5]

（二）金融中介存在的必然性和必需性

格林伍德和约万诺维奇（Greenwood & Jovanovic，1990）认为金

---

① 张杰等：《我国农村金融结构与制度的二元分离和融合：经济发展视角的一个解释》，《贵州社会科学》2006 年第 3 期。

② 胡庆康等：《金融中介理论的演变和新进展》，《世界经济文汇》2003 年第 3 期。

③ Arrow K.，*Essays in the Theory of Risk Bearing*，London：North-Holland，1970. Debreu G，*Theory of Value*，*An Axiomatic Analysis of Economic Equilibrium*，New York：Wiley，1959.

④ Friedman M. & Schwartz A.，*A Monetary History of the United States*：*1867 - 1960*，Princeton，NJ：Princeton University Press，1963.

⑤ Fama E. F.，"Banking in the Theory of Finance"，*Journal of Monetary Economics*，No. 6，1980，pp. 39 - 57.

融中介机构是内生出现的。[①]

Boyd & Prescott（1986）认为，金融中介机构的职责是筛选项目，从而促进投资更好地贡献于经济增长。[②]

托宾（Tobin，1987）认为，金融中介的宏观经济绩效是提供外部资产的替代品，从而节约外部资产的供应。[③]

Bencivenga & Smith（1991）基于 Diamond & Dybvig（1983）的流动性保险模型，认为金融中介机构不仅促进了储蓄向生产性投资的分配，而且降低了投资项目不必要的流动性资产，从而提高了增长效率。[④]

Wijkander（1992）认为，信贷返还支付事实上只是一种可能违约的承诺，对此，市场往往力不从心，从而内生出对某种中介的需要。[⑤]

Allen & Santomero（2001）认为，金融中介能创造出提供稳定现金流的金融产品，以较少的参与成本吸引顾客，从而为顾客达到风险管理的目的。[⑥]

Scholtens & Wensveen（2003）认为，金融中介能创造出合适的金融服务和金融工具，为客户提供价值增加。[⑦]

① Greenwood J. & Jovanovic B.，"Financial Development，Growth，and the Distribution of Income"，*Journal of Political Economy*，Vol. 98，No. 5，October 1990，pp. 1076 – 1107.

② Boyd J. & Prescott E.，"Financial Intermediary-coalitions"，*Journal of Economic Theory*，Vol. 38，No. 2，April 1986，pp. 211 – 232.

③ Tobin J.，*Financial Intermediaries*，*The New Palgrave a Dictionary of Economics*，edited by John Eatwell，Murray Milgate，Peter Newman，Volume 2，E to J. 1987.

④ Bencivenga V. R & Smith B. D.，"Financial Intermediation and Endogenous Growth"，*Review of Economic Studies*，Vol. 58，No. 2，April 1991，pp. 195 – 209. Diamond D. W. & Dybvig P. H.，"Bank Runs，Deposit Insurance，and Liquidity"，*Journal of Political Economy*，Vol. 91，No. 3，June 1983，pp. 401 – 419.

⑤ Wijkander H.，"Financial Intermediation，Equilibrium Credit Rationing and Business Cycles"，*Contract Economics*，1992，pp. 218 – 239.

⑥ Allen & Santomero，"What Do Financial Intermediaries do"，*Journal of Banking & Finance*，Vol. 25，2001，pp. 271 – 294.

⑦ Scholtens B. & Wensveen D.，"The Theory of Financial Intermediation：An Essay on What It Does（not）Explain"，Vienna：*The European Money and Finance Forum*，2003.

综上所述，金融中介理论发展到现在已突破了交易成本、信息不对称的范式约束，开始强调风险管理、参与成本和价值增加的影响，使金融中介理论从消极观点（中介把储蓄转化为投资）向积极观点转变（在转换资产的过程中，中介为最终储蓄者和投资者提供了增加值）。[①]

二 国内主要研究成果

国内的专家学者对于金融中介理论的研究主要集中在理论评述和理论应用等方面。

（一）理论评述

国内对于金融中介理论的评述影响较大的是张杰（2001）"金融中介理论的演变和新进展"一文，该文从实质经济中的金融因素、金融中介的规模效应、参与成本与金融中介、金融中介与金融市场的动态联系、经济发展中的金融中介等五个方面对金融中介理论进行评述。[②]

彭文平和肖继辉（2002）就新金融中介理论的提出、核心概念、内容等进行评述，认为新金融中介理论以交易成本为核心概念，近年来开始用风险管理和参与成本来解释金融中介的作用。[③]

胡庆康等（2003）认为，金融中介理论的发展已突破了交易成本、信息不对称的范式约束，开始强调风险管理、参与成本和价值增加的影响。[④]

赵晓康（2003）认为，通过投资银行等金融中介机构转移资金的比重逐年上升，金融中介在居民与市场、市场和企业之间牵线搭桥，扮演的角色愈发重要。[⑤]

于雷（2004）认为，伴随经济和金融的发展，金融中介的组织结

---

① 胡庆康等：《金融中介理论的演变和新进展》，《世界经济文汇》2003 年第 3 期。
② 张杰：《金融中介理论发展述评》，《中国社会科学》2001 年第 6 期。
③ 彭文平：《新金融中介理论述评》，《当代财经》2002 年第 2 期。
④ 胡庆康等：《金融中介理论的演变和新进展》，《世界经济文汇》2003 年第 3 期。
⑤ 赵晓康：《金融中介理论及其演变》，《经济学动态》2003 年第 1 期。

构开始非典型化。各种金融中介的业务结构在外在竞争的压力和内在追求利润的动力下，开始结合并趋同。同时，市场与金融中介在动态的竞争中不断地相互促进。[①]

施薇薇（2008）认为，金融中介的降低交易成本和风险管理等功能是金融中介机构服务功能的延伸[②]。

（二）理论应用

张曼（2008）认为，由于长期的金融抑制，我国农村金融中介体系是一种不发达的、以银行中介为主的金融体系；民间借贷虽然具有成本、信息等方面的优势，但是由于缺乏有效的监管，问题频出。我国持续的金融改革，其目的就是健全多元化的农村金融组织体系。[③]

张曼（2009）把农村金融机构的变迁分为政府强制要素的中国农村正式金融机构的变迁、现代金融中介理论多要素的农村民间借贷的复兴、构建多元化农村金融中介体系三个阶段。[④]

毛洁慧（2010）认为，农民合作组织的金融中介功能应定位于资源聚集、降低交易成本、解决信息不对称、金融风险规避和管理等方面。[⑤]

宋旺、钟正生（2010）基于金融中介理论对金融脱媒进行阐述，认为金融脱媒表现在银行层面和金融部门两个层面。[⑥]

（三）理论创新

张杰（2001）认为主流的金融中介理论无法对转轨经济中金融中介的性质与演进做出合理解释，因此提出一个全新的理论框架：尝试

①　于雷：《现代金融中介理论的若干内容述评》，《财经问题研究》2004 年第 2 期。

②　施薇薇：《金融中介理论的评述和思考》，《华东经济管理》2008 年第 2 期。

③　张曼：《金融中介理论和中国农村金融中介的功能定位》，《商场现代化》2008 年第 6 期。

④　张曼：《中国农村金融机构的变迁逻辑——基于现代金融中介理论的思考》，《兰州大学学报》（社会科学版）2009 年第 3 期。

⑤　毛洁慧：《农民合作组织的金融功能拓展研究——农村金融中介的视角》，《经济研究导刊》2010 年第 14 期。

⑥　宋旺等：《理解金融脱媒：基于金融中介理论的诠释》，《上海金融》2010 年第 6 期。

性地引入了面子成本概念，金融中介的最终出现则可视为人们节约面子成本的努力结果。当人们变得更为富裕时，其相互交往就会逐步倾向于利用市场而不是利用情面。同时指出，国有金融中介要与私人借方建立普遍的金融联系，得先解除相互之间存在的严重信用障碍与信息成本约束。如果我们认定国家配置担保资源的成本会随着时间的推移和风险压力的加大而递增，那么它与私人借方发生金融联系的需求就会越来越迫切。[①]

运用现代金融中介理论的基本原理，分析当前我国农村非正规金融机构的现状及演进特征，可以为非正规金融今后的规范发展提供理论参考。

第三节 信息经济学

现代合约理论研究的核心内容就是在信息不对称情况下契约不完全的根源、当事人如何设计一种契约，以及如何规范当事人的行为问题。

现代合约理论的最大发展就是其中的委托代理理论以及它的应用——机制设计。机制设计假定合约的委托方和代理方之间存在着逆向选择和道德风险，委托人会利用显示机制、信息不对称和交易成本使代理人说出真话，从而减少不对称信息给委托人造成的劣势。

一 国外主要研究成果

斯蒂格勒（Stigler）是信息经济学最早、最著名的研究者。斯蒂格勒（1961）研究信息的成本和价格，以及信息对价格、工资和其他生产要素的影响，第一次将信息作为经济活动的要素和经济运行的机制加以研究；后来他又用不完全信息替代完全信息假设来修正传统的

---

① 张杰：《转轨经济中的金融中介及其演进：一个新的解释框架》，《管理世界》2001年第5期。

市场理论和一般均衡理论。[1]

自肯尼思·阿罗（Kenneth·Arrow，1963，1968）和 Akerlof（1970）相继发表了信息经济学开创性的文章之后，经济学家们开始把信息不对称理论引入对信贷市场的研究，信息不对称会引起信贷市场的行为模式偏离传统理论的观点也被广泛认识。

斯蒂格利茨和韦斯（Stiglitz & Weiss，1981）的均衡信贷配给模型从信息经济学角度解释了非正规金融的形成。该模型建立的基础是借贷双方关于投资项目风险性的信息是不对称的，银行在发放贷款时就会面临逆向选择和道德风险，为了规避风险，银行会在一个低于竞争性均衡利率但能使银行预期收益最大化的利率水平上对贷款申请者实行定量配给。在配给中得不到贷款的申请人即便愿意出更高的价格也不会被批准，因为出高价者可能选择高风险项目，降低银行的平均资产质量，因此为了避免其利益受损，银行不是提高利率，而是选择"惜贷"。[2]

肯尼思·阿罗（1988）认为，大多数经济决策都是在具有相当的不确定的条件下做出的，一旦不确定的存在在形式上是可分析的，信息的经济作用就变得十分重要了；不确定具有经济成本，因而，不确定的减少就是一项收益。[3]

1996 年诺贝尔经济学奖获得者为詹姆斯·莫里斯（James A. Mirrlees）和威廉·维克瑞（William Vickrey）的贡献主要在信息经济学领域，前者在信息经济学理论领域作出了重大贡献，尤其是不对称信息条件下的经济激励理论的论述，委托—代理的模型化方法就是莫里斯教授开创的；后者在信息经济学、激励理论、博弈论等方面都作出了重大贡献。

---

① Sigler G. J. ，"The Economics of Information"，*Journal of Political Economy*，Vol. 69，No. 3，June 1961，pp. 213－225. 乌家培：《信息经济学》，《经济学动态》1997 年第 8 期。

② Stiglitz J. E. and Weiss A，"Credit Rationing in Markets with Imperfect Information"，*American Economic Review*，Vol. 71，No. 3，1981，pp. 393－410.

③ ［美］肯尼思·阿罗：《信息经济学》，何宝玉等译，北京经济学院出版社 1989 年版。

二　国内主要研究成果

刘晓昀和叶敬忠（2002）认为，机制理论上比较理想的小额信贷在现实中不很成功的一个主要原因便是信息不充分。[①]

钱水土和乐韵（2007）利用信息经济学理论，认为中小企业及农户等的信贷需求无法通过正规金融得到满足是正规金融机构为了避免"逆向选择"与"道德风险"理性选择的结果。而商业可持续小额信贷却由于人缘、地缘关系能够比较好地解决融资中的信息不对称问题，使不良贷款率大大降低。[②]

周脉伏和徐进前（2004）运用信息成本理论和契约理论对正规金融机构对农户融资的交易费用高昂、难以满足农户的融资要求的现状进行了分析，认为产生这一问题的原因是其对农户融资信息成本高昂和自履约实施机制的缺乏。[③]

林毅夫和孙希芳（2005）认为信息优势是非正规金融广泛存在的根本性原因，金融抑制只是一个强化因素，同时非正规金融市场的各种特征也都源于其存在的根本逻辑。他们构建了一个包括异质的中小企业借款者和异质的贷款者（具有不同信息结构的非正规金融和正规金融部门）的金融市场模型，证明非正规金融的存在能够改进整个信贷市场的资金配置效率。[④]

周好文和余浩（2005）认为，金融制度的变迁同信息获取程度和信用状况是分不开的。由于信息流动的限制和信息收集成本的高昂导致信息不对称在农村司空见惯。[⑤]

[①]　刘晓昀等：《小额信贷的小组贷款与信贷机制创新》，《农业经济问题》2002 年第 3 期。

[②]　钱水土等：《中国小额信贷商业化可持续发展的经济学分析》，《金融理论与实践》2007 年第 5 期。

[③]　周脉伏：《信息成本、不完全契约与农村金融机构设置——从农户融资视角的分析》，《中国农村观察》2004 年第 5 期。

[④]　林毅夫等：《信息、非正规金融与中小企业融资》，《经济研究》2005 年第 7 期。

[⑤]　周好文等：《农村金融制度安排中的差异法分析》，《金融理论与实践》2005 年第 11 期。

左臣明和王莉（2006）认为，农村金融市场的一个显著特点是信息不对称问题严重，非正规金融相对正规金融具有信息优势。农村金融改革方向应是充分利用非正规金融的优势，积极促进正规金融与非正规金融的连接。[①]

唐颖（2006）认为非对称信息引起的逆向选择和道德风险是阻碍正规金融机构在农村开展金融业务的重要原因，解除金融抑制，实现农村利率自由化并不能完全解决农村正规金融弱化的问题，政府介入农村金融市场应该重点采取制度创新方式，帮助解决农村信息不对称问题，激励正规金融部门为农村提供金融服务。[②]

张瑞怀（2006）认为，逆向选择和道德风险产生的根本原因是信息不对称，改善农村金融生态的途径是缩小农村金融生态主体与金融生态环境之间的信息差距和消除农村金融生态中的信用缺失。[③]

潘淑娟和瞿苇（2008）认为，非国有企业融资难、进而产生非法集资现象的主要原因之一是由于民营中小企业普遍信用信息不明，企业与银行之间信息不对称，银行为了防止由此而产生的"道德风险"与"逆向选择"，应尽量减少对民营中小企业贷款。[④]

陈立双（2008、2009）从信息经济学的视角，利用"委托—代理"均衡和"逆向选择"与"道德风险"等方法对长期存在于我国农村金融市场的二元金融现象进行对比分析，提出应逐步放宽对农村正规金融机构的利率约束，充分发挥市场机制作用；科学管理和规范民间非正规金融组织，构建多层次信贷主体；大力整治农村金融信用环境，进一步提高信贷主体的信息处理能力等

---

①　左臣明等：《信息不对称、非正规金融与农村金融改革》，《调研世界》2006年第2期。

②　唐颖：《非对称信息理论与农村信贷市场——兼谈泰国BAAC的经验》，《金融理论与实践》2006年第8期。

③　张瑞怀：《信息经济学视角下的农村金融生态研究》，《金融时报》2006年9月25日第6版。

④　潘淑娟等：《从制度经济学角度分析非法集资产生的原因》，《新金融》2008年第8期。

建议。①

史跃峰和赵黎明（2010）认为，解决农村金融市场信息不对称，应推进城镇化进程，创新农地产权制度，创新农地流转制度，逐步增加土地流转抵押贷款范围，设立联合抵押品。②

杨德勇和马晓逵（2010）认为，我国农村信贷市场的有效供给与有效需求长期不足的原因是我国农村信贷市场存在着强的信息不可获得性和弱的信息不可确认性。他们设计分离的信贷合同来克服信贷市场上所存在逆向选择和道德风险。③

王维（2011）认为，抵押担保和互相监督机制能够消除银行和农户之间的信息不对称，并通过改变两者的博弈结果可以增进银行和贷款农户的整体利益。④

刘若鸿等（2011）认为，考核机制不健全以及缺乏必要的征信技术和策略导致正规金融机构在农村金融市场的缺位。信息的利用和风险的控制会提高农村金融的收益。政府应进一步加强和完善金融机构风险管控，建立和完善共同信息服务系统；农村金融机构应转变经营理念，优化征信策略，实现农户与农村金融机构的双赢。⑤

叶维武（2012）认为，对于存在大量不对称信息的农村金融市场，极易诱发市场交易双方的机会主义行为进而影响市场功能的失灵和市场效率的损失。通过农户主动的"信号传递"和信贷供给者设计出的一系列不同信用风险下的包含信息监督与激励机制的信贷合同可

---

①　陈立双：《我国农村二元金融农贷功能差异分析与政策建议——基于信息经济学视角的分析》，《经济研究导刊》2008 年第 12 期；陈立双：《基于信息经济学视角的农村二元金融功能差异分析》，《财经政法资讯》2009 年第 1 期。

②　史跃峰等：《中国农村金融供给创新的路径选择：基于土地流转视角》，《中央财经大学学报》2010 年第 11 期。

③　杨德勇等：《信息经济学视角下的我国农村信贷市场低水平均衡分析》，《应用经济学评论》2010 年第 1 辑。

④　王维：《基于信息非对称视角的农村信贷配给研究》，《南京师范大学学报》（社会科学版）2011 年第 1 期。

⑤　刘若鸿等：《中国农村信贷征信技术基础要素研究——基于信息经济学的思考》，《农业技术经济》2011 年第 3 期。

以化解上述机会主义行为。①

第四节　制度变迁理论

制度变迁实际上是对制度非均衡做出的反应，它是一个制度的替代、转换与交换的过程。作为替代过程，制度变迁是一种效率更高的制度替代原制度；作为转换过程，制度变迁是一种更有效率的制度的生产过程；作为交换过程，制度变迁是制度的交易过程。

一　国外主要研究成果

以科斯、诺思为代表的新制度经济学所提出的制度变迁理论认为，潜在利润的形成是制度变迁的前提，必要条件是制度变迁的预期收益大于预期成本。② 该学派还分析了两种制度变迁方式或性质，即诱致性制度变迁和强迫性制度变迁。认为诱致性制度变迁是有关个人或群体对制度不均衡的一种自发反应，是一种自下而上、从局部到整体的制度变迁过程；强迫性制度变迁是通过政府命令和法律引入来实现的，是一种自上而下、从整体到局部的制度变迁过程。③ 诺思（1990）还认为，制度变迁是一个演进的过程，它是通过复杂规则、标准和实施的边际调整实现的；制度变迁的代理人是个别企业家，而制度变迁的来源是相对价格和偏好的变化。④

马克思认为，生产力的发展是制度变迁的根本动因，当生产力发展到旧经济制度不能容纳的地步，这种经济制度就要被迫发生变化；

---

① 叶维武：《不对称信息下的农户信贷问题研究》，《农村金融研究》2012 年第 8 期。

② 思拉恩·埃格特森：《新制度经济学》，吴经邦等译，商务印书馆 1996 年版；陈珏宇：《马克思制度变迁理论析论》，《武汉交通职业学院学报》2007 年第 2 期。

③ 伍装：《西方经济学中制度变迁理论的演变》，《经济学动态》1999 年第 8 期。

④ Douglass C. North, *Institutions*, *Institutional Change and Economic Performance*, Cambridge：Cambridge University Press, 1990. 李飞：《诺斯〈制度、制度变迁与经济实绩〉介绍》，《经济社会体制比较》1992 年第 2 期。

决定经济制度产生与灭亡的是生产力与生产关系的矛盾运动；制度变迁可以采取暴力与和平、革命与改良两种不同的方式：根本制度及其变迁都是非中性的，因为根本制度变迁所涉及的收益和成本分别由不同的阶级来获得和承担，在新制度与旧制度的斗争中，代表新制度的进步阶级和代表旧制度的落后阶级之间，往往要进行激烈的阶级斗争，甚至采取暴力革命的方式，而个别具体的非根本制度的调整，可以采取和平改良的方式。①

二　国内主要研究成果

基于制度变迁理论，我国学者对我国民间金融的产生、发展、规范等做了深入研究。

邓大才（2004）认为，需求诱导性制度变迁是人们在制度不均衡时追求潜在获利机会的自发变迁。我国农村民间金融的发展历史就是民间金融主体追求获利机会而变迁的历史。②

卓凯（2006）认为，非正规金融是作为正规金融制度的"边际"而存在的，具有发生诱致性制度变迁的可能；部分非正规金融可以在一定条件下向正规金融制度演变，这对于我国金融制度安排和制度结构的变迁具有重要意义；同时，企业家在推进金融制度变迁中能起到主体性作用。③

杜恂诚（2002）认为，诱致性变迁和强制性变迁是可能在一个国家的金融制度变迁过程中交替发生。④

王亚飞（2009）认为，我国农村非正规金融的存在是对金融缺口产生获利机会的理性回应，我国农村非正规金融的形成和发展以及金

---

① 《马克思恩格斯选集》（第1卷），人民出版社1972年版。《马克思恩格斯选集》（第2卷），人民出版社1972年版。诺思：《制度变迁理论纲要》，《改革》1995年第3期。梁睿：《马克思与诺思制度变迁理论的比较研究》，《北方论丛》2007年第4期。

② 邓大才：《需求诱导性制度变迁与农村民间金融的制度化》，《人文杂志》2004年第5期。

③ 卓凯：《非正规金融、企业家甄别与制度变迁：理论与经验》，《制度经济学研究》2006年第1期。

④ 杜恂诚：《近代中外金融制度变迁比较》，《中国经济史研究》2002年第3期。

融制度变迁是诱致性制度变迁与强制性制度变迁协同发展的必然结果。[1]

杨金栋（2011）认为，30 多年来我国农村金融体制改革具有浓厚的强制性制度变迁特征，但未来的改革趋向应以有效满足"三农"多元化金融需求为目标，更加注重诱致性制度变迁。[2]

徐军辉（2013）认为，中国的民间金融经历了典型的诱致性制度变迁到强制性制度变迁的过程，民间金融的强制性制度变迁受到政府的政治稳定偏好、变革动力不足、多个要素市场扭曲、充分的诱致性变迁、利益集团施压等因素的影响。[3]

杜彪（2007）认为，政府的两个利益主体即中央政府和地方政府在农村金融制度变迁中扮演着至关重要的角色，现有农村金融制度安排主要是这两大利益主体博弈的产物，而农户作为利益相关者却不能参与其中，这种不完整的利益博弈机制必然导致金融制度安排的残缺。[4]

肖琼（2011）认为，作为制度变迁中的新奇创新内生性产物，民间金融是制度供给与需求之间的非均衡性状态，中国金融制度变迁的路径选择是内生性金融制度的制度环境和制度安排的实践探索过程。[5]

---

① 王亚飞等：《金融缺口、非正规金融与农村金融制度变迁》，《西南大学学报》（社会科学版）2009 年第 3 期。

② 杨金栋：《我国农村金融体制改革的制度变迁特征及趋向》，《金融发展研究》2011年第 11 期。

③ 徐军辉：《从诱致性制度变迁到强制性制度变迁：温州民间金融改革》，《贵州社会科学》2013 年第 1 期。

④ 杜彪：《关于我国农村金融制度变迁的思考——基于诺思的国家与制度变迁的理论视角》，《农业经济问题》2007 年第 10 期。

⑤ 肖琼：《民间金融：制度变迁中的表达与实践》，《求索》2011 年第 6 期。

第三章

国内外非正规金融机构发展概况

在当今世界上，尤其是亚非许多国家，非正规金融的发展有着悠久的历史，而且，非正规金融也广泛地存在于发达国家当中，可见非正规金融在发达国家的经济发展中也具有一定的作用。描述和勾勒世界上这些国家的非正规金融有很大的难度，本书只选择介绍中国大陆、台湾地区以及美国、日本、泰国、孟加拉国非正规金融机构的发展概况。

第一节　中国非正规金融机构发展概况

中国非正规金融机构的存在已是客观事实，这章我们不去探讨它存在的合法与否，而把更多的精力放到了解它存在的合理性与局限性、存在形式等问题上，为引导非正规金融机构对我国金融体系发挥积极作用提供借鉴作用。

一　中国非正规金融存在的合理性和必然性

中国农村人口占全国总人口的比重基本逐年下降。据《中国统计年鉴2013》"人口数及构成"可知，1949—1980 年 32 年间在 80% 以上，1981—1995 年 15 年间在 70% 以上，1996—2002 年 7 年间在60% 以上，2003—2010 年 8 年间在 50% 以上，2011 年以后农村人口已经开始少于城镇人口。很显然，随着我国经济的快速发展，城镇化的步伐也逐年加快，尤其是在 20 世纪 80 年代后期以后。我国非正规金融是在改革开放以后随着经济的发展而开始兴起的，而农村非正规金融机构基本上是在 20 世纪 80 年代后期开始设立并快速发展的，在时间上与经济改革和城镇化进程是一致的。可以说，我国农村非正规金融的发展与农村的经济的发展和农村城镇化建设形影相随，密切相关。

广大农村市场对非正规金融的特殊需求，决定了我国非正规金融必然存在。中国农民身上的保守性，决定了人们从事的活动大多数都是在身边熟悉的地方和熟悉的场合下完成的，在应对一些突发状况时，也必然会向身边的人集资来应对。改革开放后，没有政策的压制，加上经济发展对资金需求的增加，扎根在我国的传统文化里的"会"等民间借贷形式开始复苏。在农村这个小圈子里，农民把太多的安全感、依附感寄托在土地上，家族为了长久地生存下去，避免在村庄里举步维艰的情况，必然不敢有违背信誉的行为，这也就保障了一些农村非正规金融的存在。

在农村环境中，由于农民自身的经济实力较弱，对金融服务需求力也很有限，这不可避免地会受到正规金融的忽视。然而，随着国家政策对农村的扶持力度不断加大，农民自身也有了发展致富的强烈欲望，这必然会导致农民寻求正规金融以外的机构为自己的发展融资。非正规金融机构形式多样，门槛又较低，无疑是农民进行建设用资或者非建设用资的最佳选择。农村的借贷活动多发生在熟悉的范围内，贷款人对借款人的经济状况、信用状况等情况都较为了解，直接解决了正规金融机构中存在的信息不对称问题，降低了风险，而且贷款手续简便，成本低廉，吸引了大批客户。

金融抑制政策也是非正规金融存在的原因。正规金融机构往往很乐意把资金投入到国有经济中，对非国有经济，尤其是中小企业的融资计划提供不了相应的资金支持。非正规金融市场的利率一般高于正规金融市场的利率，并且相对稳定，一般不要求抵押物品就可进行资金借贷，其依靠某种社会机制进行借款合约的执行，使得其市场的履约率远远高于正规金融机构。而且非正规金融机构本身存在的低风险、低成本特性，再加上其借款手续简单、担保条件低、借贷期限灵活、利率较低、信息获取成本低、违约率低、方便及时等特点，无疑会得到较高的市场认可度，成为农户追捧的对象。

同时，非正规金融机构无疑是当前我国金融体系的一个重要组成部分。我国的非正规金融机构填补了正规金融服务的空白，促进了个体民营经济的发展，扩宽了投资渠道，带动了民间投资的发展，作为突破现有产权制度的金融创新，非正规金融业能够带来更大的制度性效率。非正规金融的存在，在一定程度上缓解了资金供求矛盾，为中小企业的融资发挥了巨大的作用，同时非正规金融业没有正规金融机制所特有的成本，能够进一步降低融资主体的成本。非正规金融的发展促进了正规金融改革，有利于金融市场功能的不断完善。

非正规金融机构是我国特定历史条件下的产物，一方面，其具有临时和过渡的形式，慢慢地可能会被正式的金融制度安排所取代。政府所做的应该是逐步地规范其发展。另一方面，非正规金融毕竟是一个独立的存在，应该有其独立发展的能力。非正规金融是合理配置资源的一种手段，是正规金融的重要补充和竞争力量，尤其是在正规金融服务薄弱的领域发挥着重要的作用。

二　中国非正规金融的局限性

1. 由于非正规金融机构主要服务于中小企业，并且覆盖范围和地域一般比正规金融小，因而不能很好地分散和转移风险，一旦发生金融危机，对农村经济、农户居民及非正规金融机构本身的打击都将会是致命性的。非正规金融机构放贷的范围较小，主要集中在农村正规金融机构还不太完善的地方，这里信用风险具有较大的不稳定性。而且非正规金融的放贷对象多是中小企业、贫困农民等风险等级不太清楚的对象，风险较为集中，没有得到较好的分散，一旦发生违约等情况，容易引起整个资金使用链的崩溃。

2. 非正规金融本身就是正规金融体制之外的一种存在，没有和正规金融一样的政策关注和扶持，因而在其交易得不到法律有效保护的情况下，必然面临更多的交易纠纷问题。其游离于政府监管之外，缺乏正规组织形式、法律规范、风险控制机制，因而也更容易引发债权债务危机。

3. 非正规金融的发展，也存在着一些自身性的问题。比如说，农村非正规金融往往不能给客户提供较为长期的贷款，而且利率也不低，给农户资金周转带来了不便，更不利于农业机械化和农业经济的发展。面临较高的利息率，借款者往往也不愿意借更长期限的贷款，因为较长期限的融资面临的将会是更高的利息率，会对农户资金的长远周转带来更多的问题，在双方经过利益的权衡后，就出现了非正规金融市场的贷款以短期为主的情形了。

4. 干扰正规金融机构信用活动。非正规金融机构的活跃会造成农村信用社等正规金融机构贷款难、营销难等问题。农村需求资金的总量是一定的，随着非正规金融提供数额的增加，正规金融的发展在农村地区会受到一定的排挤作用，一定程度上就会影响正规金融的信贷计划，甚至会影响正规金融的收益率和政策的信用活动。

5. 非正规金融的存在也会影响金融稳定和社会安定。由于非正规金融机构缺乏强有力的监督和内部风险控制机制，很容易发生违法集资等问题，一旦发生挤兑，将会扰乱当地的金融秩序，影响社会的安定。

6. 非正规农村金融机构作为一种在正规金融服务缺失下产生并发展起来的经济体，其发展前景并不完全乐观。随着城镇化的加快，农村人口的比重快速下降，农村金融市场有逐渐萎缩的趋势；同时，以互联网金融为代表的普惠金融的爆发式增长，都将会给农村金融市场带来深刻的变化。

三　我国部分地区非正规金融的发展情况

类似于我国经济发展情况，非正规金融机构的发展也存在不平衡问题，东部地区非正规金融最为繁荣，形式也较为多样化，覆盖范围也较为广泛，中部地区次之，西部地区最为落后。

（一）东部沿海地区非正规金融的发展情况

东部沿海地区是我国经济发展较快的地区，尤其是各式各样的中小企业，更是如雨后春笋般快速发展起来。经济的发展离不开资金的支持，但是那些大的金融机构由于顾虑中小企业的还贷风险，不愿意贷款给中小企业；除此以外，由于中小企业的风险较大，也无法从证券市场上融够所需资金。无奈之下，那些资金紧张的中小企业将目光投向非正规金融市场。非正规金融机构的资金一般来源于纵向联结，即非正规金融先从正规金融机构取得贷款，再转贷给农户或农村中小企业。纵向联结模式为农户从银行等正规金融机构筹集资金提供了桥梁，因而在我国农村地区推广具有较强的可行性，并且不乏成功的案例。

下面以浙江省、福建省、江苏省为例介绍东部沿海地区的非正规金融机构的发展概况。

1. 浙江省非正规金融的基本情况和特点

改革开放初期，由于农村经济的发展，尤其是随着农村经济市场化程度的不断提高，既有的正规金融已经无法满足需求，非正规金融的发展已经成为不可逆转的趋势，甚至当时国家业已出台政策开始支持民间非正规金融的发展。1984 年浙江温州苍南县钱库镇方培林的"方兴钱庄"的挂牌经营，正是响应政策的表现。虽然 20 世纪 80 年代对非正规金融的管制进一步加强，但是随着社会主义市场经济制度的确立，非正规金融又进一步发展起来。

浙江的非正规金融发展具有以下几个特点：（1）总体规模趋升。由于非正规金融机构的产生源于经济社会的客观需求性，虽然一直是政府限制的对象，常常只能活跃在地下，但依然存在下来。尤其是在当前追求利益的时代，大型商业银行为了保障资产收益率，大规模地减少对中小企业的放贷量，这无疑为非正规金融规模的扩大提供了时机，使其迅速成为中小企业融资的主要渠道。（2）非正规金融机构放贷来源有保障。非正规金融之所以可以发展，归根到底在于它能够把资金吸收上来，这样才能发放贷款。而非正规金融机构之所以可以与正规的金融机构来竞争存款，就是由于其收益率。非正规金融机构会许诺给储户高于正规金融机构存款利率的收益率，这样就可以获得更多的资金来源。另一方面，非正规金融机构往往选择纵向联合，即先向正规金融机构贷款，再把贷来的资金转贷给中小企业。比如浙江省金华市民营企业——如得控股集团向中国银行金华分行借款 500 万元，再转贷给"南山苗木"[1]，再将贷款转入社农户，这就是纵向联合的一个成功案例。（3）非正规金融机构本身的问题也比较突出。比如由于非正规金融的贷款利率往往高于正规金融机构，这导致中小企业贷款的资金使用成本较大，因为中小企业必然会尽快缩短贷款期限以降低使用成本，这可能会影响中小企业的长远发展。而且由于非正规金融是游离于正规金融监管体系之外的金融机构，它所受的约束较少，一些债权债务的凭证也不规范，容易发生违约风险。致使非正规金融融资违约率上升，风险隐患加大。

2. 福建省非正规金融的基本情况[2]

福建省非正规金融机构的发展情况与浙江差异不大。该省非正规金融机构具有以短期融资为主的特点，而且非正规金融借贷成本较大，支付利率较高，2013 年来还有升高的趋势。通过调查福建省部分中小企业的融资情况发现，中小企业在正规金融机构渠道以外发生非正规金融行为的比例有所上升，规模有所扩大，这可能是受从非正规金融机构取得贷款时，绝大部分不需要利用企业财产进行担保的影响。中小企业从非正规金融机构筹集的资金主要是用于生产经营，资金运用结构变化不大，但是筹资程序越来越规范化，比如中小企业筹资所用的金融协议越来越正规，而且主要是正式的书面合同，这表明福建省非正规金融的发展越来越趋于正规化。

3. 江苏省非正规金融的基本情况

通过在江苏省调查发现，徐州、盐城和苏州的农村地区非正规金融普遍存在。虽然由于各地区农民的金融需求以及经济发展环境等存在差异，造成各地区非正规金融发展程度的不同，但是作为非正规金融发展的典型地区，仍具有一些共同之处。

江苏非正规金融的形式主要有民间借贷和向金融中介机构借款。

---

① 刘颖：《周建桥：要做中国花卉业的尤努斯》（http：//news. yuanlin. com/detail/2009123/59738. htm）。

② 赖永文、沈理明、林路曦：《福建省非正规金融变迁、效应及规范发展研究》，《福建金融》2012 年第 8 期。

农民选择非正规金融机构融资的规模在一定程度上受本地正规金融发展规模和资金供给情况的影响。同时，由于有一部分农户并不把自己多余的资金存入银行，或购买股票、基金等投资产品，而是把资金投入非正规金融机构，赚取收益。因而这里非正规金融机构的发展，也受到当地农民闲余资金数量的影响。

（二）中部地区非正规金融机构的发展情况

山西民间金融源远流长，而且在中国金融史上影响较大。本部分以山西省个别市为例简单介绍中部地区非正规金融机构的发展情况。

牛欢乐（2010）对山西省长治市非正规金融的发展情况进行问卷调查，发现71%的人认为非正规金融机构支持了民营企业、个体工商户的经营生产，或对民营企业、个体工商户的经营和生产有一定的作用。[①]

长治作为一个不发达的城市，非正规金融并不繁荣，其主要形式为不合法的地下金融。一方面为想要创业发展的人和企业提供资金支持，另一方面，高利贷等形式又影响经济的健康发展和社会秩序的稳定。非正规金融发展带来的问题主要体现在还款能力和法律纠纷方面，在正规金融机构看来，因为没有专门为企业进行评级的机构，所以中小企业的还款能力就成为一个未知数，因而得不到正规金融机构资金的中小企业，把未知的风险推向非正规金融机构。

在规模逐步扩大，融资方式集中在个人融资的基础上，中部地区非正规金融开始出现多样化趋势，并且融资用途日益广泛。本地区非正规金融风险意识逐步提高，融资行为趋于理性。

（三）西部地区非正规金融发展基本情况[②]

位于西部的陕西省、甘肃省、宁夏回族自治区、青海省，以及新疆维吾尔自治区，其地理位置接近，并且经济增长方式和金融结构相似，虽然在发展程度上还较低，但在非正规金融机构发展方面存在着很大的潜力。西部地区非正规金融的发展与东、中部地区相

---

① 牛欢乐：《浅析长治市地下私募的现状及原因》，《现代商业》2010年第3期。

② 穆林：《中国西部地区非正规金融发展：模式选择、制度设计与政策建议》，博士学位论文，西北大学，2009年。

似，既有其存在的合理性，又不可避免地存在市场不规范等方面的问题。

由于西部地区地广人稀，自然资源丰富，再加上政府对西部大开发的扶持政策，该地区的农业和工业发展水平都得到较快的提高，农民的人均收入也得到提高。政府对西部地区的扶持政策中，金融政策也占据了重要的一部分，银行机构中的存贷款数额随着人民收入水平的提高也得到了提高，但是存贷款之间的差额越来越大，显示出正规金融机构的信贷能力有些不足。正规金融机构对农民、中小企业的信贷数额并不如存款增加的速度快。正规银行信贷对西部地区薄弱领域的投入还是不足，与实际需求之间还有较大的差距。此时非正规金融的发展就成为经济发展的一个重要支撑。据相关部门调查发现，2004年以后非正规金融的规模不断扩大，而且在企业发展中提供的资金支持比例也越来越高。

西部地区非正规金融机构的发展当然也有自己的特点：规模虽然得到较快的发展，也越来越活跃，筹资来源和资金投向都越来越多元化，但是与中东部地区非正规金融的发展水平还是有一定的差距，同时西部五省内部非正规金融机构的发展程度也存在着严重的不平衡。

西部地区的非正规金融机构提供贷款的方式也与中东部地区相似，申请手续简单、方便易得，而且不需要实物担保，受到了西部地区农民、中小企业的广泛喜爱。非正规金融也是西部正规金融机构的一个重要补充，对于西部地区的发展具有重要的作用。西部非正规金融机构发展迅速的原因，可以从两个方面进行概述：一方面，是由于正规金融机构本身的特性决定的，正规金融机构提供贷款往往要客户提供一定的不动产作为抵押品，而且会收取一定的利息，为了减少自己的贷款压力，无产者或者中小企业者往往会向周围的亲朋好友或者邻里进行民间借贷。另一方面，中小企业自身风险程度较高，也把它排除在正规金融机构的外面。同时由于中小企业主进行融资时，总是希望资金可以方便易得随时可贷，而银行的手续繁多、期限又较长，因而中小企业者往往选择利用非正规金融机构融资。

第二节　中国台湾地区非正规金融机构发展概况

　　中国台湾地区的非正规金融一直比较发达，民间借贷互助的传统习俗在这里根深蒂固，且形成了广泛的群众基础，至今非正规金融仍旧活跃在百姓的日常生活中，并且其规模大，覆盖面广。台湾地区私人企业借款中的 1/3 以上是由非正规渠道所提供。[①] 目前台湾地区的非正规金融已经形成了一个包含多层次、多元化金融机构以及货币市场、资本市场和外汇市场比较完备的台湾金融体制。随着台湾地区非正规金融机构的发展，政府对非正规进行了一系列的正规化措施，但是还是存在着金融体系与无组织的民间借贷共存的情况。

　　台湾地区非正规金融的发展经历了自由发展、受压制、规范化的发展历程。台湾地区合会法制的核心思想是私法自治，经历了由习惯司法化到习惯法典化的过程。台湾地区非正规金融的转型，并不是自然演进的结果，而是宪政民主制度改革后，代表民意的游说团迫使台湾当局不得不准许民间资本自由进入银行业的结果。这是一个极其漫长的过程，最终才使非正规金融机构获得合法地位。台湾地区于 20 世纪 90 年代通过"民法债编"开始认可民间金融组织，并以法律形式对非正规金融做出详尽规范。

　　在台湾地区的金融体系中，非正规金融机构起的作用很大。20 世纪 70 年代末 80 年代初，民间借贷为企业界提供的资金就达 24%，民营企业的融资结构中非正规金融机构提供的资金所占的比重更高。台湾地区的企业虽然不愿意承担非正规金融机构所收取的高利息，但是这些企业中大部分是中小企业，它们比较分散，贷款规模又较小，因而并不能从正规金融机构筹措到发展所需要的资金，因而必须选择非正规金融机构所提供的融资形式。可见，非正规金融机构的发展也是

---

　　① 安强身、周艳：《金融制度扭曲下的非正规金融变迁与趋势探讨——基于温州地区的分析》，《内蒙古社会科学》2004 年第 6 期。

适应了市场经济环境及台湾地区金融体系的特性而存在的，有其存在的历史必然性。

一　台湾地区非正规金融存在的特点

台湾地区金融最大的特点就是二元性，即正规金融与非正规金融共同发展。目前在台湾地区非正规金融已经占金融体系的绝大部分。台湾地区非正规金融的特点集中地表现在两个方面：首先，非正规金融在台湾地区具有很大的规模，为中小民营企业的融资提供绝大部分的来源。其次，在民众中广泛存在，并且根深蒂固，一半以上的人参加标会等非正规金融机构，并且随着家庭收入水平的增高，参与的程度也越高。以合会为代表的非正规金融机构在经济生活中充当着重要的角色。

台湾地区非正规金融的另一个重要特色，就是其一直处于台湾地区"中央银行"的控制之下。当地政府为了更好地促进非正规金融活动在台湾地区的发展，通过立法等手段对其运作进行正规化。1948年"台湾合会储蓄业管理条例"的颁布，标志着合会储蓄公司作为非正规金融机构的正规化。台湾地区1976年颁布的新"银行法"，又将合会储蓄公司改制为中小企业银行，政府于1999年通过的"民法·债编"更是非正规金融正规化的重要标志。

二　台湾地区非正规金融发展的原因

台湾地区的非正规金融具有鲜明的地方特色，大量民营中小企业的资金需求和地下经济活动具有密切的关系，很大程度上是由中小企业实力相对较弱，在取得正规金融方面并不占优势所造成的。中小企业的生产总值和出口总值在行业中占到了80%和65%，其在非正规金融机构大幅度融资，无疑会为非正规金融的发展提供契机。而且在台湾地区民众参与非正规金融机构的热情特别高，对非正规金融活动的认可度也比较高，在生活、生产融资中往往习惯性地依赖于非正规金融机构，这种历史继承性也促进了非正规活动的不断发展和传承。

非正规金融在台湾地区的高速发展，可以从民营企业和正规金融机构两个角度分析具体原因。一方面，民营企业由于自身发展存在众多问题，其经营风险又较大，而且还没有专业的信用评级来对其信用情况进行担保，自身又缺乏足够的担保品，因而严重地影响了正规金融对它们的授信业务，促使民营企业不得不转向非正规金融融资。另一方面，正规金融机构受政府行政干预过多，造成了一定程度的金融抑制，无法满足中小企业发展的各方面需要。正规金融机构本身经营的保守性，决定其不太希望把资金投放到信用不太高的企业，银行拥有众多的大客户，因而并不太重视规模太小的客户，为了保证自身的收益率，银行等正规金融机构并不太想把资金投放到信誉不明的企业中去冒险。农户、个体经营者、中小企业的小额贷款需求无法从正规金融体中得到满足，非正规金融也就有了生存发展的机会。第三方面，台湾地区为了推动经济增长，压低银行利率，导致银行利率长期处于市场利率之下，投资者为了追求自身的利益，往往把自己的资金投放到非正规金融机构进行投资，这种资金逐渐成了非正规金融筹资的一种稳定来源，直接促进了非正规金融的发展。

三   台湾地区非正规金融的存在形式

台湾地区的非正规金融机构的存在形式，经历了一系列的演变。比如，20 世纪五六十年代它的主要形式是当铺、民间互助会（合会、标会）和地下钱庄等传统的非正规金融形式。地下钱庄是指非法经营存放贷者，在台湾地区有一些企业或者个人，首先从正规的银行等金融机构筹借资金，然后再转给需要资金的组织或者个人，以赚取利差。台湾地区的地下钱庄非常活跃，这种活动在一定程度上与黑社会等黑暗势力勾结，不利于社会的稳定。到 20 世纪 70 年代逐渐兴起信用借款和抵押借贷、远期支票贴现、租赁公司和企业职工集资。信用借款是一种较古老的融资形式，其主要向地理位置较近的邻居或者亲朋好友进行借款。抵押借款的特点主要体现在这种形式的融资必须要有一种实物来作为抵押品，作为其借款还款的保障。远期支票贴现和租赁公司是伴随着经济的发展，适应企业发展需要而出现的。企业职工集资也是当时企业融资的一种新途径，对于企业来说，虽然比较容易获得，但是却要付出一个较高的利息率。到 80 年代则又产生地下投资公司，在规模上超越了其他形式的非正规金融。地下投资公司主要通过以月息 4 分甚至 10 分的高利率来吸收民间的资本，然后再把这些资金投放到具有较高风险的地产、股市等行业，牟取暴利。

台湾地区非正规金融机构中比较重要的有当铺和民间互助会等，地下投资公司、互助会、民间借贷、储蓄互助社、地下钱庄、租赁公司等也是当今非正规金融机构仍然存在的形式。其中民间合会是中小企业融资的重要形式。中小企业合会，是在纯粹互助的基础上发展而来的，在台湾地区小农和小商品经济向工业和商业经济转变的过渡期得到了发展，并且获得了效益。1913 年把日本制定的《无尽业法》被引入台湾地区。① 通过借鉴日本非正规金融方面的规制方法，很好发挥了合会对经济发展的正面作用，并将其进一步正规化。合会也不再是一个互助经济组织，而变成了向台湾地区企业和家庭提供金融支持的商业性金融组织。

台湾地区的互助合作组织也影响比较深远，这种形式的借贷通常只是以口头保证或立字据的方式向周围的朋友、亲戚等进行筹资，类似于民间互助会，在台湾地区尤其是农村地区得到了较快的发展，并且得到民众较高的参与率。同时台湾地区质押借款的形式发展较快，这种形式的贷款要求借款人提供房屋、汽车、黄金等保值的东西作为担保品，只有这样才能贷到其所需的资金。随着经济的发展，企业对非正规金融的需求也出现了多样化的趋势，因而非正规金融的发展也越来越多样。逐渐出现了远期支票调现、租赁公司、分期付款公司、存放厂商等形式的非正规金融机构，来满足企业发展各个方面的需求。远期支票调现是由厂商签发远期支票借以筹措资金的融资活动。而租赁公司是从事融资性租赁活动的组织，这类组织给企业提供机器设备进行租赁，以保证企业的日常生产活动。但这种非正规金融形式并没有纳入政府的管辖范围之内，因而还是一种非法的经营形式。分

---

① 潘永昕、陈胤求：《民间标会的风险生成机制与风险防控探究——兼议民间标会的规范化发展路径》，《西北师范大学学报》（社会科学版）2013 年第 6 期。

期付款公司则是应经济发展的需要，为了满足大众购买房子、车子等耐用消费品的需要而出现的。分期付款为有工作能力和赚钱能力的人提供了提前消费的机会，也避免了人们一下子不能筹措到所需资金而不能购物的损失。存放厂商是指企业以借款方式吸收职工存款，甚至是非职工存款，来作为企业融资的一种形式。这种方式虽然形式上类似于大陆的职工集资形式，但是它却要付给职工一个较高的利息率，作为对职工的补偿。

四　台湾地区非正规金融的正规化

台湾地区非正规金融的正规化采用区别对待的形式进行。对发展比较完善的非正规金融机构，采取金融体系自由化的政策。比如 20 世纪 40—70 年代合会转变为了正规金融，先成立了合会储蓄公司，又将其变为了中小企业银行，政府规定合会储蓄银行必须在遵守相关管理条例的前提下，除了传统合会业务外，还可以涉及储蓄存款和贷款业务。20 世纪 80 年代以后，金融自由化政策进一步放宽，合会储蓄公司受到的利率管制也越来越少了。

另外，对发展不太成熟的非正规金融机构，则通过立法，将其纳入监管体系。据调查，台湾地区的人们，参加轮转储蓄和信贷协会的比例特别高，而且随着收入的提高，参加的比例也有增加的趋势。这无疑为台湾地区经济发展做出了贡献。台湾地区政府最终于 1999 年通过"民法·债编"，将这种非正规金融行为纳入了民事法律体系，从而将其变为了合法的经济组织。作为合法的金融机构，其将更好地保护会员的利益，充分发挥其投融资的作用。

五　台湾地区非正规金融存在的问题

台湾地区非正规金融机构存在的问题，可以说是发展非正规金融机构的国家或地区所面临的共同问题。本书只对台湾地区非正规金融机构的存在给当地经济发展所带来的一些负面或者不稳定影响因素进行简要分析。这些问题主要体现在以下几个方面：

1. 非正规金融的存在不利于政府对其进行经济管理，一方面非正规金融分散在社会经济生活中的各个方面，而且广泛地分布在农村地区，在正规经济势力涉及不到的角落，非正规金融的发展尤为繁荣，这些非正规金融不可能全部都得到政府的监管。另一方面，一些地下经济的存在，在利率信贷等方面存在着扰乱正常经济的隐患。这些地下经济往往给出较高的存款利息来广泛吸收存款，再把资金转贷给风险较高的不易从正规金融机构取得贷款的企业，因此增大了社会的风险程度，潜在地扰乱社会正常的经济秩序。

2. 非正规金融机构为资金不足、经营规模又小的单位提供资金信贷，本身就存在着很大的风险。一些非正规金融机构本身的资本规模就较小，却把资金投放在风险较高的行业，较长的资金链必然会增加偿债的不确定性。非正规金融机构是基于为中小企业、农民等提供融资而出现的，往往缺乏担保物，也在相当大的程度上增加了非正规金融机构面临的违约风险。

3. 非正规金融机构会扰乱正常的金融秩序。非正规金融一定程度上加大了金融市场的风险，其本身存在于体制之外，不利于本国中央银行的监管。非正规金融中的地下钱庄等组织，在一些情况下会与黑社会等黑暗势力相勾结，这样就会增加社会的不安定因素。而且又由于非正规金融机构的违约风险较正规金融机构的较高，当遇到贷款人无力偿还所借款项时，必然会引起更多的法律纠纷，这必然会扰乱正常的金融秩序。

4. 非正规金融机构会加剧社会分配不公。非正规金融虽然是基于无偿的互助性行为产生的，但是目前存在的多数非正规金融机构还是以追逐利润为目的。在这种情况下，非正规金融的高息可能会加重债务人的经济负担，增加其经营和信贷压力，造成两极分化。从非正规金融机构筹措资金进行生产的企业，就会比从正规金融筹措资金的企业面临更大的生产成本，在同样市场价格进行交易的环境中，这些企业获利的机会较小或者获利数额较小，不利于这些中小企业与大型企业的长远竞争，而且会造成两极分化。

5. 非正规金融机构还会影响实体经济的健康发展。由于非正规金融机构本身的高风险特性，无疑会为中小企业的生产带来较大的还贷压力。还贷压力太大的话必然会影响企业的长期投资和规划，甚至会造成企业资产的负债经营，导致自己实体经济扭曲。目前越来越多的非正规金融机构的危机已经引起广泛的关注。

第三节　美国非正规金融机构发展概况

美国金融市场高度发达，金融机构成熟，体系完善。但小企业、低收入阶层的金融需求却得不到满足，这无疑为非正规金融机构的发展提供了机会。虽然 1920 年的储蓄互助运动在一定程度上缓解了低收入阶级的金融困境，但是并没有根本满足这些群体的融资需求。20 世纪 80 年代，由于金融自由化的发展，更多的商业银行逐渐远离低收入群体，这就为当铺和支票兑现所等非正规金融机构的发展提供了机会。

一　美国非正规金融发展现状

美国非正规金融也是基于满足那些分散的、得不到政府重视的群体的需要而出现的，因而得到了各个阶层的广泛关注。在美国多元化的经济发展环境中，人们生产致富欲望强烈，非正规金融机构也因此得到了很好的发展，从而引起政府的关注，美国政府开始考虑正规金融的发展格局问题。美国的整个金融市场，在政府的积极干预下，开始重视农村金融服务，因为美国的农村金融市场逐渐形成了以农村合作社金融为主体、以政策性金融机构为保证、以农村商业性金融为补充的金融体系。政府开始意识到农村市场的潜力，因而加强对非正规金融的干预，加快了非正规金融机构的正规化进程。

在 20 世纪 80 年代初，各类非正规金融机构之间的竞争加剧，传统的专业领域被打破，各类非正规金融机构的经营内容逐步多样化，丰富了居民融资的渠道，很好地解决了社会各个阶层、各个肤色群体的不同融资需求。非正规金融可以满足农户小额短期的生产生活信贷需求，在客户信息成本方面具有绝对的优势，是国家金融体系中的一个重要补充。

目前，美国的非正规金融机构的发展已经形成了自己独特的体系，主要形式有信用合作社、小额信贷、储蓄贷款协会等，它们面向中小客户提供贷款，不断地出现新的组织、新的融资工具、新的信贷组合以满足低收入阶层的不同需要，并得到政府的积极扶持，在与正规金融机构共存的金融体系中，也不会受到正规金融机构的排挤，有利于非正规金融机构的长远发展。

二 美国非正规金融机构的特点

1. 美国的非正规金融体系中信用社占据了一个很重要的地位

美国信用社是在正规商业银行既不愿意接受小额存款又不愿意发放小额贷款的背景下由公众自发组成的，以互助合作精神为宗旨，吸纳社员的存款，用于向有资金需求的社员提供贷款。圣玛丽教区居民信用社是美国的第一家信用社，成立于 1909 年。美国信用社经过上百年的发展，已形成了一套复杂而完善的组织结构，其基本框架是由美国中央信用社、州中央信用社和全国各地的信用社构成。

美国的信用社最初是由各州独立批准设立和监管的，美国 1934 年通过了《联邦信用社法案》以后，信用社被纳入了联邦的监管体系中。同时，成立行业自律性组织，如总部在华盛顿的联邦信用社全国协会、总部设在阿灵顿的州信用社全国协会。行业自律组织一方面为其成员提供信息、教育、援助以及有关信用社发展的论坛，另一方面就是影响有关信用社经营发展的立法的形成与监管法规的制定。①

2. 在美国非正规金融机构的发展中移民起到很大的作用

美国是一个移民组成的国家，其非正规金融机构的发展在一定程度上受移民的影响。移民作为低收入群体在美国的经济发展过程中，往往作为被忽视的群体存在，移居美国的群体在需要基本的资金来满足自己的日常开销时，也就只能依靠身边的移民群体，慢慢地这些贫

---

① 陆军等：《美国信用社发展的经验及对我国的启示》，《国际金融研究》2000 年第 9 期。

困群体中就出现了属于自己的民间借贷组织。随着这些非正规金融机构的发展壮大，在美国的金融体系中也有了一定的影响，逐步在这些组织的基础上不断地出现新的非正规金融机构。它们的影响是深远的，最终使政府意识到这些低收入阶层的巨大潜力，开始出台相应的法律法规来规范它们的发展。

3. 美国政府在非正规金融机构发展过程中起着巨大的作用

美国非正规金融机构的发展不同于其他国家的一点就是，它的发展历程是在政府的指导下进行的，政府对非正规金融机构的各个方面都进行监管，建立了独立于中央银行体系之外的专门监管机构，这个监管体系是由全国行业协会、联邦行业协会、州行业协会组成的，旨在对全国的行业协会都进行全面到位的监管。

三　美国非正规金融机构的存在形式

（一）合作金融机构

美国的合作金融最初是由政府领导并出资支持建立起来的，其根本原因是随着美国经济的发展，原来几乎都是由私营机构和个人提供的数量有限、期限较短的农业信贷资金难以适应现代化农业发展的需要。随着国家资金的逐步退出，现在的农村合作金融已成为由农场主所拥有的合作金融机构。

目前，美国农村合作金融由联邦中期信用银行、联邦土地银行、合作银行三大系统组成。其中联邦中期信用银行主要解决农民中短期贷款难的问题，联邦土地银行是农场主长期贷款的主要提供者，合作银行系统则是美国专门为合作社添置设备、补充营运资金、购入商品等提供贷款而设立的合作金融系统。[①]

（二）互助储蓄银行

互助储蓄银行始建于19世纪初，过去它主要吸收小额储蓄者的存款，后来资产较为多样，如"小存户存单"、为期六个月的货币市场存单，以及超级可流通提款单账户等，但小额储蓄存单仍占多数。

---

① 肖东平等：《美国的农村金融体制及借鉴意义》，《当代亚太》2006 年第 6 期。

互助储蓄银行绝大多数在各州注册，由各州银行委员会监督，但也可以申请在联邦注册。由于较少受联邦管制，因此能提供多样化服务。例如，它发展了带息支票账户、可流通的提款账户、开放性的人寿保险、互助基金股份、家庭财务计划等业务。①

（三）轮转储蓄和信贷协会

轮转储蓄和信贷协会，即 ROSCAs（Rotating Savings and Credit Associations），简称合会或会，是一种非正规的金融机构，在世界各地的发展中国家和发达经济体中普遍存在。在美国，主要存在于移民社区中，比如存在于韩国人、越南人、墨西哥人等移民社区。其规模的大小、份额的多少一般也会根据本组织内部成员的富裕程度不同而有所不同。富裕程度较低的组织，可以仅仅用于满足会员的基本生活需求和一些应对突发事件的开支，而发展程度较高的组织，可以在此基础上给需要资金的中小企业提供基本的融资需求。

四　美国非正规金融发展的优势

美国的非正规金融机构服务的对象主要是当地的家庭、中小企业和农户。当地用户对本地区的非正规金融具有较高的认同感，而且在本地存在较长历史的非正规金融机构发展水平和体系也比较健全，可以根据本地客户融资的特点，及时提供符合客户需要的融资计划。这些非正规金融机构往往会聘请较多的当地员工，他们通常十分熟悉本地市场的客户，具有信息优势，较好地解决了信息不对称问题，其目标就是为了更好地发挥非正规金融机构对当地经济发展的重要作用。这些非正规金融机构从当地吸收资金，又把资金用于满足当地企业与居民的生产与生活。

美国非正规金融较正规金融机构合理化的原因在于，它在对自己的贷款客户进行信用调查时，不仅考虑客户所提供的资产数据、财务担保等经济方面的问题，而且还会考虑这些贷款人的性格特征、家庭构成、家族历史和日常开销等个性化的私人信息，多样化地分析本机

① 戴念龄：《略论美国的非银行金融机构》，《世界经济与政治》1997 年第 5 期。

构所承担的显性和隐性的风险。非正规金融机构面临的客户多数为被正规金融机构拒绝的风险程度较高的群体，投资的行业一般也是风险较集中的或者是收益不稳定的行业，因而更应该全面地搜集各方数据，甚至搜集这些公司的资产负债表等会计业务，来辅助评估自己所面临的违约风险程度。

第四节　日本非正规金融机构发展概况

一　日本非正规金融机构的发展概况

日本的民间金融由来已久，而且发展很快，政府已经给予了它们合法的地位，比如日本政府在 1915 年就给予了合会等非正规金融机构合法地位。目前在日本，尤其是农村地区，已经形成了以农协金融组织为主体的民间金融格局，这样不仅有利于增强国家对民间金融的监控，而且有利于实施国家的信贷支农计划。日本的非正规金融机构的设置有自己鲜明的特点，比如日本政府几乎规范了各个领域的非正规金融机构的法律地位，并出台了相应的法律来规范它们的发展，而且在全国范围内设置了三个层次的机构，来规范中央、地方和基层的非正规金融发展。

从历史上来看，日本非正规金融的发展与本国的市场经济发展水平是分不开的，也在一定程度上反映了经济发达国家非正规金融的发展现状。在日本发展市场经济时，经济发展比较自由，此时的非正规金融发展也比较繁荣，受管制比较少。此时日本的非正规经济形式多样，从农村的信用社、合会等组织发展而来，遍布了农村和城市的广大地区。在日本经济从市场经济发展到垄断阶段的时候，政府开始重视非正规金融的发展，加强监管，其主要步骤是通过颁布相应的法律来肯定相关非正规金融机构的合法地位，再引导这些非正规金融机构进行制度改革，规范它们的发展，最终实现非正规金融机构的正规化，把其纳入正规金融体系之中。比如日本轮转基金的正规化就经历了漫长的过程。政府首先通过法律对非正规金融机构进行管制，引导轮转基金"浮出水面"，再凭借优惠政策诱导其转变为互助性质的民营银行，并及时地修订法律，逐步地实现轮转基金的正规化。这些互助合作型的非正规金融机构正在经历着向正规金融机构演变的态势，非正规金融经过改造后被赋予了合法地位，在整个国家金融体系中占据了一定的位置。从目前来看，日本的非正规金融受国家干预过多，已经归为了正规金融，失去了自己的独立性。

二 日本非正规金融的特点

1. 日本非正规金融的发展与农业密切相关。日本为支持农业的发展，成立了政策性的金融机构农林渔业金融公库，向经营农林渔业的个人或法人提供各种农村设施和资金支持，通常贷款期限较长，利率较低。日本农协属于合作金融，由农林中央金库、县信用农业协调组合联合会、综合农协三级组成。中央级别的非正规金融机构主管全国非正规金融事务，县级别的则统一管理县级别的非正规金融，在中央金库与综合农协会之间起着上传下达的作用，综合农协则主要负责农村的基层事务。日本现在已经形成了政府与农民共济组合相结合的自上而下的组织体系。

2. 日本政府对非正规金融机构具有较强的控制力。"二战"后，日本开始在国内大规模地推行合作金融服务业务，建立了有自己的基层和中央机构的非正规金融体系，受到大量民众的支持，具有很强的互助性。后来，政府通过法律等形式，改变了非正规金融机构最初的互助合作性质，把它们纳入正规金融的管辖范围之内。

3. 日本非正规金融规制是以法律法规的主导为保障的。日本政府几乎对每一种非正规金融机构的发展，都制定了相应的管理条例，旨在通过规范它们的发展，为整个日本经济的发展提供帮助。通过对这些非正规金融机构形式和规模的界定，来监督和规范它们的发展，逐步有计划、有方向地将其向正规金融演进，比如政府要求非正规金融的规模一般都要较小，这是因为政府旨在保留这些非正规金融机构自身所存在的优势，保留其为小客户提供融资的便利性，并作为整个金融的有利补充。而且政府对企业经营的限制也非常严格。日本金融当局对非正规金融实行三种业务领域分离的限制，分别是对民间金融机构的长短期业务实行分业经营，对存款业务和信托业务实行分业和对金融中介业务和证券业务实行分业。在这种限制下日本的非正规金融机构有自身的经营特点。日本政府也在服务对象、范围、期限、利率等各个方面规范了非正规金融机构，通过法律来引导它们走向正规化，并最终划入正规金融体系之中。

三　日本非正规金融的存在形式

日本的非正规金融的发展受到了政府的足够重视，已经成为本国金融体系的中坚力量。其业务范围已经覆盖到了银行、信托、保险等各个领域，其已经成为日本金融体系的一个核心部分。日本非正规金融机构的存在形式在城市和农村又有不同的表现，我们可以相互区别来认识。

（一）日本城市非正规金融的存在形式

日本城市地区的非正规金融机构可以分为两大类：一类是办理存款业务的金融中介机构，主要以银行为主；另一类是不办理存款业务的金融中介机构，主要以各种金融服务公司为主。

1. 办理储蓄业务的金融中介机构

办理储蓄业务的金融中介机构，以各类银行为主。比如说，都市银行，这类银行主要存在于大都市中，类似于别的国家的正规金融体系中的国有商业银行或者股份制商业银行，它们的运行机制也比较相似，即都是从分散的城市居民或者企业中吸收存款，再通过银行体系把这些资金放贷出去，通过利率差价来赚取利润，发挥都市银行的信用中介职能，同时都市银行还从事一些经济活动中的结算功能或者其他表外服务来发展自身。在日本地区比较出名的都市银行有第一劝业银行、富士银行、住友银行等，这些都市银行一直是日本非正规金融机构中的重要组成部分，它们的融资规模甚至达到整个金融体系融资规模的20%，在整个金融体系中具有重要的作用。

办理储蓄业务的金融中介机构，也包括外汇专业银行，这类银行主要从事外汇交易和贸易金融业务。同时日本为了促进企业的发展，解决日本长期资金的筹措问题，通过金融债券形式为企业提供长期的资金，开立了长期信用银行和信托银行。日本金融体系中同时存在着一个具有较明显互助合作性质的组织互助银行，这类银行是从日本的无尽会社中脱离出来的，运作机制也较为相似，即普通的会员定期往银行存入一定的资金，根据一定的轮流机制，把款项转借给不同的需求者。在整个日本地区，为了负责金融和经济方面的调研工作，以及联络和协调银行机构与各类经济团体、政府部门之间的关系，逐渐出现了行业协会。

2. 不办理储蓄业务的金融中介机构

日本在经济发展过程中，出现了一种类似于其他国家信托公司的机构，即日本的证券投资信托公司，这类公司的运作机制也与信托公司类似，即委托人以出售收益证券的方式从投资者或者投资企业手中筹集资金，然后再把这些信托财产委托给信托银行，这些受托的银行根据受托人的意图把投资所获得的投资收益、红利等分发给投资受益者。

为了方便居民贷款买房，日本甚至出现了专门的住宅金融公司，专门为居民买房提供长期贷款。这种住宅金融公司为居民提供长期贷款的前提是，居民把房屋等不动产作为抵押，这类公司从而能合理有效地规避其信用风险。这类住房贷款公司在日本的放贷结构中占到了70%，甚至超过了日本正规金融所提供的放贷资金规模。

同时为了满足日本居民日常消费的需要，非正规金融机构中也出现了专门的消费者信用机构，这类机构提供的消费者信贷计划，与我国银行等正规金融机构提供的信用卡服务有很大的相似之处，其可以为普通消费者日常的购物消费提供贷款支持，因而其间接地促进了本国的流通、物流、租赁等各个行业的发展。另外日本的消费者信用机构还有其自身的特点，那就是它们可以为消费者提供直接融资的"消费者金融"。

除此之外，日本经济中还出现了一种风险资本。随着经济的发展，逐渐开始出现一些以经营风险业务为主要业务的公司，这类公司由于其本身的实物担保不足，收益风险较高，发展前景又不确定，因而往往很难从正规的金融机构中借到自己发展所需要的资金，因而会转向从非正规金融机构中募集资金。经营风险资本的投资者，可以对风险资本公司提供经济业务发展所需要的咨询工作，等到该公司公开发行股票的时候就可以卖掉持有股票赚取收益。在日本地区从事这类非正规金融活动的机构，主要是由银行、证券公司、保险公司等大型金融机构投资设立的。

（二）日本农村非正规金融的存在形式

日本的民间金融被政府赋予了法律地位，特别是在农村地区，已经形成了以农协金融组织为主，结合互助银行、地方银行农业保险等的农村非正规金融格局。

1. 合作金融

合作金融是依附于农协的一个融资部门。早在 19 世纪的明治时代日本就依照《产业组合法》设立了信用合作社。[①] "二战"后，日本为了尽快地发展本国的农业，于 1947 年出台了《农村协同组合法》，旨在为组合员提供最全面的服务，应农户需要资金的要求，合作金融作为融资部门应运而生。合作金融分为基层农协、农业信用联合会、农林中央库三个层次。基层农协是合作金融的基层组织，农户通过入会，可以从基层农协享受最优惠的存款利率，而且可以为农户提供无担保的贷款，供其生活和生产需要，在 2000 年，农协为农户提供的贷款就已经达到了 226495 亿日元。[②] 农业信用联合会是县级农业协同组合联合会中专门提供信用业务的机构，通过接受基层农协和团体的入股和存款，用自己的存贷款业务为基层农协调节资金余缺，同时向会员提供相应的金融服务。农林中央金库，则用来调节农业信用联合会的资金运用，并提供相应的农业金融融资服务。

---

① 孙建梁、孙艳英：《日本合作金融的发展经验对我国的启示》，《商业经济》2007年第 6 期。

② 夏书亮：《日本农村金融体系的运行范式及经验借鉴》，《金融发展研究》2008 年第 6 期。

2. 信用金库和信用组合

信用金库和信用组合都是具有互助性质的金融机构，并且其业务范围都仅仅针对自己的会员，成员在内部实施互助原则。不同之处则在于信用金库是由信用合作社发展而来的，而信用组合则是根据1949年的《中小企业互助合作法》成立的中小企业的职工组织。

3. 劳动金库

劳动金库也是一种互助性质的团体组织，但是它针对的是员工的福利问题开展的，为工人日常的生活需要提供必要的融资活动。劳动金库通过吸收存款，再把资金贷给自己的会员，以供会员进行日常的消费和住房贷款。

4. 商工组合金库

商工组合金库当然也是互助性质的团体，与其他非正规金融机构的不同之处就在于其是以疏通金融为目的的特殊法人。以前其放贷也局限在本团体内部，具有中小工商业者组合的特点，目前随着金融自由化的进展，其放贷主体也变得广泛了，而原来组织内部的管理规则条例等，也随着时代的发展进行了变革，越来越适应经济的发展现状。

（三）其他非正规金融机构

1. 短资公司

这类公司是日本金融市场中专门从事交易中介业务的金融公司，它的经营活动直接受大藏省大臣的监督。这种短资公司主要从事短期资本交易业务，也会在票据买卖交易中充当媒介作用，同时也会从事政府的短期证券买卖业务和外汇买卖的经纪人业务等。总之，短资公司主要经营短期的金融业务，在金融体系中充当着很多行业的中介人功能。

2. 无尽

无尽是一种民间自发的互助组织，最早出现在1255年。无尽是帮助那些遭受不幸的人的组织，会员缴纳会金，第一笔会金将会交给处于困难中的会员。这种无尽一开始出现在日本的农村地区，是互助性质的非营利组织，后来才逐步普及到城市地区。在城市，无尽把难以接近正规金融机构贷款的中小工商业者作为自己放贷的主要客户，得到了较快的发展。1915 年，日本政府对无尽进行了全面的调查，分析其优劣势，出台了《无尽业法》①，把无尽纳入了国家金融体系，之后又将互助会改为互助银行，再后来又把它发展成了二次地方银行。无尽的发展受到了一系列的限制措施。并最终于 1956 年被转化成了共同银行，逐步地把无尽这种非正规金融机构正规化了。

第五节　泰国非正规金融机构发展概况

泰国地区非正规金融机构的发展，和广大的发展中国家所处的环境大致相同。由于本国经济发展水平不高，再加上国有银行等正规金融机构对中小客户的忽视，泰国的非正规金融活动比较活跃，尤其是发展程度较低的农村地区。目前泰国政府大力在农村推行合作社、信用服务社等正规金融组织活动，即使这些分散的小客户得到了部分政府的重视，但是作为中小企业、农民等融资的一个必不可少的部分，非正规金融机构的发展仍然具有广阔的市场前景。目前，在一些贫困的农村地区，还存在一些轮转储蓄会、土地典当商及高利贷等非正规金融形式。

一　泰国非正规金融机构的现状

泰国对农业非常重视，即使是工业化发展极速加快的今天。因此，泰国必然重视农业信贷需求。在泰国的历史上，20 世纪 60 年代就成立了第一家信贷合作社，在 70 年代国家就有扩大农业贷款总额的金融信贷政策，在 80 年代，泰国政府又根据农村经济发展的新状况，不断地调整其信贷政策，以满足本国农业与非农业发展的需要。②可见，泰国的非正规金融机构的发展水平、状况、程度等，都受到了

---

①　林娜、林卓：《国外民间金融法制化模式的借鉴和启示——基于法律监管视角》，《中外企业家》2012 年第 9 期。

②　东唠·翁占、苑鹏：《泰国农村的民间金融》，《世界经济译丛》1994 年第 1 期。

本国农业发展水平的影响，也不断地受到政府的大力推崇。

　　泰国本身是以农业立国的国家，因而泰国非正规金融的活动范围也就主要集中在农村地区。泰国的农村地区非正规金融活动比较活跃，即使政府开始重视分散的中小客户，并陆陆续续地提出了惠民的信贷计划，也仍然削弱了人们进行民间借款等活动的热情。政府为了抢占最底层的用户市场份额，考虑贫困的小农的信用状况，解决了这个阶层并没有进行贷款所需要的抵押或担保实物这个问题，比如政府提出了团体担保计划来降低农民的信用风险，进而贷款给农民。

　　当然，即使非正规金融的市场份额被正规金融抢占了一部分，但这只能说明非正规金融相对重要性的下降，并不能磨灭非正规金融在农村发展中的重要作用，农村针对贫困农民和小农的民间借贷仍然比较流行，甚至农民从农村非正规金融贷款的数额已经占到了农村地区贷款总额的 30%；另一方面，农民从非正规金融机构贷款的次数，也并不低于他们从正规金融贷款的次数。农民追逐非正规金融的热情，直接受益于非正规金融的便民措施。非正规金融机构为农户提供贷款，一般不需要农民用土地进行抵押，这就为无地或者即使有土地却没有合法有效证件证明其所有权的农户们提供了便利。另外，非正规金融机构进行贷款的手续比较简单，相比正规金融烦琐又复杂的手续，非正规金融无疑是一个较好的选择，再加上农村信息比较透明，信用情况又可以得到保障，更促进了非正规金融的发展。而且即使政府提出了惠农的信贷机会，正规金融机构仍然更倾向于大客户数额较大又较集中的借款计划，另外正规金融机构本身的发展情况，提供不了整个农村发展所有需求资金的现状，也决定了非正规金融机构在泰国地区存在的必要性。随着经济的发展，农村中分离出了越来越多的非农业人口，农民为了追求自身的繁荣，必然要进行信贷活动发展非农业活动，从而使本地区的信贷机会不再局限于农业活动，造成了该地区信贷资金的迅速增加，而正规金融的资金规模又肯定不能满足社会各个方面的需求。

　　总之，泰国非正规的金融机构也和中国的非正规金融机构一样，存在着其自身的一些特点。比如说在泰国，非正规的金融机构为信用

较低的农户，在不需要抵押土地等固定资产的情况下，可以提供农户
需要的生产生活资金。而且又由于正规金融机构处于自身发展考虑，
比较喜欢和大客户打交道，这无疑把广大的农户推向了非正规金融机
构。但随着泰国的现代化进程，现代金融制度开始建立，政府也开始
重视普通民众的广大市场，考虑用无担保贷款等方式来吸引分散的小
客户。因经济的长足发展，单纯的非正规金融机构也不能满足民众对
信贷资金的需求，这又必然促使中小企业转战正规金融机构。泰国政
府为满足这些新兴市场对资金的需求，对正规金融机构实施了一系列
的改革措施，导致了非正规金融活动的范围和规模越来越小，并且农
村非正规金融的相对重要性也开始出现下降趋势。总之，非正规金融
在泰国地区的发展，一方面会受到政府政策的影响，逐步正规化；另
一方面仍会发挥其独特的优势，在泰国金融体系中占有不可取代的一
个地位。

二 泰国非正规金融发展的基本特点介绍

在泰国农村地区民间借贷比较流行。由于泰国农民还不知道如何
向正规贷款机构借款，而且平时的消费借贷也不能从正规金融取得，
再加上民间借贷不需要抵押品，因而民间借贷在泰国得到了快速的发
展。民间借贷是在乡情、友情的关系基础上发展起来的，是合作性质
的融资形式，在农村地区覆盖范围比较广泛，目前非正规金融的信贷
行为已经不局限在农业生产上，农村中的商业活动、农户的消费行为
等也越来越普遍地到非正规金融机构中寻找可贷资金。

泰国非正规金融机构发展的另一个特点就是其本身所固有的剥削
性。在泰国，政府和一些有关人士都赞成农村放贷人剥削了农民的观
点。之所以这么说是因为，从合作性质发展而来的民间借贷形式，随
着人们经济水平的提高，手里资金的增多，逐步分化出一批依靠发放
资金来赚取利益的人，这个群体往往规定较高的资金利息率，来作为
发放贷款的条件，这无疑转化成了一种商业性质的类似于正规金融机
构的借贷活动，直观表现成这类放贷者对贫困农民类似于高利贷性质
的剥削。这类放贷者分布在各个村庄，主要有地主、米商、批发商、

米磨坊主等，他们以追求利润为目标，因而收取的高额利息就形成了一种剥削。

泰国非正规金融机构资金放贷期限主要以短期为主。虽然放贷期限也有短、中、长期之分，但是整个信贷的现状决定了绝大多数的贷款客户会选择短期融资。非正规金融的储蓄来源往往利息较高，而且放贷机构或者放贷者追求高额回报率的目标，必然要求所放资金有一个高的利率，这无疑增加了农户进行农业生产的成本，不利于从事非农业生产者的经济行为，因而出于周转资金需要的借款人，必定会在不需要资金时尽快还款。

泰国非正规金融机构的信用风险较小。这是因为，泰国的非正规金融活动往往发生在本村中，从事放贷的人大部分是村里的人，对本村人的基本资产情况、土地规模情况、家人工作情况等都比较了解，在信息互通的情况下，可以及时地了解借款者的信用状况和还款能力，及时地规避信用程度较低的借款者，即使出现了故意违约的村民，也可以通过舆论效应等方式给借款人施加压力。另一部分从事放贷的人即使不是村里人，也会聘请本村了解情况的人作为代理，以便自己及时地了解所面对客户的信用情况，并妥善地完成信贷活动。

泰国非正规金融的资金供给主要来源于储蓄。泰国当地的非正规金融机构，一方面会开出较高的利息条件来吸引农户进行储蓄，作为其放贷的主要来源，并积极地采取措施扩大其存款容量。另一方面会加强与正规金融机构的联系，通过纵向联合来吸收来自正规金融机构的资金，再转贷到分散的普通民众手中。同时，社会底层也存在着另一种资金运作形式，那就是有些农户自己从非正规金融机构进行贷款，然后再转贷给其他需要借款的农户。例如，在泰国东北部的呵叻府，储蓄部分占到了非正规金融机构可贷资金来源的34%，从正规金融机构贷来的钱和农户相互间的借贷资金分别占到了22%和6%。可见来源于储蓄的资金在泰国非正规金融机构中的作用还是很明显的。

泰国非正规金融机构的放贷形式主要为现金和实物。现金是各国金融信贷体系中的放贷主体，这毋庸置疑，而把实物作为放贷形式则体现了泰国地区的地方特色。泰国作为一个重视农业发展的国家，往往把肥料、稻谷、大米等农业生产必需的材料作为放贷对象，这是因为农户贷款往往也是为了购买农业生产所需要的各种原材料，直接发放实物贷款不仅节省了贷款购买原材料的时间，而且也避免了现金借款时，先卖掉农产品才可以还现金的麻烦，同时也间接地起到了降低还贷时商品价格浮动的影响。

三　泰国非正规金融机构的存在形式

（一）土地典当

土地典当是权益贷款的一种重要形式，因为泰国的土地是私有的，因而权益贷款一般都用土地典当进行。随着农村地区的发展和机械化程度的提高，必然会解放出一批农民，这些农民或者会在本村从事一些商业活动或者会选择外出打工。为了寻求从事非农业生产的初始资金或者外出的路费，这些解放出来的劳动力往往会把其所拥有的土地作为抵押品来筹措资金。这种形式的运作，一般是由拥有土地的人，把土地的使用权作为抵押，来换取其所需的资金，贷款人可以使用土地直到其贷款收回为止。贷款人到期只收取贷款本金，利息即为其耕地的收入。这种形式的融资方式在泰国较为流行，这是因为对于贷款者来说，这种形式的融资方式可以避免其本人支付较高的利息，也不会有尽快地周转资金来还贷的压力，还避免了土地闲置所带来的浪费，而对于放贷者来说，这种土地典当形式所带来的农业收益，随着农产品价值的提高，往往带来比利息更高的收入，可见，土地典当对于双方来说都是有利的。这种形式的贷款方式，在泰国的北部尤其流行。

（二）土地抵押

土地抵押一般出现在正规的按制度办理贷款的机构中，即正规的金融机构为了预防客户的违约风险而采取的一种措施。但是在非正规金融机构中，也小范围地存在着这种抵押形式。土地抵押有其自身的好处，即放贷者有土地这种实物来作为抵押物，自然会降低其风险水平，减少不必要的经济损失。但土地抵押也存在着自身的缺陷，比如说放贷者即使在客户无力偿还时可以拥有土地，但面临大面积的土地时，可能会造成供大于求，导致其价值的降低，最终可能放贷者并不能得到与其所贷资金数额一样的回报，因而土地抵押这种方式并不太受放贷者的青睐，尤其是不受民间借贷等非正规金融机构的青睐。非正规金融机构往往认为土地抵押没有必要，因为进行借款的人往往与放贷者居住地点较近，双方比较了解，信息也比较透明，但是借贷市场又存在着一个潜在的规律，那就是有土地的人或者说有土地进行抵押的人，往往比没有土地进行抵押的人更容易获得贷款。

（三）民间借贷

在泰国这是一种主流的非正规融资方式，民间借贷不需要抵押品，因为民间借贷一般都发生在各村内部，甚至都不会出村，借贷关系人一般都对对方信息比较了解，没有必要用抵押品来担保信誉问题，而且抵押很麻烦，手续又比较烦琐，索性不再使用土地的所有权来作为抵押品。民间借贷的这一特性，无疑为需要融资进行农业生产的贫困农民提供了机会，而且又由于民间借贷手续简便，不需要进行抵押、保证等信贷流程，在广大的农村地区得到了快速的发展。民间借贷的贷款条件也非常灵活，对贷款的数额、利率、期限等都可以根据客户的需要而改变。目前在泰国农村地区，由于农村中游离出来的工业化辅助行业、手工业的快速发展，民间借贷的服务对象多数为农户经营的非农业企业。这部分新兴的产业由于没有正规的部门和程序为其提供信用评级，因而得不到正规金融组织的贷款，只能寻求于民间借贷形式。而且在泰国经济的发展中，正规金融机构如银行等的发展，也没有强大到能够满足社会各阶层、各方面需要的程度，民间借贷的存在是正规金融发展的一个重要补充，是一种不可忽视的社会力量。

在泰国地区，人们进行民间借贷的原因是多种多样的，有的人借贷是因为这种形式不需要抵押品，并且节省时间，可以方便取得，而有的人借款则是因为他们急需用钱，而这部分钱从正规的金融机构并不能得到，只能寻求民间借贷的帮助，如消费需求贷款；而另一部分人借贷则是因为，鉴于正规金融机构贷款的复杂性，他们对这些并不是很了解，也不能满足这些机构贷款的条件。民间借贷本身的特性，决定了在泰国正规的国家金融发展体系中，其成为一种不可或缺的融资方式。

当然鉴于泰国经济发展的现状，民间借贷的运行还有很多存在争议的地方，不可忽视的一个争议就是人们常说的民间借贷的高利率问题。在泰国地区民间借贷的放款主体之间的竞争性较弱，因为他们分布在不同的村庄，相互之间没有利益冲突，因而民间借贷的垄断性就带来了高利率问题。一部分人认为高利率是合理的，因为非正规金融的放款条件比较宽松，不用抵押土地、实物等各种物品，甚至不用担保人，因而其承担了比正规金融机构放贷更高的信用风险、违约风险。民间借贷的高利率中，一部分是对这个高风险的补偿，可以让人接受。而另一部分人则认为，这种较高的利率水平，给借款人带来了较高的还款压力，甚至影响了他们的正常生产、生活、消费计划，存在着隐形的剥削问题。

四　泰国非正规金融机构的优势

泰国非正规金融广泛地受到了当地贫困农民的喜爱，贷款对象大多数是泰国的贫困农民和中小企业者，这种形式的融资方式为当地落后人群的发展提供了条件，有利于泰国地区整体经济发展水平的提高，也有利于社会秩序的稳定，还有利于社会两极分化程度的缓解。泰国地区非正规金融的快速发展和其表现出来的优势，使政府意识到分散的中小客户的潜力，20 世纪 80 年代以后，政府更是提出了一些惠农的信贷计划，然而正规金融毕竟是正规金融，在提供贷款时还是倾向于向有抵押品的富农放款，毕竟富农在抵押、担保、贷款数额大小等方面都更有优势，因而在当地，富农拥有较多的财富，又得到了更好的发展，而贫困的农民依旧贫困，这种情况的存在，造成了泰国农村地区的两极分化。在政府意识到这个问题的时候，当然也采取了一些补救的措施，比如说由农业与农业合作银行采用团体担保的方式，直接向广大的低收入者提供数额较大的贷款，目前这项工作正在开展之中。

民间借贷的另一个相对于正规金融机构的优势就是它的灵活性。

这种灵活性首先表现在贷款人可以在任何时间办理贷款业务，其次表现在农户可以根据自己的需要灵活地选择适合自己的贷款规模、贷款期限、贷款利率、有无抵押品等情况，最后还表现在小农户和贫困户在最需要低息的借贷以维持最基本的生产和生活需要的时候，在正规金融机构的资金得不到保障的情况下，非正规金融可以及时地向小农户和贫困户提供援手。民间借贷等形式的非正规金融机构发展的优势，已经得到了政府的足够重视，并在积极地向非正规的金融机构学习，更好地为广大的农户提供融资支持。

第六节　孟加拉国非正规金融的发展概况

在孟加拉国农民占到了80%以上，因而孟加拉国非正规金融机构的存在和发展也主要是服务于农村的广大群体。目前孟加拉国已经形成了以乡村银行为主要模式的非正规金融机构体系，它通过小额信贷的方式为广大的贫困农民提供资金支持，并收到了良好的经济效益和社会效益。同时乡村银行通过独特的发展模式、独特的放贷对象、独特的运作流程形成了一个近乎完美的体系，为全世界贫困地区的经济发展提供了一个可以借鉴的模板，受到了全世界的关注。

一　孟加拉国非正规金融的发展现状

孟加拉国目前最重要的非正规金融机构就是乡村银行，这个机构通过小额信贷的方式为贫困群体提供贷款，这样的状况是由孟加拉本国的经济现状所决定的。在这个国家，80%的人口是农村人口，一半以上的人生活在贫困线以下，根本没有能力解决温饱，更别说是借贷资金从事农业发展、企业发展之类。因而，鉴于孟加拉的贫困，世界上许多发达国家、国际组织每年都会对其提供大量的经济援助，即便如此，仍然不能满足当地居民生存发展的需要。本国正规金融机构又不能提供数额那么庞大的资金给无资产担保的贫困人群，因而留美博士尤努斯根据孟加拉国的实际情况，提出建立乡村银行的想法，通过

乡村银行提供贷款来为最底层人群脱贫提供资金来源。乡村银行在 20
世纪 90 年代最终能够依靠自己的资金独立发展，随后又逐步发展成
为独立银行，成为孟加拉国金融体系中的一个重要组成部分。

　　孟加拉乡村银行的出现也像其他国家一样，受到了贫困人群的热
烈欢迎。这些贫困的人口，由于一直得不到银行等正规金融机构的贷
款，因而在乡村银行出现以前一直依靠高利贷、地下钱庄之类的非正
规金融机构来筹措生存发展所需要的资金，饱受经济压迫，生存压力
一直较大。乡村银行出现以后，人们即使没有资产进行担保也可以从
乡村银行获得小额信贷，再通过分期付款的方式逐步还款，各方面压
力都比较小。贫困农民通过小额信贷投资于收益见效较快的项目，及
时地周转资金，并按期还款再贷款，最终贷款人群中一半以上的人实
现了脱贫。目前，孟加拉国已经形成了以乡村银行为主要模式的非正
规金融体系，乡村银行已经在本国形成了良好的经济效应，带动了整
个经济的循环发展。

　　在孟加拉国乡村银行出现至今的三十多年里，它已经得到了十足
的发展。仅以孟加拉格莱珉银行为例，据该行的统计资料，截止到
2014 年 4 月，该行共有 2567 家分行，服务覆盖 81390 个村庄、
143163 个中心和 132.7 万个小组，拥有 862 万成员，其中 96.2% 为
妇女；累计发放了 152 亿美元贷款，贷款余额为 11.26 亿美元，贷款
偿还率达 97.28%；存款余额 19.14 亿美元，其中成员存款 11.94 亿
美元，非成员存款 7.2 亿美元，存贷比（贷款余额与存款的比率）
为 58.8%。[①]

　　孟加拉国乡村银行的成功不仅表现在为农户成功脱贫上，而且也
表现在高达 90% 多的偿债率上，在世界借贷史上这都是稀有的。孟加
拉国的乡村银行的成功，在世界上引起了广泛的关注，而且已经有许
多国家开始纷纷效仿它的发展模式，通过效仿旨在改善本国贫困地
区、贫困人口的经济状况。以乡村银行为模式的这种信贷方式，已经

---

　　① 冯兴元：《格莱珉模式为何在中国走样》（http://opinion.caixin.com/2014 - 07 -
08/100700723.html）。

成为国家脱贫的一个成功案例，引起了强大的全球社会效应。

二　孟加拉国非正规金融体系的特点

孟加拉国非正规金融机构的发展，和世界其他国家非正规金融机构具有共同的特点，如提供的小额贷款等方式无须抵押和担保，贷款手续方便易得，但也有其独特的地方，如它以乡村银行为其发展的主要模式，通过提供无担保的小额信贷，旨在为孟加拉国最贫困的人口（尤其是妇女）提供脱贫资金。

（一）以乡村银行为发展模式

在孟加拉国，乡村银行的出现是为了解决孟加拉国的贫困问题，因而乡村银行采取的是信贷扶贫模式。乡村银行提供贷款的对象是在正规金融机构得不到资金的贫困群体，尤其是得不到经济社会重视的广大妇女群体。乡村银行成立伊始便得到了政府资金和社会各方面资金的大力支持，旨在通过乡村银行的小额信贷业务逐步实现全国范围的脱贫。随着本地经济的好转，乡村银行的运作逐步实现了自给自足，而且偿债率高达98%，为促进乡村银行的长远发展奠定了良好的基础。这些乡村银行的发展为孟加拉国人民的生存和国家脱贫做出了巨大的贡献。

乡村银行的发展很好地考虑到了风险方面的问题。比如说乡村银行提供的小额信贷就坚持收取比正规金融机构高的贷款利率，来弥补它承担的较高的违约风险和成本问题。收取较高的贷款利率也有利于乡村银行获得恰当的利润，实现它的长远可持续发展。乡村银行还通过小组连带等方式来规避成员的违约风险，2000年以后又开始实施广义化的推广措施，通过组内成员的相互制约来减少违约风险的发生，同时又通过信任和激励政策来进行风险管理，在制约风险因素的同时也降低了风险管理成本，很好地降低了乡村银行所面临的不对称信息风险。

（二）大力发展小额信贷

孟加拉的小额信贷有着非正规金融机构的共同优点，那就是贷款主体多数为贫困的人群，因而从乡村银行取得小额信贷资金，只需接受一个比正规金融机构略高的利率即可，而不用提供担保品或者抵押品，这样无土地等固定资产的贫困人口，就可以方便地得到所需资金。同时，孟加拉国的小额信贷通过小组连带的方式来保证贷款人的还款行为，5人为一组，一人违约则全组人员以后的贷款信用都会受影响。通过小组内部人员的信用相互影响的方式，来制约组内人员的违约风险，这种方式不仅有效地规避了贷款人群的违约风险，而且组内人员的相互监督也有效地降低了乡村银行进行风险控制的成本。同时随着乡村银行的发展，也不断对小组连带等类型的制约风险模式进行改进，不断地降低小额信贷的违约风险。另外，孟加拉国的小额信贷采用分期还款的方式，鼓励贷款群体把所贷资金投放到收益见效比较快的行业，积极鼓励人们脱贫。通过分期还款的方式，可以一周一周地监督贷款群体的经营行为，同时也可以利用还款的机会促进各小组之间的经验交流，提高收益低效率小组的收益能力，并起到一定的激励作用，也可以有效地监督贷款群体的信用情况，降低乡村银行的经营风险。只要小额信贷的贷款者定期还款，就可以一直从乡村银行获得循环贷款，直到脱贫为止。

（三）以贫困人口为对象，以妇女为主

孟加拉国的非正规金融机构也是为满足得不到正规金融机构资金支持的贫困人群的需要而出现的，以乡村银行为主的非正规金融机构的放贷主体主要为贫困人口，它们通过吸收大量存款，来保证贫困人口的资金需求，旨在为贫困人口脱贫。贫困人口只需要提供一张不够正规金融机构最低担保线的证明即可在乡村银行中进行小额信贷，无须担保和抵押物品，只要保证按期还款即可。另外据调查发现，在乡村银行的放贷人群中，妇女占到了95%以上。这是因为在经济社会中妇女往往更得不到正规金融机构的重视，但是由于妇女保护家庭和孩子的欲望又比较强，一般可以利用所贷资金及时地改善家庭的经济状况，还贷能力比较高，因而受到了乡村银行的足够重视。

三　乡村银行迅速发展的原因

1. 乡村银行的迅速发展与其有效的资金来源密不可分。在乡村银行成立初期，资金来源主要是政府的扶持资金或者是社会的捐赠，基本没有自己的存款用于支撑贷款，也没有足够多的用户在这里存款，基本不能实现自足。乡村银行发展初期也只是为 42 个妇女提供了 27 美元的贷款数额而已，但随着小额信贷数额和规模的逐步扩大，乡村银行的经营能力和盈利能力逐步增强，开始有越来越多的群体来这里存款，其中最多的就是它的贷款人，贷款人往往在经济条件得到好转时，逐步转化为了乡村银行的主要存款主体。同时乡村银行也通过与正规金融机构合作的方式，从正规金融机构获得贷款再进行转贷，来保证自己的资金链完整。乡村银行从储户处获得的资金全都用在了当地人们身上，并没有外流，有利于当地乡村银行资金的循环利用，从而有利于当地乡村银行和农村经济的发展。

2. 乡村银行的迅速发展一部分原因是由于其实行的中心会议制度。乡村银行的分期还款制度决定了贷款人要定期地到乡村银行办理还款手续，因而每个贷款小组就会派代表定期去参加还款并进行经验交流。中心会议制度形成了一个借贷双方交流的模式，借贷主体之间不再仅仅是放贷者与贷款者、监督者与被监督者的关系，更多地成为督促发展与相互促进的互帮互助关系，而且也加强了借贷双方的有效交流。在中心会议制度的推动下，各个贷款小组定期进行经验交流，这不仅有利于生产低效率小组进行改进，而且可以形成一种相互激励的体制，有利于贷款主体的经济改善，也有利于乡村银行的长远发展。

3. 乡村银行的迅速发展与其自身的服务业是分不开的。乡村银行的服务内容有储蓄、贷款、保险等，以满足客户的个性化需求。另外，乡村银行职员的服务也是其发展的一个重要因素，乡村银行的职员要走村串户，提供上门服务。这样乡村银行提供的以小额信贷为主的服务才能更好地深入贫困人群中，更好地服务于贫困人群，更好地了解各方面的资金需求服务，为乡村银行的长远发展打好基础。

4. 乡村银行的迅速发展与其有效的风险管理体制也是分不开的。乡村银行的小额信贷主要的贷款对象是广大的贫困群体。乡村银行为了规避自身发展的风险因素，采取小组连带的方式相互制约，又随着实践的发展对其不断地改进，通过一系列的措施实现对群体的监督和风险的分散，减少乡村银行所存在的信息不对称问题。这些小额信贷偿还率较高，保证了乡村银行的正常经营和发展。

第四章

河北省农村主要非正规金融机构发展概况

河北农村非正规金融机构主要包括典当、公益性小额信贷机构、农民资金互助合作组织、担保公司、小额贷款公司、互联网金融公司或平台。典当又称"当铺"、"质库"、"长生库"、"解库"、"质肆"、"押店"等，是指以财物为抵押品的限期、有息借贷融资的金融机构。小额信贷组织是指专向中低收入阶层提供小额度的持续的信贷服务的组织。农民资金互助合作组织是具有类似或关联生产模式的农民共同发起、拥有和管理，为了获取便利的融资服务或经济利益，按照资本入股、民主管理、互助互利的原则建立的互助金融组织。担保公司是指具有代为清偿债务能力，为债务人做信用担保以赚取利润差价而赢利的中介性公司。当债务人不履行债务时，由保证人按照约定履行债务或者承担责任。小额贷款公司是指依照有关法律、法规，由自然人、企业法人与其他社会组织投资，在本省的县（市、区）域范围内设立，不吸收公众存款，经营小额贷款业务的有限责任公司或股份有限公司。互联网金融公司或平台是指依托现代信息科技进行金融活动，具有融资、支付和交易中介等功能的公司或平台。

第一节 典当

中国典当的历史源远流长①，早在东汉（25—220）时期就已经出

---

① 曲彦斌（2007）在其《中国典当史》一书中表述为"中国典当业有文献记载的历史，迄今已有一千五百多年了"，而徐海燕（2004）在其《中国典当业的历史流程及社会作用》一文中的表述为"在数千年的中华文明史上，典当业的历史已有1600多年"。

现了"典当活动"现象，典当业的源头可追溯到南北朝佛寺质库。曲彦斌在《中国典当学》（2002）一书中总结其历史轨迹为"初见萌芽于两汉，肇始于南朝寺库，入俗于唐五代市井，立行于南北两宋，兴盛于明清两季，衰落于清末民初，复兴于当代改革"。

据史料记载，河北典当业早在宋代就出现于今保定一带，明清时期比较兴盛，民国以后便逐渐衰退。20 世纪 50 年代，随着资本主义工商业社会主义改造运动实行了全行业公私合营，河北典当业同全国其他地区一样，基本销声匿迹。随着 1987 年 12 月四川省成都市开办了新中国第一家典当行——成都市华茂典当服务商行，兴办典当行的大潮迅即席卷全国，河北的典当业也应运而生，并快速发展起来。

一　新中国成立前的河北典当行业

在旧社会，典当是在社会经济欠发达，人民生活困苦的条件下形成的金融机构。[①] 典当业按东主和资金来源可划分为僧办、民办和官办。其中民办即地主商人涉足，而官办又有官僚自营和政府投资两种。[②]

典当业的发展活跃了社会的经济生活，同时，随着商品经济的繁荣和金融活动的日趋活跃，典当业也不断发展。进入宋朝，随着行会组织的成熟，正式形成了历史上最早的中国典当业同业行会组织。有据可考的河北典当业也正开始于宋代。

1. 典当规模

明清时期，商业空前发达，特别是明代中叶以后，资本主义经济开始萌芽，典当业得到进一步发展兴盛。河北在辛集、正定、保定、张家口等地有多家当铺。

民国时期，社会动荡，百姓生活困苦，河北经济没有实质性的发展，但河北典当业却迎来了黄金时代。1930 年《申报年鉴》统计，河北有 32 个县共有典、当、质、押等 82 家，其中当铺 65 家，资本

---

① 董丛林等主编：《河北经济史·第三卷》，人民出版社 2003 年版。

② 徐海燕：《当业的历史流程及社会作用》，《社会科学辑刊》2004 年第 3 期。

总额为 898060 元，当利在二分五至三分之间。①

保定市早在宋代民间就有当铺，20 世纪初，保定较大的当铺有保和当、同泰当、定和当、庆兴当、元吉当等，押当有德成号、九合成等；到 1925 年至 1936 年，保定的大当铺就有八九家，如王占元出资在红关帝庙街开的济世质库、红关帝庙街王子靖的源生当、东大街史慧普的福顺当、西大街何幼岩的义和当、北大街王民斋的聚和当等。当铺从业人员大多是非常精明的山西人，典当业日益兴旺。到 1936 年成立了典当业同业公会，推举义和当经理段茂之为会长。1937 年 9 月日本侵占保定后，当业人员大部外逃，所收当物大都被抢。到 1948 年 4 月典当业只剩两家。1948 年 11 月保定解放，典当业全部关业。②

石家庄市的典当始设于 1929 年，当时仅有益泰、德成两家，到 1931 年发展成 5 家，又设信华、义合、天成 3 家，这 5 家当铺均为小本经营。③

唐山典当的发展与工矿企业的发展密切相关。工矿企业的发展致使雇佣人员逐渐增多，穷苦家庭逢上婚丧灾病，生计便难以维持，只能东挪西借。光绪二十五年（1899），唐山出现第一家典当——永伍当；稍晚的是某山西人开的隆昌当。清朝末（1908），先后设立的较大当铺有十余家，加上其他种类店铺共有数十个之多。较大的当铺有资本金达 4 万元的玉祥当和永德兴、天顺成、信发等。④

张家口典当业历史悠久，在清初康熙年间就有当铺设立。清代张家口及宣化，山西人所设当铺甚多，包括银钱业在内，晋人占 70%—80%，人称晋帮；另外北京人在张家口设当铺也较多，人称京帮；而本地人所设当铺却较少。至抗日战争前，张家口较大的当铺有同济

　① 徐海燕：《当业的历史流程及社会作用》，《社会科学辑刊》2004 年第 3 期。

　② 河北省地方志编纂委员会编：《河北省志：金融志》，中国书籍出版社 1997 年版；孙锁利：《保定典当行史话》（http://www.yinhang.com/a_ 2013_ 0108_ 87498. html）。

　③ 河北省地方志编纂委员会编：《河北省志：金融志》，中国书籍出版社 1997 年版。

　④ 常梦渠等主编：《近代中国典当业》，中国文史出版社 1995 年版。

当、合成当、同和当等，各家有资本 3 万—4 万元；宣化也有当铺五六家，如同记当、玉顺当等。1940 年张家口当铺还剩 5 家，而宣化仅剩下 1 家了。[①]

承德典当业出现是在民国初年。1926 年承德的当铺被废除。后热河政务会议决定在承德建立兴济当，热河兴业银行出资大洋票 60 万元，于 1926 年 8 月开业。1929 年 1 月，热河兴业银行将大洋票 60 万元撤回，新拨银元票 4 万元。后因现款缺乏，1930 年 8 月又实行银洋本位，以后当业一直未兴盛起来。[②]

2. 典当法律制度

典当行起源于佛寺质库，凸显出它生息积财和济贫救世的两重功用。随着典当业的发展，民办典当和官办典当逐渐成为典当业的主要存在形式，济贫救世的功能逐渐弱化，生息积财的功能愈加凸显。一方面，典当行疯狂逐利会加速贫苦阶层的破产，影响社会安定和经济秩序；另一方面，当铺也面临各种天灾人祸等带来的风险，因此，典当业的发展需要政府法律制度的规范和行会组织的协调。

在中国古代，典当几乎没有专门的法规加以监管，只在其他法规之中出现只言片语，直到清末民初这种情况才开始发生转变。

南北朝时期，典当刚刚兴起还未从高利贷中分离出来，故而政府没有对典当的直接规定，只是通过规范借贷活动的法规，来间接调整和约束典当行为。

唐代经济空前繁荣，富商大贾、权宦之家拥有大量的财富，纷纷举息放债，追逐高额利润，民间典当业盛行，加大了对黎民百姓的盘剥，政府开始对质贷活动进行制约。唐代典当相关法令详见表 4 - 1。

表 4 - 1　　　　　　　　　　唐代典当相关法令

朝代	法规内容	分析	出处
唐代	负债出举，不得回利作本，并法外生利。仍令州县，严加禁断。	禁止复利和违法积利。	《唐会要》卷 88《杂录》

---

① 河北省地方志编纂委员会编：《河北省志：金融志》，中国书籍出版社 1997 年版。

② 同上。

续表

朝代	法规内容	分析	出处
唐代	应天下诸州县官，寄附部人兴易及部内放债，并宜禁断。	禁止官员及其部人放债。	《唐会要》卷88《杂录》
	比来公私举放，取利颇深，有损贫下，事须厘革。自今以后，天下负举，只宜四分收利，官本五分取利。	①诏令颁布的原因；②明确利率。	
	应京城内有私债，经十年已上，曾出利过本两倍，本部主及原保人死亡，并无家产者，宜令台府勿为征理。	规定取息总量的上限，并强制放免超过这一上限的债务。	
	诸公私以财物出举者，任依私契，官不为理。每月收利，不得过六分；积日虽多，不得过一倍……收质者，非对物主，不得辄卖；若计利过本不赎者，听告市司对卖，有剩，还之。如负债者逃，保人代偿。	①动产典当，可自由交易；②月利率的上限；③利息的上限；④典当机构处置当物的规定；⑤负债者逃，保人代偿。	《唐令拾遗》

　　宋代经济繁荣，与典当相关的律法规定较多，大多继承唐代相关法令，详见表4－2。

表4－2　　　　　　　　　**宋代典当的相关法令**

朝代	法规内容	分析	出处
宋代	禁止监临官质当所监临财物，禁止以孤遗宗室钱米质当，禁止买脚马递铺兵级曹司月粮，禁止以制书官文书质当财物。	对当物的约定。	《庆元条法事类》
	诸家长在，子孙弟侄等不得辄以奴婢、六畜、田宅及余财物私自质举及卖田宅（无质而举者，亦准此）。其有家长远令卑幼质举卖者，皆检于官司，得实，然后听之。若不相本问，违而辄与及买者，物追还主。	①继唐令；②对出当人的限制。	《天圣令·杂令》
	诸以财物出举者，任依私契，官不为理。每月取利不得过三分，积日虽多，不得过一倍，亦不得回利为本。其放物者准此。若违法责利，契外掣夺及非出息之债者，官为里（理）断。收质者，若计利过本不赎，听从私纳。如负债者逃，保人代偿。	①继唐令；②官府不干预"私契"的订立过程；③利息的规定；④官府受理契约履行过程中的违法事件；⑤对于"计利过本不赎"情况的规定；⑥若欠债者逃匿，有保证人的，保证人代为清偿。	《天圣令·杂令》

续表

朝代	法规内容	分析	出处
宋代	诸以财物出举者，每月取利不得过四厘，积日虽多，不得过一倍，即元借米谷者止还本色，每岁取利不得过五分（谓每斗不得过五升之类）仍不得准折价钱。	对利率及利息上限的规定。	《关市令》
	诸负债违契不偿，官为理索，欠者逃亡，保人代偿，各不得留禁。	①对于违约不还的行为，官府出面干预；②欠债逃匿，保证人代为清偿。	《关市令》
	即欠在五年外或违法取利及高抬买卖，若元借谷米而令准折价钱者，各不得受理。	对于超过法定期限的欠债行为以及违法借贷而导致"负债违契"等一系列民事纠纷，官府不予受理。	《关市令》
	其收质者过限不赎，听从私约。	对过期当物的处置规定。	《关市令》

与宋同时代的金，历史虽然只有 119 年，却是我国典当法律制度发展的一个重要阶段，一是广设官办典当行，二是出现了我国历史上最早的关于典当活动的完备法律。开设官办典当行，一方面可以减轻民营典当行收取高额利息给当户造成的危害，另一方面借此可以充实国库。而较完备的法律，一方面对本朝高利贷活动过于猖獗的一些限制，另一方面也在客观上有利于促进封建社会典当业的不断发展和完善。其法规内容详见表 4-3。

表 4-3　　　　　　　金代典当的相关法令

朝代	法规内容	分析	出处
金代	凡典质物，使、副亲评价值，许典七分，月利一分，不及一月者以日计之。经二周年外，又逾月不赎，即听下架出卖。出帖子时，写质物人姓名，物之名色，金银等第分两，及所典年月日钱贯，下架年月之类。若亡失者，收赎日勒合于人，验元典官本，并合该利息，赔偿入官外，更勒库子，验典物日上等时估偿之，物虽故旧，依新价偿。仍委运司佐武幕官识汉字者一员提控，若有违犯则究治，每月具数，申报上司。	①统一的折当标准——按当物估值七成折价发放当金；②规定月利率及当期不足一月的利息计算方法；③规定过期当物的处置；④规定当票的书写内容；⑤当物灭失后的赔偿责任；⑥监管规定。	《金史》

进入元代后，典当法规仍与其他法律混合颁布，但对典当双方的制约和保护是十分明确的，详见表4-4。

表4-4　　　　　　　　　　　　元代典当的相关法令

朝代	法规内容	分析	出处
元代	诸典质不设正库、不立信帖，违例取息者，禁之。	禁止不设正库、不立信帖，违例取息者。	《元史·刑法志》
	民间贷款取息，虽逾期限止偿一本息。	规定逾期典当的利息上限。	《元史》
	诸以财物典质者，并给帖子，每月取利不得过三分，经三周年不赎，要出卖，许。或亡失者，收赎日于元典物钱上别偿两倍，虽有利息，不在准折之限。	①规定月利率上限；②逾期当物的处置；③亡失当物的赔偿办法。	《事林广记·至元杂令》
	诸以财物出举者，每月取利不得过三分，积日虽多，不得过一倍，亦不得回利为利本，及立倍契。若欠户全逃，保人自用代偿。	①规定月利率上限及利息上限；②禁止复利；③欠户全逃，保人代偿。	《事林广记·至元杂令》

明清典当和借贷活动更加普遍化，为了维护政权的稳定，封建统治者制定的相关法律规定也更加丰富细致。清承明制，《大清律》基本上沿袭了明王朝《大明律》的条款，所谓"律文乃系递沿成书，例乃因时酌定。凡先行则例，或遇事而定，或遵旨而定"[①]。其法规内容详见表4-5。

表4-5　　　　　　　　　　　明、清时期典当的相关法令

朝代	法规内容	分析	出处
明代	凡私放钱债及典当财物，每月取利并不得过三分，年月虽多，不过一本一利。违者笞四十，以余利计赃。重者坐赃论罪，止杖一百。	①规定月利率上限及利息上限；②规定对上述规定违反者的处罚办法。	《明律》
	凡公侯、内外文武官四品以上官不得放债。	对放债人的限制：禁止贵族、高官放债。	《明英宗实录》

---

① 卞利：《明清典当和借贷法律规范的调整与乡村社会的稳定》，《中国农史》2005年第4期。

续表

朝代	法规内容	分析	出处
明代	若监临官吏，于所部内举放钱债、典当财物者，杖八十。违禁取利，以余利计赃重者依不枉法论。并追余利给主。	对放债人的限制：禁止监临官吏放债和从事典当行为，对违犯者，制定了从严处罚的条款。	《大明律》
	其负欠私债、违约不还者，五贯以上，违三月笞一十，每一月加一等，罪止四十，五十贯以上，违三月笞二十，每一月加一等，罪止笞五十；二百五十贯以上，违三月笞三十，每一月加一等，罪止杖六十。并追本利给主。	保护债权人利益：对违约拖欠不还债务者，分别就所拖欠和不还之债的数额，作出相应的处罚规定。	《大明律》
	若势豪之人，不告官司，以私债强夺去人孳畜产业者，杖八十。若估价过本利者，计多余之物，坐赃论依数追还。若准折人妻妾子女者，杖一百；强夺者，加二等；因而奸占妇女者，绞人口给亲，私债免追。	保护债务人利益：严厉惩治势豪不经告官而以私债强夺他人财物等行为。	《大明律》
	凡典卖田土、过割税粮，各州县置簿附写，正官提调收掌，随即推收，年终通行造册解府。毋令产去税存，与民为害。	对田宅的典当与买卖进行立法调整。	《大明令》
清代	凡私放钱债，每月取利不得过三分，年月虽多，不过一本一利，违者，笞四十……若监临官吏，于所部内举放钱债，典当财物者，不必多取余利，有犯者杖八十。	①继明制；②确定月利率及利息上限；③禁止主管官吏于所部内举放钱债、典当财物，并规定对违法者的处罚办法。	《大清律例》
	放债之徒用短票扣折违例巧取重利者，严拏治罪，其银照例入官，受害之人许其自首免罪并免追息。	严厉打击放债人用短票折扣等非法行为。	《大清律例》
	监临官吏于所部内举放钱债、典当财物者，即非禁外多取余利，亦按其所得月息，照将自己货物散与部民多取价利计赃，准不枉法论。强者，准枉法论。不枉法，各主者折半科律减一等问罪，所得利银照追入官。至违禁取利，以所得月息全数科算，准不枉法论。强者，准枉法论，并将所得利银追出，余利给主，其余入官。	禁止主管官吏不得在辖区内举放钱债、典当财务，并规定对违法者的处罚办法。	《大清律例》
	设典当行帖。	此处"行帖"，即为执照，亦称当帖、典帖。这是中国历史上最早开始对典当行发放营业执照的记录。	《十通·清朝通典》

续表

朝代	法规内容	分析	出处
清代	在外当铺每年征税银五两，其在京当铺并各铺，该顺天府酌量铺面而征收。	最早对典当纳税作出规定。	
	当铺每年征银五两，大兴宛平大行店铺同，十五年定京城行铺税例，上等每年五两，余二两五钱。	税额规定。	
	无论衣服米豆丝棉木器书画，以及银钱珠玉铜铁铅锡各货，概照当本银一两，再赔一两；如系被劫，一两再赔五钱，均扣除失事日以前应，多得利息。	规定当物丢失或损毁的赔偿办法。	《大清律例·户律》
	凡典商收当货物，自行失火烧毁者，以值十当五，照原典价值计算，作为准数，邻火延烧者，酌减十分之二，按月扣除利息，照数赔偿，其米麦豆石、棉花等粗重之物，典当一年为满者，统以贯三计算，照原价值给还十分之三；邻火延烧者，减去原典价值二分，以减剩分之数，给还十分之三，均不扣除利息。		《大清律例·户律》

民国时期的典当业开始衰落，但其典当法律制度却较为系统、完善。当时地方各省几乎都有自己的典当法规，如1913年《江苏省典当修正木榜规条》、1929年《上海特别市典当营业规则》、1940年《四川典押当业管理规则》等。民国中央政府拟制过一部《内政部管理典当规则草案》，至1945年抗日战争胜利后，以《典当业管理规则》的名称公布施行。其中不乏成熟的典当制度，现已被我国台湾地区典当法律制度所继承。[①] 详见表4-6。

3. 典当行会组织

随着典当业的发展，独立经营的典当行和人员不断增多，在行业内外部需要协调的问题增多，行会组织应运而生，一般同时具有行业性与地域性。中国历史上最早的典当业同业行会组织形成于宋代，随着典当业的兴衰而兴衰。

---

① 李淑远：《清末民初典当法律制度与现今典当法律制度比较研究》，硕士学位论文，内蒙古大学，2012年，第6页。

表 4 - 6　　　　　　　　　　民国时期典当的相关法令

朝代	法规内容	分析	出处
民国	省会城市为民政厅，一般市为社会局，县为县政府。	监管机构的规定。	《典当业管理规则》（1940）①
	南京市为首都警察厅及所属各局；省会为警务处或省会公安局；市为市公安局；县为县公安局。		
	典当之设立及停业须呈经主管官署之许可。设立分号时亦同。公营典当由主管官署经营者不在此限。		
	公营典当贷付金额最高不得过 50 元。但有特殊情形不在此限。	典当金额的规定。只规定公营典当金额，而私营典当的当金数额未限。	
	公营典当之满当期限最短不得少于 6 个月。	分类规定典当期限。	
	私营典当之满当期限最短不得少于 10 个月。		
	公营典当之利率得依各地情形自行决定之。但最高不得超过月利 1.5%。	分类规定典当利率。	
	私营典当之利率最高不得超过月利 2%。		
	不满 1 月之日数在 16 日以上看作 1 月计算。不满 16 日者作半月计算。		
	满当物应以投标方法拍卖之。	死当物处理：规定公当的处理办法，但对于私当未做限制。	
	就满当物品标卖后所得之金额扣除其本金及应得利息并规定之手续费外，如有剩余部分应还给原当户。		

　　典当行会对内协调经营活动，规范管理，解决业内纠纷，对外与政府等外界组织沟通联系，反映行业诉求，争取立法保护，维护行业整体权益。同时，行会也是官府有效了解社情、推行法令的民间组织。

---

① 李沙等主编：《中外典当概览》，新华出版社 2000 年版。

二　改革开放后的河北典当行业

改革开放以来，市场经济空前繁荣，小微企业快速发展，资金的需求量越来越大，周转频率也越来越快，急需临时性资金的情况时有发生，而银行业随着战略目标的调整，更加注重经济效益，纷纷撤并机构，小微企业和个体很难从正规金融机构中获得贷款，这给典当行业的复出留下了市场空间。1987年12月，我国具有现代意义的第一家典当行——华茂典当服务商行在成都成立，从此开启我国当代典当业发展的新纪元。截至2013年年底，全国共有典当企业6833家，平均注册资本1781万元，从业人员5.86万人。全国典当余额866亿元，同比增长28%。[①]与此同时，河北典当业也发展迅速。

1. 河北省典当规模

河北省典当行业起步于1990年，由于市场需求较大，国家有关部门每年发放的指标总数是递增的：2002年发放名额8个、2003年11个、2004年16个、2005年到2008年每年20个左右。[②]截至2013年12月底，河北全省共有典当企业252家，约占全国典当企业数量的3.7%；分支机构87家。实收资本59亿元，从业人数3441人，比2012年同期增加了747人。全年共发放贷款总额343.57亿元，同比增长30.8%，其中房地产贷款144.58亿元，同比增长20%；财产权利和动产分别为50.19亿元和148.78亿元，同比增长40.1%和40%；2013年利息及综合费收入6.15亿元，同比增长26%；实现净利1.86亿元，同比增长20.6%；上缴税金8874万元，同比增长38%。[③]河北省2009—2013年典当企业累计数量详见表4-7。

---

①　商务部流通业发展司：《商务部部署加强典当行业监管工作》（http：//ltfzs.mof-com.gov.cn/article/af/201401/20140100467214.shtml）。

②　郭春虹：《河北省今年新增典当行40家　80%钱款投向中小企业》，《燕赵都市报》2008年12月10日。

③　中国典当联盟：《截止到2013年年底河北省典当业实现典当总额343.57亿元》（http：//www.cnpawn.cn/pawnnews/show.php？itemid=48900）。

表 4 - 7　　　　　河北省 2009—2013 年典当企业累计数量　　　（单位：家）

年份	累计企业数量	年份	累计企业数量
2013	252	2010	161
2012	223	2009	138
2011	191		

数据来源：中国典当联盟网（http：//www.cnpawn.cn/pawnnews/search.php？moduleid = 24&spread = 0&kw = % E6% B2% B3% E5% 8C% 97 + % E5% 85% B8% E5% BD% 93）。

2. 典当法律制度

1987 年我国当代第一家典当行——华茂典当服务商行的成立是和成都及国家体改委的大力支持分不开的；1993 年，一直属于体改委主管的典当行纳入中国人民银行监管体系，中国人民银行明令任何部门不得擅自批设典当行，典当行被定性为非银行金融机构；2000 年典当行划归国家经济贸易委员会主管；2005 年又划归商务部、公安部。在不到 20 年的时间里，典当行四次更换主管部门，除体改委外，其他部门均出台过比较详尽的管理办法，详见表 4 - 8。

表 4 - 8　　　　　　　　　当代典当法规一览

法规名称	制定机构	法条数	开始施行时间	废止时间
典当治安管理办法	公安部	十八	1995 年 9 月 15 日	2005 年 4 月 1 日
典当行管理暂行办法	中国人民银行	八章四十七条	1996 年 4 月 3 日	2001 年 8 月 8 日
典当行管理办法	国家经济贸易委员会	八章六十九条	2001 年 8 月 8 日	2005 年 4 月 1 日
典当管理办法	商务部、公安部	九章七十三条	2005 年 4 月 1 日	施行中
典当行业监管规定	商务部	七章四十四条	2012 年 12 月 5 日	施行中

典当是一种具有方便快捷、手续简便等特点的资金融通方式，是银行信贷融资的有效补充，可在一定程度上满足群众应急性资金需求，缓解小微企业融资难问题。近年来，我国典当业发展较快。但是随着经济环境的变化、典当业的快速发展和业务范围的不断拓展，原有法规的局限性就会日渐凸显，典当管理制度的不断完善是大势

所趋。

从内容上来讲，《典当管理办法》主要包括总则、设立、变更、终止、经营范围、当票、经营规则、监督管理、罚则、附则等内容。

2005年4月1日开始施行的《典当管理办法》与2001年8月8日开始施行的《典当行管理办法》相比，主要从以下六个方面进行了修改和调整：

第一，把对典当业的监督管理办法和治安管理办法整合在一起，既具有逻辑上的合理性，又可以明确商务部门和公安部门对典当行业管理的分工、协作，提高管理效率。

第二，适当提高了市场准入条件。根据不同业务特点及相应的规模要求，对典当行注册资本最低限额做了进一步细化和上调。如增加了"从事财产权利质押典当业务的，注册资本最低限额为1000万元"，设立分支机构"注册资本不少于人民币1500万元"，而原来的办法是1000万元；"典当行应当对每个分支机构拨付不少于500万元的营运资金"，而原来的办法是300万元。

第三，经营范围中禁止类业务有所扩展。如在"典当行不得经营下列业务"一项中增加了"动产抵押业务"；在"典当行不得收当下列财物"中增加了"（四）管制刀具、枪支、弹药，军、警用标志、制式服装和器械；（五）国家机关公文、印章及其管理的财物；（六）国家机关核发的除物权证书以外的证照及有效身份证件；（七）当户没有所有权或者未能依法取得处分权的财产"；明确"典当行不得有下列行为：（一）从商业银行以外的单位和个人借款；（二）与其他典当行拆借或者变相拆借资金；（三）超过规定限额从商业银行贷款；（四）对外投资"。

第四，降低了典当综合费率。动产质押、财产权利质押、房地产抵押典当的月综合费率上限均有所下降。

第五，加强了典当行业特别是资产比例的管理，对金融风险和市场风险加强了防范。如规定典当行不得收"外省、自治区、直辖市的房地产或者未取得商品房预售许可证的在建工程"的房地产；"典当行对同一法人或者自然人的典当余额不得超过注册资本的25%"；

"典当行净资产低于注册资本的90%时，各股东应当按比例补足或者申请减少注册资本，但减少后的注册资本不得违反本办法关于典当行注册资本最低限额的规定"；"典当行财产权利质押典当余额不得超过注册资本的50%"。

第六，加强监督管理。当票的管理在原条例的基础上增加了"省级商务主管部门应当每半年向商务部报告当票的印制、使用情况。任何单位和个人不得伪造和变造当票"的规定；而对于从业人员规定"应当持有有效身份证件；外国人及其他境外人员在典当行就业的，应当按照国家有关规定，取得外国人就业许可证书。典当行不得雇佣不能提供前款所列证件的人员"，"国家推行典当执业水平认证制度"；强化了安全防范的制度措施，规定"省级商务主管部门以及设区的市（地）级商务主管部门应当根据本地实际建立定期检查及不定期抽查制度，及时发现和处理有关问题；对于辖区内典当行发生的盗抢、火灾、集资吸储及重大涉讼案件等情况，应当在24小时之内将有关情况报告上级商务主管部门和当地人民政府，并通报同级人民政府公安机关"。

而2012年12月5日开始施行的《典当行业监管规定》是为进一步完善典当业监管制度，提升典当业监管水平，切实保证典当业规范经营，防范行业风险，促进典当业健康有序发展，围绕监管责任、准入管理、日常经营管理、年审管理、退出管理等方面提出了44条意见，是对《典当管理办法》的细化和补充。

3. 典当协会

在1987年12月"成都华茂典当服务商行"成立后一年，成都市又有三家典当行注册挂牌；1989年10月，成都市典当同业公会宣告成立，这也是全国典当业最早一家行业自律组织。目前，典当行业的自律组织通常称为典当行业协会，分为全国性典当行业协会和地方性典当行业协会。"全国性典当行业协会是典当行业的全国性自律组织，经国务院民政部门核准登记后成立，接受国务院商务、公安等部门的业务指导；地方性典当行业协会是本地典当行业的自律性组织，经当地民政部门核准登记后成立，接受所在地商务、公安等部门的业务指导。"

河北省典当协会是经河北省民政厅依法批复成立的行业性非营利性社会组织，其宗旨为：以科学发展观为指导，团结和组织本协会会员，坚持为会员服务，为行业服务，为企业服务，为客户服务。强化行业自律，维护企业合法权益，反映会员的意愿要求，在政府和企业之间发挥桥梁和纽带作用，为促进行业健康发展，构建和谐社会做出应有贡献。协会办会理念是：服务至上、会员为本、追求卓越、合作共赢。目前拥有会员单位280余家，典当企业入会率100%。

第二节　公益性小额信贷机构

小额信贷机构是指向低收入人群提供的、额度较小、以反贫困促发展为基本宗旨的专业信贷服务机构。不同于传统意义上的正规金融机构，小额信贷机构一般不吸收公众存款，而是通过私募的方式获得信贷资金，向无法通过正规金融渠道融资的人群提供金融服务。按照经营目标的不同，小额信贷机构分为商业性、福利性两大类。商业性机构信贷业务遵循商业原则，以营利为目的；福利性机构多以扶贫为主要目标，但为了保证扶贫活动的可持续性和扩大业务覆盖范围，福利性机构利息收入必须能够覆盖交易成本和风险成本。[1] 杜晓山（2004）根据项目的宗旨和目标、资金来源和组织机构，把中国小额信贷分为三大类型：第一类，主要是以探索我国小额信贷服务和小额信贷扶贫的可行性、操作模式及政策建议为宗旨，以国际机构捐助或软贷款为资金来源，以民间或半官半民组织形式为运作机构的小额信贷试验项目。第二类，主要是借助小额信贷服务这一金融工具，以实现2000年扶贫攻坚和新世纪扶贫任务为宗旨，以国家财政资金和扶贫贴息贷款为资金来源，以政府机构和金融机构（主要是中国农业银行）为运作机构的政策性小额信贷扶贫项目。第三类，是农村信用社

---

[1]　陈颖等：《小额信贷机构监管的国际经验和中国实践》，《新金融》2006年第7期。

根据中央银行（中国人民银行）信贷扶持三农（农业、农村、农民）的要求，以农村信用社存款和中央银行再贷款为资金来源，在地方政府的配合下，开展的农户小额信用贷款和联保贷款。① 本节的公益性小额信贷机构属于非正规金融性质，故仅包含上述分类的前两类。

中国小额信贷起源分为三个流派，除了由杜晓山引入、中国社会科学院农村发展研究所创办的扶贫经济合作社外，还有联合国开发计划署（UNDP）的援华项目，以及起源于1996年世界银行秦巴山区的扶贫项目后来演变而成的中国扶贫基金会小额信贷项目。②

中国最早的小额信贷项目——易县扶贫经济合作社，是借鉴孟加拉国乡村银行模式开创的小额信贷扶贫试验单位，在中国社会科学院农村发展研究所、美国福特基金会和易县县委、县政府的支持下，由杜晓山及其团队运作，于1993年10月正式成立的民间社团组织。作为中国第一家小额信贷扶贫机构，旨在借鉴国际先进扶贫经验并结合当地农村实际情况，向广大农村贫困户提供小额信贷服务，支持贫困农户直接和持续地获得稳定性的生产经营性资金，最终实现脱贫致富。

由于农村大量贫困农户的存在、政策的大力支持和小额信贷本身具有的优势，扶贫社一度发展迅速。但是由于政策及法律方面的限制、小额信贷机构自身体制和能力的局限以及资金来源不足等方面原因，这些机构为了实现可持续发展，期待着有利于小额信贷发展的金融政策、监管框架的改善和相关研究的进展。

一　河北公益性小额信贷机构的规模

（一）扶贫经济合作社

中国最早的小额信贷项目启动于河北易县。易县1988年被河北省定为重点贫困县，1994年被列入国家实施"八一"扶贫攻坚计划重点扶持的国定贫困县，2001年再次被列为省级贫困重点扶贫开发

---

① 杜晓山：《中国农村小额信贷的实践尝试》，《中国农村经济》2004年第8期。

② 张木兰：《社科院旗下扶贫社易主　公益性小额信贷市场面临洗牌》（http://roll.sohu.com/20130716/n381757444.shtml）。

县。易县扶贫社就是在这样的背景下于 1993 年 10 月正式成立的民间社团组织，具有扶贫和金融创新的实验室性质。该扶贫社在易县民政局登记注册，取得《社会团体法人登记证书》，取得易县质量技术监督局颁发的《组织机构代码证》；业务范围为引进和接受国内外扶贫开发资金，开展扶贫活动。易县扶贫社的组建与发展在中国农村开展的小额信贷扶贫工作上起到了一定的辐射借鉴作用，曾被国家民委列入全国 5 大少数民族地区经济发展经验之一向全国介绍推广，1998 年河北省扶贫办曾将"易县模式"推广全省。仅以易县为例，截止到 2009 年 12 月底，扶贫社在易县境内 20 个乡镇累计发展中心 227 个，累计发展小组 3733 个；先后累计扶持 20424 户，其中妇女受扶持率占 80%，直接受益人口达到 78370 人，累计发放贷款 10855 万元，使该县近 6500 户贫困农户得到了稳定性脱贫，走上了致富路。[①]

2003 年，河北涞水县扶贫经济合作社成立，截至 2008 年 4 月，涞水扶贫社共发展了 74 个中心，357 个小组，2000 多名成员，100% 为女性，其放款量维持在每年 1000 万元左右。《河北涞水县扶贫经济合作社二零零七年度会计报表审计报告》显示，2006 年净利润为 2101. 69 元，2007 年净利润为 63617. 10 元。[②] 杜晓山就曾多次公开指出，中国公益性小额信贷机构面临三大问题：一是小额信用贷款没有适宜的法律身份；第二，缺乏制度性的融资渠道；第三，公益性质小额信贷机构的自身能力建设急需提高。"后来很难得到外界的资金，资金缺乏，人员管理也远远跟不上，扶贫社有扩展与加强管理的需要。"在这样的情况下，2013 年 6 月，包括河北省涞水县在内的 4 个扶贫经济合作社被中和农信接手。

（二）中和农信

中和农信隶属于中国扶贫基金会。2000 年，中国扶贫基金会全面接管中国西部人力资源开发中心的小额信贷项目，并组建小额信贷项

---

① 《易县扶贫经济合作社》（http：//gongyi. sina. com. cn/2010 – 08 – 17/172719523. html）。

② 《河北涞水县扶贫经济合作社二零零七年度会计报表审计报告》 （http：// www. docin. com/p – 78514630. html&endPro = true）。

目部。2001年，国务院扶贫办下发文件，同意中国扶贫基金会作为小额信贷扶贫试点单位。2005年，中国扶贫基金会提出由项目型小额信贷机构向机构型小额信贷转变的战略部署，在国内率先建立直属分支机构开展信贷业务。2006年，中国扶贫基金会获得国家开发银行授信1亿元，成为国内首家从银行获得批发贷款的小额信贷机构。2008年11月18日，中国扶贫基金会将小额信贷项目部转制成为中和农信项目管理有限公司。2010年，中和农信试行区域管理，分东北区域、华北区域、华南区域、西南区域，并更新网络版财务系统以及信贷追踪系统，成立市场部以及公共事务部，建立全国统一的品牌形象，迈入公司化管理的新时代。2011年，中和农信有效贷款客户首次突破10万户，年度放款额超过10亿元，成功接入中国人民银行征信系统。[①]截止到2014年2月底，中和农信贷款余额突破13亿元，有效客户超过18万户，累计发放农户小额贷款72万笔，贷款金额超过59亿元，员工人数达到1301人。同时，项目区进一步扩大，已在15个省的100个县开展业务，成为国内最大的公益性小额信贷机构。[②]

中和农信在河北省承德县、阜城县、广宗县、怀安县、海兴县、滦平县、涞源县、平泉县、青龙满族自治县、顺平县、尚义县、唐县、围场满族蒙古族自治县、万全县、武邑县、献县、丰宁县、隆化县、大名县、兴隆县、宽城县、巨鹿县等县均设有分支机构，分支机构一般以农户自立服务社冠名，如承德县农户自立服务社、丰宁县农户自立服务社等。

中和农信小额信贷的运作模式有扶贫模式、救灾模式、普惠模式，在贫困地区主要实施以五户联保为基础的小组贷款模式，提供单笔12000元以下的信用贷款，无须任何抵押或担保，贷款期限6—12个月，每月等额本息还款；在四川地震灾区绵竹、什邡、德阳市旌阳区成立了三家分公司，为灾区百姓提供无须抵押、无须公职人员担保

---

① 中和农信：《筑梦十七载：山水间的百姓银行——中和农信成长历程》（http://www.cfpamf.com/ourhistory.asp）。

② 中和农信：《中和农信小额信贷突破100个县》（http://www.cfpamf.com/news.asp？id=1018）。

的个人贷款，贷款额度最高可达 50000 元，贷款期限 6—24 个月，每月等额本息还款。

二　风险防范

由于公益性小额信贷款机构一直没有适宜的法律身份，缺乏政府等外部组织的监管，其风险防范主要来自机构内部的管理制度和行业协会的协调与规范，其防范风险的主要措施及存在的问题为：

1. 贷款额度较小，实现了贷款对象的分散。但是由于地理、行业的相对集中，市场风险不容忽视。

2. 小额信贷的贷款方式一般有两种：一种是连带小组方式，强调小组成员相互合作和监督，并发挥联保作用，形成自身内部的约束机制；另一种是直接贷款给个人。显然，第一种方式具有更强的道德风险防范功能。但是，无论哪种方式，作为一种信用放贷，缺乏抵押等贷款保护措施，不能完全排除个别农户恶意骗取贷款行为，也不能排除个别农户挪用贷款，从事不法活动。

3. 成立行业协会。目前，小额信贷全国性的行业协会为中国小额信贷联盟，联盟成立初期，会员主要由公益性质的扶贫小额信贷组织构成，随着中国小额信贷行业的发展，联盟逐渐吸收了从事小额信贷业务的商业银行和小额贷款公司等机构作为其会员。截止到 2012 年 12 月 31 日，联盟的正式会员机构为 128 家，覆盖全国 28 个省市，其中公益小额信贷机构 50 家。河北省易县扶贫经济合作社等加入了该协会。联盟通过推广行业标准、机构评估、评级开展行业自律，促进财务和社会绩效指标的公开、透明和规范化；为会员机构和整个行业提供以需求为导向的培训和技术支持，从而提高小额信贷从业机构的管理和运营能力。协会的工作可以在一定程度上降低小额信贷机构的管理风险。但是协会不是政府管理机关，它对会员的规范没有强制力，相对国家的法律、法规的约束和政府的监管，力度较弱。

4. 征信系统的建设。在小额信贷机构的运营过程中，建立征信系统的意义逐渐得到共识，但限于自身经济与能力条件，与正规金融机构或金融监管部门合作成为必然选择，如中和农信已成功接入中国人民银行征信系统。

综上所述，尽管公益性小额信贷机构的原始设计考虑了风险的防范，在运营过程中也不断探寻新的有效的防范措施，但是由于制度和法律上的缺位以及自身能力的缺陷，其风险性依然不容忽视。公益性小额信贷机构的风险防范依然是摆在学者和政府面前的重要课题。

第三节　农民资金互助合作组织

农民资金互助合作组织是具有类似或关联生产模式的农民共同发起、拥有和管理，为了获取便利的融资服务或经济利益，按照资本入股、民主管理、互助互利的原则建立的，在社员熟悉的小范围内开展业务，它以投入股本的农民为社员，并以社员的股本为资金来源在社员内部发放贷款。合作社成员不管占有股份多少，都是一人一票；合作社设立的董事会和监事会，都是从社员中选举产生；定期召开股东大会，研究决定合作社重大事项。[①] 目前，国内比较典型的农民资金互助合作组织有农民专业合作社的资金互助部和农村资金互助社。由于农村资金互助社是银监局批准监管的金融机构，故不在本节研究范围之内。

一　组织规模

20 世纪 70 年代末 80 年代初，我国开始实行家庭联产承包责任制，其显著特点是"集体所有、分户经营"，极大地调动了农民的生产积极性，促进了劳动生产率的提高和农村经济的全面发展，提高了广大农民的生活水平。但是，到 1985 年农村经济出现停滞徘徊的局面。高昂的交易费用逐渐成为小规模农村经济发展的瓶颈。理论与实践证明，农业产业集聚可以实现小农经济与规模经济的结合，从而可

---

① 张德元、张亚军：《关于农民资金互助合作组织的思考与分析》，《经济学家》2008年第 1 期；国风：《农村经济创新分析》，经济科学出版社 2005 年版。

以降低交易成本。为了实现规模经济，部分农民自发建立各种专业经济合作组织。为了支持、引导农民专业合作社的发展，规范农民专业合作社的组织和行为，保护农民专业合作社及其成员的合法权益，促进农业和农村经济的发展，2006 年 10 月 31 日第十届全国人民代表大会常务委员会第二十四次会议通过《中华人民共和国农民专业合作社法》，该法于 2007 年 7 月 1 日起实施至今，极大地促进了农民经济合作组织的发展。农民专业合作社的发展，一方面是农村经济发展的内在需求，另一方面也得益于国家的扶持政策。据国家工商局消息，截至 2014 年 2 月底，全国实有农民专业合作社 103.88 万户，占全国各类市场主体实有用户数的 1.69%。[①]

河北省农民专业合作社也得到快速发展，如截至 2011 年 9 月，张家口农民专业合作社已达 1406 家；截至 2012 年 7 月，唐山市农民专业合作社累计总数已达 1315 家；截至 2013 年 3 月底，沧州市注册农民专业合作社数量已达 3049 家；截至 2013 年 9 月，廊坊市农民合作社达到 1301 家。不少县市实现村庄全覆盖，如冀州等。[②]

农民专业合作社能够有效地提高农民组织化水平，形成了一些龙头产业，促进农业生产发展和农民增收致富。但规模经济的发展面临更加突出的资金瓶颈问题，尽管国家对专业合作社有扶持政策，国家鼓励商业性金融机构采取多种形式，为农民专业合作社提供金融服

---

① 国家工商总局：《全国农民专业合作社总数达 103.88 万户》（http://www.cfc. agri. gov. cn/cfc/html/77/2014/20140312100714093787303/20140312100714093787303 _ . html）。

② 王汝汀、孙健：《沧州市农民专业合作社已达 3049 家》（http://www.moa.gov.cn/ fwllm/qgxxlb/hb/201305/t20130503 _ 3450193. htm）；《唐山市上半年全市农民专业合作社建设工作成效显著》（http://www.hebcoop.com/detail.asp? id ＝｛7E59D847 － 9A7C － 4528 － B38F － B6EABC58E7FA｝ &typeid＝10）；王雪威、段晓芳：《张家口农民专业合作社达 1406 个》（http://www.agri.gov.cn/V20/ZX/qgxxlb_ 1/hb/201109/t20110907_ 2199959. htm）；廊坊市工商业联合会：《廊坊农民专业合作社借力 9.26 推进规范化管理三个提升》（http://xt. hebgcc. org/lf/sqsc/101382685969180. html）；李杰安、方永青、王兰申、王永宏：《冀州发展农民专业合作社 545 家实现村庄全覆盖》（http://report. hebei. com. cn/system/ 2013/02/01/012497553. shtml）。

务，但是金融缺口依然存在。一些合作社设有资金互助部，试图部分解决资金难筹的问题。

二　风险防范

（一）组织监管

《中华人民共和国农民专业合作社法》（2006）第 9 条规定："县级以上各级人民政府应当组织农业行政主管部门和其他有关部门及有关组织，依照本法规定，依据各自职责，对农民专业合作社的建设和发展给予指导、扶持和服务。"根据该法，各级农业部门对农业专业合作社有指导、扶持和服务的职责。具体的工作机构一般是各级农业部门的农业经济管理部门，一般是经管司（局、处、站）等。《农民专业合作社登记管理条例》（2007）第 4 条规定："工商行政管理部门是农民专业合作社登记机关。国务院工商行政管理部门负责全国的农民专业合作社登记管理工作。农民专业合作社由所在地的县（市）、区工商行政管理部门登记。国务院工商行政管理部门可以对规模较大或者跨地区的农民专业合作社的登记管辖做出特别规定。"很显然，在国家层面并没有相关的监管条例。

为了规范农民专业合作社的资金互助部或农民资金专业合作社的发展，加强农民专业合作社资金互助服务的监督管理，保证互助资金的安全，各地方政府制定了相关的管理规定或办法，如《北京市通州区农民专业合作社资金互助管理办法（试行）》（2010），该办法共 49条，对成员条件、组织机构、互助资金的管理、收益分配等做了明确规定；福建省农业厅《关于规范农民专业合作社资金互助业务指导意见》（2012），该指导意见对合作社开展资金互助业务应具备的条件、开展资金互助业务重点服务的范围、风险防范的具体措施等做了规定。河北省也颁发了《规范农民专业合作社开展信用合作的通知》（2012），通知要求对农民专业合作社开展内部信用合作要准确定位，开展信用合作要严格坚持"限于成员内部、用于产业发展、吸股不吸储、分红不分息"的基本原则，严禁超范围非法办理吸收存款、发放贷款和其他金融业务；防止非法开办存贷款业务，及时排除风险隐患，各市结合各自实际，在辖区内开展一次针对农民专业合作社开展信用合作业务的专项检查，及时发现和纠正存在的问题；坚决制止和打击以开展农民专业合作社信用合作为名，擅自办理存贷款业务，严重扰乱金融秩序的行为。对发现的违规问题，要及时责令其停业整顿，限时整改；性质恶劣的，坚决依法取缔；涉嫌犯罪的，要移交司法机关处理；各级各有关部门要积极支持农民专业合作社依法开展正常的生产经营活动，帮助其解决好生产经营中遇到的问题，为农民专业合作社发展营造良好的外部环境。

农民专业合作社的资金互助部或农民资金专业合作社，从工商行政管理部门登记，借农业部门扶持，由金融办监管，表面上分工明确，但是，在政府大力发展和扶持农村金融创新、农民专业合作社快速发展的环境下，各级分管部门缺乏协调合作，同时由于监管成本太高，监管力度不够，造成农民专业合作社的资金互助部或农民资金专业合作社风险非常突出。

农民专业合作社的资金互助部或农民资金专业合作社非法集资、资金被挪用或负责人卷款跑路事件在全国范围内时有发生。如江苏省曾爆发过一起影响比较大的农合社集资案，该集资案共波及灌南、沭阳、邳州、连云港、徐州等地，涉及金额高达 8000 多万元，而根源皆因以上合作社的工作人员违规操作，做假账、高息吸储，将本该用于农业生产的资金挪至龙诚集团用作他途，并收取高额利息，赚取利差，后因龙诚资金链断裂致东窗事发。自 2013 年年初起，江苏省多地再次出现储户"挤兑危机"，据储户们的粗略统计，涉及金额或达数亿元。①

河北省的问题同样严重，如河北省遵化市惠民农合社非法集资，2.47 亿股金遭查封②；2014 年年初发生"邯郸伟光合作社非法集资

_____

① 刘含敏、张萧然：《河北部分农民合作社变身山寨银行非法集资泛滥》（http：//finance．qq．com/a/20140306/003823．htm）；刘含敏、张萧然：《河北一些农合社涉嫌非法集资》（http：//viewpoint．ce02．net/news/d_1777_212250．html）。

② 刘敏：《唐山遵化市惠民农用物资专业合作社（农民合作社）2.47 亿股金遭查封事件调查》（http：//www．swol．com．cn/swol/2014/1/20/24029/1/）。

上亿跑路"，据统计，事件发生时，邯郸有近 10 万农民在伟光合作社有股金，还未偿还的总金额达到 1.4 亿多元。①

分析上述众多事件发生的原因，共同的问题就是监管存在很大的漏洞。

（二）内部管理

为了引导农民专业合作社规范内部管理，2007 年 6 月 29 日农业部第 9 次常务会议审议通过《农民专业合作社示范章程》，自 2007 年 7 月 1 日起施行。该章程要求农民专业合作社根据自身实际情况，参照该示范章程制定和修正本社章程。

农民专业合作社的资金互助部或农民资金专业合作社涉足金融领域，风险性比较高，但是对从业人员并没有明确的资格要求，从事该项工作的人员往往缺乏相应的专业知识和管理能力，致使内部存在较高的管理风险。

第四节　担保公司

2010 年 3 月 8 日，中国银监会、国家发展改革委、工业和信息化部、财政部、商务部、中国人民银行和国家工商总局联合发布《融资性担保公司管理暂行办法》后，担保公司一般被分为两类：融资性担保公司和非融资性担保公司。2012 年 6 月 1 日，中国投资担保专家委员会印发并正式实施了《全国非融资性担保机构规范管理指导意见》。上述两个文件中，"融资性担保是指担保人与银行业金融机构等债权人约定，当被担保人不履行对债权人负有的融资性债务时，由担保人依法承担合同约定的担保责任的行为"，"融资性担保公司是指依法设立，经营融资性担保业务的有限责任公司和股份有限公司"，"非融资性担保机构是指在中华人民共和国行政区域内依法设立，但未取得

---

① 李晓明：《邯郸伟光合作社敛 10 万农户上亿元后突倒闭》（http://finance.sina.com.cn/money/bank/bank_ hydt/20140401/083618676034.shtml）。

《中华人民共和国融资性担保机构经营许可证》，实际在为法人及自然人提供担保业务的机构"。

一　担保公司发展现状

中小企业融资困境是信用担保产生的最根本的动力。国内首家以信用担保为主要业务的全国性专业担保机构是中国投资担保有限公司，1993 年 12 月 4 日在国家工商行政管理局注册成立，其前身为中国经济技术投资担保有限公司，经国务院批准特例试办。自此，我国担保业从无到有，规模不断扩大，形成了以非营利性的政策性担保机构、营利性的商业性担保机构和互助性担保机构等三种模式。

截至 2013 年年底全国融资性担保公司 8185 家，行业实收资本8793 亿元。2013 年新增担保 2.39 万亿元，其中新增融资性担保2.05 万亿元。2013 年年末在保余额 2.57 万亿元，其中融资性担保在保余额 2.22 万亿。行业融资性担保放大倍数（融资性担保责任余额/净资产）为 2.3 倍。[1]

河北省 2003 年有融资性担保机构 13 家，截至 2012 年年底，融资性担保机构达到 543 家，担保资本金达到 379 亿元。[2]

融资性担保机构经过发展和整顿，其融资担保实力和业务均有较快的发展，但是，尽管农村小微企业也列入中小企业范畴，但要得到融资性担保机构的融资担保进入银行融资门槛一直比较困难。因此，建立农业信用担保机构和实行多种抵押担保形式，是缓解农村中小微企业及农民生产、生活融资难的重要内容。例如，成立于 2003 年 4月的宁海县农业信用担保中心，与宁海县中小企业信用担保中心实行"两块牌子、一套班子、分别建账、独立核算"，其担保业务涵盖种植、养殖、农副产品加工和农副产品营销各业，对农副产品加工企业的支持作用尤其明显。

---

① 银监会：《截至 2013 年年底全国融资性担保公司 8185 家，在保余额 2.57 万亿》（http://www.cnpawn.cn/pawnnews/show.php? itemid = 50561）。

② 河北新闻网：《河北省融资性担保机构达 543 家》（http://hebei.hebnews.cn/2013 - 03/22/content_ 3162873.htm）。

2011 年 6 月，国务院办公厅转发银监会发展改革委等部门《关于促进融资性担保行业规范发展意见》，该《意见》明确指出"鼓励县域内融资性担保机构加强对中小企业和'三农'的融资担保服务"。因此，近两年来，一方面，担保机构加大了对农村中小微企业的服务力度；另一方面，农村担保机构的成立步伐也不断加快。

《中共河北省委、河北省人民政府关于加快发展现代农业　增强农村发展活力的实施意见》（2013）明确指出："支持县及县以上供销社组建融资担保机构，积极探索开展农村金融服务"，"创新符合农村特点的抵（质）押担保方式和融资工具，解决农户和新型经营主体贷款难问题。鼓励县（市）设立农业开发公司和农业担保公司"。

二　担保公司的风险及风险防范

（一）担保公司的风险

近年来，国内担保公司一方面快速发展，一方面破产阴霾蔓延全国。2014 年以来，四川省有 12 家担保公司因不合格被注销，23 家担保公司需整改；广东已有 30 多家担保公司退出了融资性担保市场；乌鲁木齐市公安部门已查封近 90 家投资担保公司。此外，浙江、江苏、河南、湖北等地也出现了类似情况。①

担保公司的风险主要表现为外部风险和内部风险两个方面，其中外部风险主要有受保企业的违约风险、政府不适当干预和中小企业政策的不稳定性、担保体系的不健全和来自银行的风险，内部风险主要有资本风险、业务操作风险、决策风险、内部控制风险、道德风险等。

（二）风险防范

1. 组织监管

2010 年 3 月 8 日，中国银监会、国家发展改革委、工业和信息化部、财政部、商务部、中国人民银行和国家工商总局联合发布《融资

---

①　《担保公司破产阴霾蔓延　2% 收益承接 100% 风险》（http：//money. 163. com/14/0620/03/9 V5 CLUMA00253 B0 H. html）。

性担保公司管理暂行办法》，明确规定了融资性担保公司注册资本的最低限额、业务范围、经营规则、风险控制、监督管理等。

2011年6月，银监会、发展改革委、工业和信息化部、财政部、商务部、人民银行、工商总局、法制办发布的《关于促进融资性担保行业规范发展的意见》明确指出："地方各级人民政府要立足本地实际，科学规划，按照市场原则合理布局，重点扶持经营管理较好、风险管控水平较高、有一定影响力的融资性担保机构的发展。""有关部门要统筹协调各项财税扶持政策，不断完善扶持措施，加大扶持力度。""融资性担保业务监管部际联席会议要加强对地方融资性担保机构监管工作的指导，建立健全对地方监管部门的履职评价制度，完善联席会议、地方监管部门等多方联动工作机制。"

河北省财政厅与河北省中小企业局根据河北省的实际情况，于2006年1月1日制定施行《河北省省级中小企业信用担保机构风险补偿资金管理暂行办法》。

2. 行业协会

目前，我国担保行业已经成立了各级担保协会，全国性的如中国担保联盟，2001年11月15日在上海正式缔结，并由联盟成员共同制定"中国担保联盟"运行规则，作为"联盟"成员之间开展业务合作和进行交流活动应遵行的基本规范；中国投资担保专家委员会是中国担保协会和北京大学经济学院于2010年9月25日共同在北京大学发起成立，2012年6月1日，中国投资担保专家委员会印发并正式实施了《全国非融资性担保机构规范管理指导意见》，该《意见》对非融资性担保业务范围、资质、行业指导机构、准入条件、等级认定管理、罚则等做了明确规定。省级的担保协会如河北省中小企业信用担保协会，业务涉及信息平台服务、组织交流和培训、行业自律管理等；地市级的担保协会如河北省廊坊市中小企业融资信用担保协会。

3. 内部管理

为建立健全融资性担保公司内部控制制度，防范融资性担保业务风险，促进融资性担保公司稳健经营，2010年7月23日融资性担保业务监管部际联席会议审议通过《融资性担保公司内部控制指引》，对融资性担保公司内部控制的目标、应当遵循的原则、内部控制职责、业务活动的内部控制、内部控制的监督与纠正等做了明确规定。

第五节　小额贷款公司

农村小额信贷是针对农村低收入群体和微型企业提供的额度较小的信贷服务，它是一种面向具有负债能力却被正规金融机构挡在门外的人发放贷款的金融业务。从 2004 年起连续三年中央一号文件中都提到了发展小额信贷的问题，尤其是 2006 年的中央一号文件《中共中央　国务院关于推进社会主义新农村建设的若干意见》中明确指出：大力培育自然人、企业法人或社团法人发起的小额贷款组织。从 2005 年下半年开始，中国人民银行陆续在山西、四川、贵州、陕西、内蒙古开展由民营资本经营的商业化小额信贷试点。从试点实践来看，小额贷款公司所具有的信息优势、成本优势和速度优势，使其合理地找到了自身的市场定位和发展空间。商业性小额贷款公司由于更贴近农户、个体生产者和小企业的实际情况，因而能够更好地满足他们的小额融资需求，对支持农业发展、引导非正规金融发展以及创造一种适度竞争的农村金融环境，具有深远的历史意义和现实意义。

2008 年 5 月，中国人民银行、银监会联合出台的《关于小额贷款公司试点的指导意见》（银监发〔2008〕23 号）发布后，河北省在 2008 年 12 月出台了《河北省小额贷款公司试点工作审批及管理暂行办法》，积极开展小额贷款公司的试点工作。

一　河北省小额贷款公司的现状

河北省对设立小额贷款公司试点工作十分重视，采取了多种措施促进小额贷款公司的发展，率先在省级以上开发区（园区）和工业聚集区开展科技小额贷款公司试点，率先对贫困县和贫困地区设立小额贷款公司实行优惠政策。2014 年 1 月，中国人民银行发布的《2013年小额贷款公司数据统计报告》显示，截至 2013 年年末，全国共有小额贷款公司7839家，从业人员95136人，实收资本7133.39亿元，贷款余额8191.27亿元；河北省小额贷款公司数量为439家，从业人员5093人，实收资本256.33亿元，贷款余额为273.1亿元。2013年河北省小额贷款公司数量和从业人数均位居全国第五位，实收资本和贷款余额均位居全国第10位。河北省小额贷款公司的成立，对盘活非正规金融资本、引导河北农村非正规金融机构的发展、完善河北省金融服务体系发挥了积极作用。

二　小额贷款公司存在的问题

小额贷款公司适应农村经济小、散、活的特征，贴近基层、适应市场需求，较好地发挥了支持三农、微小企业的功能，缓解了金融市场的货币供求矛盾，在一定程度上填补了正规金融涉及不到的空白，弥补了现有金融体系的缺陷。小额贷款公司的建立，也引导和遏制了不规范的非正规金融行为，促使更多的民间闲散资金逐步向阳光化、集约化方向发展。当前，河北省小额贷款公司虽在健康迅猛发展，但仍处于起步探索阶段，还存在以下问题。

1. 政策的缺失

小额贷款公司的身份处境尴尬，2014年5月，银监会、中国人民银行下发的《小额贷款公司管理办法（征求意见稿）》中未明确小额贷款公司的金融机构法律地位，仍将其作为一般性工商企业对待，经营地域限制也并未放开。小额贷款公司被界定为企业，在工商部门登记，其运营严格按照《公司法》的章程，造成小额贷款公司经营业务单一，主要业务是贷款，不能开展多样化服务。小额贷款公司在经营上简单复制商业银行模式，普遍采取担保、抵押等贷款形式，在贷款对象上还没有按照国际小额信贷无担保、无抵押、服务于贫困人群的模式运营。现有的运营模式有可能会使小额贷款公司逐渐走向商业银行或农村信用社的运营模式上去，没有真正发挥扶贫和支持"三农"的功能，这与成立小额贷款公司的初衷相背离。政策的缺失对小额贷款公司的业务拓展和长期战略制定造成了影响，不利于其可持续发展。

2. 资金不足

小额贷款公司的非金融机构的性质，决定了它可以一定程度上聚拢、整合民间资本，但不能吸纳社会存款扩大资本。小额贷款公司被明确界定为"只贷不存"的小额贷款公司，使其在竞争中处于先天弱势。河北省严禁小额贷款公司触犯"四条高压线"，即：严禁吸收社会存款，严禁非法集资，严禁放高利贷，严禁暴力收贷。相较于农户、中小企业和个体经济为主的贷款者旺盛的贷款需求，小额贷款公司资金缺口都相当大，无法满足客户需要。市场的巨大需求和小额贷款公司有限的放贷能力形成了巨大的落差，正是这种落差造成了现在小额贷款公司这种"无米之炊"的尴尬境地。

3. 风险防范机制薄弱

小额贷款公司自身普遍存在以下风险：首先，我国整体信用制度体系不完善，小额贷款公司至今没有完善有效的贷款信用评估方法，导致农村小额贷款公司存在着一定的信用风险。其次，大多数农户盈利能力不强，再加上农业容易受自然灾害的影响，农户收益具有一定的不确定性，从而引发了由农户偿付能力差导致的市场风险。而农村小额贷款公司自身管理能力有限，引发了由操作成本过高带来的经营风险。另外对于社会来说，小额贷款公司潜在的吸收存款风险值得重视。由于小额贷款公司的非法集资，即通过各种委托资金、批发资金等形式表外集资然后非法放贷所引发的群体性事件需要引起足够的重视。

三　小额（贷）再贷款公司的成立对小额贷款公司的意义

2013 年 10 月底，全国首家小额再贷款公司——广州立根小额再贷款股份有限公司开业。该公司注册资本 10 亿元，是经广州金融办以及相关部门批准成立的金融服务企业。公司面向小额贷款公司提供贷款、信贷资产转让收购、银行贷款到期转贷过桥资金、融资信息平台等金融服务。①

2013 年 11 月 29 日，由河北建投集团注资 10 亿元组建的河北省

---

① 周亮：《小贷迎融资甘露：全国首家小额再贷开业》，《南方都市报》2013 年 11 月 1 日第 GC03 版。

首家、全国第二家小额（贷）再贷款业务公司——河北建投小额贷款股份有限公司正式注册成立，该公司向小微企业提供小额贷款业务和相关金融咨询服务，同时为全省小额贷款公司提供再贷款业务。[①]

小额（贷）再贷款公司突破了传统小额贷款公司的服务区域和经营业务范围，是非正规金融领域的大胆尝试和创新，更重要的是，小额（贷）再贷款公司作为小额公司的资金池和资产交易平台，能够帮助小额贷款公司扩宽融资渠道，有助于小额贷款行业安全稳定运行，从而更好地服务三农经济和小微企业。

第六节　互联网金融

互联网金融是近年来中国金融市场最热的话题，其开端于 20 世纪 90 年代中期的美国，在中国的热潮始于 2012 年，并在 2013 年出现了爆发式的增长，因此 2013 年被中国业界称为"互联网金融元年"。

由于互联网金融属于新生事物，其概念、模式等均有待厘清，其风险、发展方向等均存在不确定性。

一　互联网金融的定义

由于互联网金融是近年来才出现的金融模式，当前正处于理论界的热点研究和实践的迅速发展阶段，人们从不同的角度去理解和解读，会形成不尽相同的定义。

谢平、邹传伟（2012）认为，互联网金融是既不同于商业银行间接融资，也不同于资本市场直接融资的第三种金融融资模式。在互联网金融模式下，市场充分有效，接近一般均衡定理描述的无金融中介状态，可以达到与现在资本市场直接融资和银行间接融资一样的资源

---

① 高翔宇等：《我省首家小贷再贷款公司成立》，《河北日报》2013 年 12 月 2 日第 02 版。河北新闻联播：《我省首家小额贷款再贷款公司挂牌成立》（http：//news.cntv.cn/ 2013/12/09/VIDE1386587525401835.shtml）。

配置效率，在促进经济增长的同时，还能大幅减少交易成本，是一种更为民主化，而不是少数专业精英控制的金融模式。[①]

宫晓林（2013）认为，互联网金融是依托现代信息科技进行的金融活动，具有融资、支付和交易中介等功能。[②]

投中研究院（2014）认为，所谓互联网金融，就是互联网技术和金融业务进行全面的交互、关联、延展和创新而产生的一种新型金融模式。[③]

二　互联网金融发展的背景[④]

1. 随着互联网技术的发展，它所带来的便捷性和高效性日益受到来自不同领域的认同，其功能不断扩展。商务交易是互联网的四大功能（信息获取、商务交易、交流沟通、网络娱乐）之一，并发展迅速，以其中的支付功能为例，2008 年年底全国网上支付用户规模为5245 万人，使用率为 17.60%；2013 年年底全国网上支付用户规模已达 26020 万人，使用率为 42.10%。2008—2013 年全国网上支付使用情况详见表 4 - 9。

表 4 - 9　　　　　　2008—2013 年全国网上支付使用情况

年份	网上支付用户规模（万人）	使用率
2008	5245	17.60%
2009	9408	24.50%
2010	13719	30.00%
2011	16676	32.50%
2012	22065	39.10%
2013	26020	42.10%

① 谢平、邹传伟：《互联网金融模式研究》，《金融研究》2012 年第 12 期。

② 宫晓林：《互联网金融模式及对传统银行业的影响》，《南方金融》2013 年第 5 期。

③ 中国电子商务研究中心：《互联网金融行业 6 大模式发展报告》（http：//b2b. toocle. com/detail - 6175627. html）。

④ 中国互联网络信息中心：《中国互联网络发展状况统计报告》（http：//www. cnnic. org. cn/hlwfzyj/hlwxzbg/hlwtjbg/）。

2. 随着人们网络信息素质的不断提高，上网人数增长迅速。1997年10月底，全国网民人数为62万；2013年年底，全国网民人数已达6.18亿，不到17年的时间，上网人数几乎增长了1000倍。其中农村网民规模也不断扩大，2008年年底，全国农村网民规模为8460万人；到2013年年底，全国农村网民规模已达17700万人。2008—2013年中国农村网民规模及增长趋势详见表4-10和图4-1。

表4-10　　　　　　　　2008—2013年中国农村网民规模

年份	网民数（万人）	增长率
2008	8460	60.53%
2009	10681	26.30%
2010	12500	16.90%
2011	13600	8.80%
2012	15600	14.71%
2013	17700	13.50%

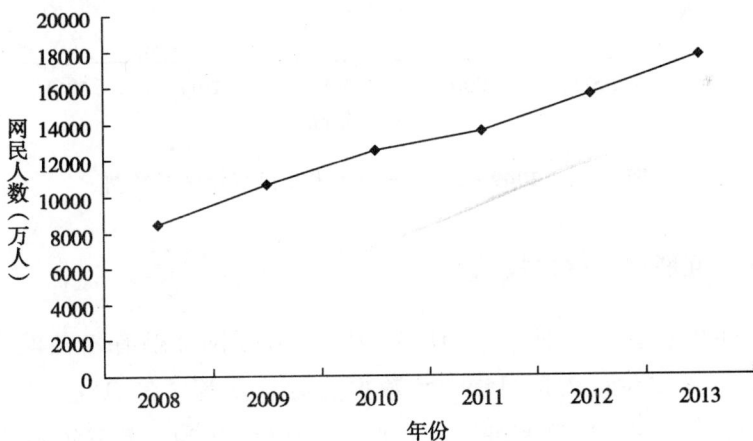

图4-1　2008—2013年中国农村网民规模增长趋势

与此同时，河北省农村网民规模也不断扩大。2009年年底，河北农村网民人数为1842万人；到2013年年底，河北省农村网民人数已达3389万。2009—2013年河北省网民规模及增长趋势详见表4-11

和图 4 - 2。

表 4 - 11　　　　　　　　2009—2013 年河北省网民规模

年份	网民数（万人）	普及率	增长率	普及率排名
2009	1842	26.40%	38.10%	17
2010	2197	31.20%	19.30%	18
2011	2597	36.10%	18.20%	17
2012	3008	41.50%	15.90%	13
2013	3389	46.50%	12.70%	12

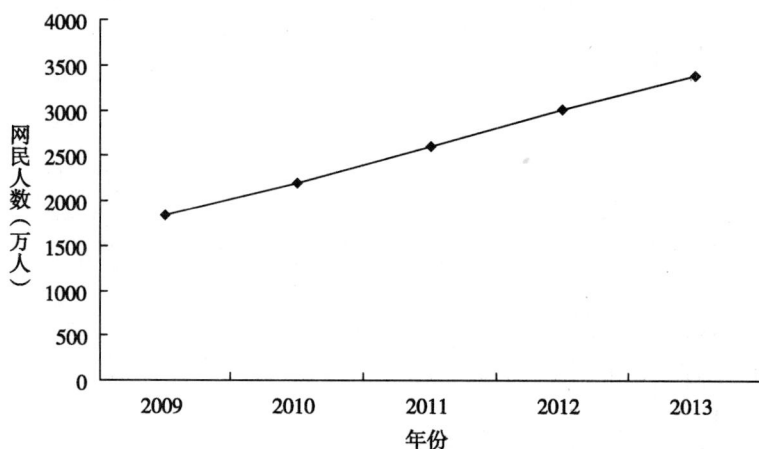

图 4 - 2　2009—2013 年河北省网民规模增长趋势

三　互联网金融的模式

罗明雄、唐颖、刘勇（2013）认为，互联网金融有六种模式，分别为第三方支付、P2P 网贷、大数据金融、众筹、信息化金融机构、互联网金融门户；① 梁利峥、周新旺（2013）认为，互联网有十大模式，分别是第三方支付平台、P2P 网络小额信贷、众筹融资、虚拟电子货币、基于大数据的金融服务平台、P2B、互联网银行、互联网保

---

① 罗明雄、唐颖、刘勇：《互联网金融》，中国财政经济出版社 2013 年版。

险、互联网金融门户、节约开支方案。[①]

目前，在互联网金融众多模式中，其服务能有效覆盖到农民、农村的非正规金融模式主要有两种：第三方支付平台和 P2P 网络借贷平台。

（一）第三方支付平台

第三方支付平台是指作为收、付款人的支付中介所提供的网络支付、预付卡、银行卡收单以及中国人民银行确定的其他支付服务的非金融机构。

第三方支付平台是基于网上交易时产品质量、售后服务及厂商信用得不到保障和安全性得不到保障而设计产生的，它在保证资金安全流动的情况下以某种手段来约束交易双方的交易行为，以使交易双方在最小的程度上发生违约行为，并在此基础上尽量提高效率和可操作性。[②]

下面简单介绍国内外影响较大的第三方支付平台，详见表 4 - 12和表 4 - 13。

表 4 - 12　　　　　　　国外影响较大的第三方支付平台简介

国别	第三方支付平台名称	简介	网址
美国	Paypal	目前全球最大的在线支付提供商，任何人只要有一个电子邮件地址，都可以方便而安全地使用 Paypal 在线发送和接收付款，避免了传统的邮寄支票或者汇款的方法。支持 190 多个国家和地区的交易，支持 20 多种币种，Paypal 快速、安全而又方便，是跨国交易的理想解决方案。	www. paypal. com
	Google checkout	Google 在 2006 年推出自己的支付系统，美国超过 90% 的零售商注册了 Google checkout 服务。Checkout 能与 AdWords 和 AdSense 等相关联，用户可以享受到优惠，与 Google 其他业务（如目前的 Gmail、Video、Froogle 等）可以整合。	http：//checkout. google. com

---

① 梁利峥、周新旺：《互联网金融十大生意模式》（http：//bank. hexun. com/2013 - 08 - 15/157122440. html）。

② 李二亮、刘云强：《浅议第三方支付平台》，《电子商务》2005 年第 9 期。

续表

国别	第三方支付平台名称	简介	网址
美国	IKOBO	IKOBO 支持全球 170 多个国家的业务，当你或别人往你的 IKOBO 账户中存入任意数量的钱后，IKOBO 会免费寄给你一张 VISA 卡，可以用这张卡在全球所有支持 VISA 的 ATM 机上提取你 IKOBO 账户里的现金，非常方便。	www.ikobo.com
	GSPAY	GSPAY 是一个高风险的第三方脱手服务公司，本身不能控制交易的风险，属于信用卡支付，只能接受 V 卡和 M 卡。	www.gspay.cn
	Money Gram	Money Gram 公司推出的一种快捷、简单、可靠及方便的国际汇款方式，目前该公司在全球 150 个国家和地区拥有总数超过 50000 个代理网点。	www.moneygram.com
英国	MONEYBOOK-ERs	现今欧洲使用率最高的网络支付方式，世界上第一家被政府官方所认可的电子银行，可以简便地通过 email 地址来安全地支付以及收款。	www.MoneyBookers.com
	Worldpay	Worldpay 是皇家苏格兰银行的一个子公司，成立于 1993 年，总部设在英国剑桥，该付款方式，支持多币种，支持多种信用卡，支持站内支付，无须高额月费。	www.worldpay.com
	Ukash	Ukash 专为喜好使用现金代替信用卡等在网上进行购物或服务消费的人群而设。使用 Ukash 消费等同于使用现金消费，并不设任何年龄限制，无须注册，无须担心个人银行信息会被窃取。	www.ukash.com
荷兰	Global Collect	世界顶级的支付服务供应商，为国际客户无卡业务类型（如互联网、邮件和电话订单）提供本地电子支付解决方案，在 200 多个国家提供 170 种货币的本地支付方式组合，拥有全球最大的收单行、银行和替代性支付供应商网络。	http://www.globalcollect.com
澳大利亚	eWAY	eWAY 是存在于澳大利亚的所有在线支付工具中支持最多的 shopping carts 的一种。	www.eway.com.au
加拿大	Alert Pay	成立于 2004 年，通过电子邮件地址有效、安全地发款收款，可以向全世界的人民提供服务。	www.alertpay.com

表 4－13　　　　　　　　　国内影响较大的第三方支付平台简介

第三方支付平台名称	简介	网址
支付宝	支付宝是国内领先的独立第三方支付平台，实名用户超过 3 亿人，在电商支付、移动支付、航空支付等多个领域占有优势，与 134 家金融机构合作，支持 46 万家商户。	https：//www. alipay. com/
财付通	由中国最早、最大的互联网即时通信软件开发商腾讯公司创办，为最广大的 QQ 用户群提供安全、便捷、简单的在线支付服务，财付通与拍拍网、腾讯 QQ 有着很好的融合。	https：//www. tenpay. com/
拉卡拉	成立于 2005 年，是目前中国最大的线下支付公司，首批获得央行颁发《支付业务许可证》的第三方支付公司，是中国最大的便民金融服务公司，在全国超过 300 个城市投资了超过 10 万台自助终端，遍布所有知名品牌便利店、商超、社区店，每月为超过 1500 万人提供信用卡还款、水电煤气缴费等公共缴费服务。	http：//www. lakala. com/
银联商务	银联商务有限公司是中国银联旗下的、专门从事银行卡受理市场建设和提供综合支付服务的机构，市场网络覆盖全国 337 个地级以上城市，覆盖率达 100%。	http：//www. chinaums. com/
快钱	快钱是支付产品最丰富、覆盖人群最广泛的电子支付企业之一，其推出的支付产品包括但不限于人民币支付，还包括外卡支付、神州行卡支付、联通充值卡支付、VPOS 支付等众多支付产品。	https：//www. 99bill. com/
汇付天下	汇付天下是首家获得中国证监会批准开展网上基金销售支付服务的支付公司，提升了中国基金业的电子商务水平。同时汇付天下服务于 18 家航空公司及 5000 多家票务代理商，已成为航空票务业最大的电子支付公司。	http：//www. chinapnr. com/

（二）P2P 网络借贷平台

P2P 网络借贷平台，即 Peer-to-Peer lending，是指通过第三方互联网平台进行资金借、贷双方的匹配，需要借贷的人群可以通过网站平台寻找到有出借能力并且愿意基于一定条件出借的人群，帮助贷款人通过和其他贷款人一起分担一笔借款额度来分散风险，也帮助借款人在充分比较的信息中选择有吸引力的利率条件。

P2P 平台的盈利主要是从借款人收取一次性费用以及向投资人收取评估和管理费用。贷款的利率确定或者是由放贷人竞标确定，或者是由平台根据借款人的信誉情况和银行的利率水平提供参考利率。

通过 P2P 网络融资平台，借款人直接发布借款信息，出借人了解对方的身份信息、信用信息后，可以直接与借款人签署借贷合同，提供小额贷款，并能及时获知借款人的还款进度，获得投资回报。

P2P 网络借贷平台作为互联网金融业态的一种创新，最近几年发展迅速。截止到 2014 年 3 月，可统计的 P2P 平台数量已增至 1217 家，行业交易规模也突破 2642.7 亿元。据银监会最新预测，2014 年中国 P2P 网贷交易规模将爆发增长至 1 万亿元。①

下面简单介绍国内外影响较大的 P2P 网络借贷平台，详见表 4 - 14 和表 4 - 15。

表 4 - 14　　　　　国外影响较大的 P2P 网络借贷平台简介

国别	P2P 网络借贷平台	简介	网址
美国	Prosper	成立于 2006 年，早期 Prosper 模式类似于拍卖，需要资金的人只需在 Prosper 网站输入需要借贷的金额，就会自动出现最高利率；有钱可供出借的人则可以寻找自己中意的金额与利率，同时参考借贷者的信用，再以自己愿意提供的金额和利率竞标，利率最低者将会中标。Prosper 需要完成的工作就是确保安全、公平的交易，包括贷款支付和收集符合借贷双方要求的借款人和出借人。网站靠收取手续费盈利。Prosper 的收入来自借贷双方，从借款人处提取每笔借贷款的 1%—3% 费用，从出借人处按年总出借款的 1% 收取服务费。2010 年，Prosper 改变了原有的拍卖模式，改为根据借款人违约风险提前设定好贷款利率。	https：//www. prosper. com/
	Lending Club	创始于 2007 年，目前它在美国 P2P 行业里占有 75% 的市场份额。Laplanche 把重点放在高信用度的客户上，采用的是定价模式，利率高低由 Lending Club 来决定，投资者只负责投资合适的标的。	https：//www. lendingclub. com/

---

① 姜小鱼：《P2P 网贷空前繁华幕后》（http：//www. cb. com. cn/index. php？ m = content&c = index&a = show&catid = 20&id = 1063889&all）。

续表

国别	P2P 网络借贷平台	简介	网址
英国	Zopa	Zopa 成立于 2005 年，是互联网上第一家 P2P 借贷平台。借款人提出借款请求，在 Zopa 平台内录入借款人相关信息，包括自身及家庭情况、借款用途、借款金额及信用评级，以及最高借款利率等信息。Zopa 平台将根据借款人的信用评级，安排进入相应等级的细分市场，结合借款金额、愿意支付的最高借款利率，将借款请求列示在 Zopa 平台内的借款页面上。贷款人参考借款人的信用水平，结合借款人愿意支付的最高利率，以贷款利率竞标，并设定贷款金额。贷款人将资金转入 Zopa 账户内，以备借款人按照预设条款将资金转账。Zopa 平台在考察核准之后，将借款人的借款请求与贷款人的资金供应进行匹配撮合。借贷双方在成功撮合以后，贷款者可以确定资金成功贷出的部分，以及仍然滞留于 Zopa 个人账户内的资金额度，以备后续资金借贷交易。	http：//www.zopa.com/
德国	Auxmoney	2007 年开始运营，Auxmoney 不强制对借款人进行评级，但要求借款人须满足如下条件：年龄介于 18 岁至 70 岁之间；德国居民；拥有一个储蓄账户。借款人可根据意愿公开自己的其他信用信息，也可委托 Auxmoney 对其进行评估。Auxmoney 将审查借款人的就业记录、银行账户及征信状况等。贷款需通过公开拍卖方式达成，一旦认购金额等于借款额，拍卖自动结束。贷款协议达成后，Auxmoney 向贷款人收取 1% 的中介费。在 Auxmoney 中，由贷款人承担所有风险。	https：//www.auxmoney.com/
	Smava	2007 年开始运营。Smava 委托德国信用评级公司 Schufa 对借款人进行强制评级，并根据评级优劣将借款人分为 A 至 H 级不等。贷款需通过公开拍卖方式达成，一旦认购金额等于借款额，拍卖自动结束。贷款协议达成后，Smava 会按贷款金额的 1%，向借款人收取中介费。在 Smava 中，贷款人可采用两种方法规避风险。一是委托 Smava 将不良贷款出售给专业收账公司，通常可收回 15%—20% 本金；二是利用"同类贷款人共同分担"（Anlegerpools）原则分担损失。Smava 将借款人信用分为 8 级（A 至 H 级），贷款期限有 3 年和 80 个月两种，因此共有 16 类贷款。	http：//www.smava.de/

表4－15　　　　　　　**国内影响较大的P2P网络借贷平台简介**

P2P网络借贷平台	简介	网址
翼龙贷	是经工商部门批准可从事民间借贷撮合业务的合法P2P网络借贷平台，2007年成立。提供互联网环境下点对点、个人对个人的借贷服务，平台本身不是借贷主体，而是信息服务者、撮合者以及风险控制者。	http：//www. eloancn. com/
证大e贷	2012年7月31日上线。利用该平台，借款人基于个人信用，获取最高借款额度和相应利率空间后，发布一笔借款请求，获得一个或者一个以上投资人的投标，直至筹集到所需资金，即满标，经证大e贷平台审核后即可获得借款；投资人寻找合适的借款列表，以投标的方式向借款人出资，最低单笔投标金额为50元人民币，即投资人可将资金自由配置给多个借款人。该平台提供风险金代偿服务。	http：//www. onlinecredit. cn/online/
陆金所	于2011年9月在上海注册成立，是中国平安保险（集团）股份有限公司旗下成员之一。陆金所上发布的投资服务都会经过陆金所及专业机构严格的内部审核，对投融资方进行专业严格的资质审核，从制度、流程、系统等方面全面保护投融资双方利益；平安集团通过内控合规和稽核监察体系对下属子公司进行监督。	http：//www. lufax. com/
钱多多	成立于2013年10月。所有的线上标的全部由实物抵押作为担保，有抵押（质押）的手续在公司内部妥善保存，为贷款资金的安全提供了保障。在法律范围里对抵押物进行处置，以保障投资人的资金和本金安全。如果一旦发生借款方因故到期逾期还款现象，平台将启动应急预案：第三方资产管理机构在逾期后的2个工作日内代为向投资人偿付该笔逾期的应还本金、利息。	http：//qian. jiedai. cn/
拍拍贷	拍拍贷成立于2007年6月，是国内纯信用无担保网络借贷平台。用户可以在拍拍贷上获得信用评级、发布借款需求、快速筹得资金；也可以把自己的闲余资金通过拍拍贷出借给信用良好有资金需求的个人，在获得良好的资金回报率的同时帮助他人。如果借款者逾期，借出者收回全额罚息、利息、本金后，拍拍贷再按照逾期本金0.6%/日收取催收费用，由拍拍贷奖励积极参与催收的借出者或者补贴催收方。如果借款者逾期超过60天，拍拍贷把对该笔借款所收的成交服务费按比例如数补偿借出者。一旦借入者还款后，网站将从借出者处收回这笔费用。	http：//www. ppdai. com/ default. htm
宜人贷	2012年上线。个人借款人在网上发布借款请求，通过信用评估后，获得出借人的信用借款资金支持；而个人出借人获得收益。	http：//www. yirendai. com/
红岭创投	成立于2009年3月。对借款标的进行详细分类，如信用标、秒还标、净值标、担保标等，针对不同类型确定平均利率水平、借款期限、利率保障等。	http：//www. my089. com/

P2P 网络借贷平台	简介	网址
人人贷	2010 年上线。借款用户可以在人人贷上获得信用评级、发布借款请求来实现个人融资需要；理财用户可以把自己的部分闲余资金通过人人贷平台出借给信用良好、有资金需求的个人，获得理财收益。平台每笔借款成交时，提取一定比例的金额放入"风险备用金账户"。借款出现严重逾期时（即逾期超过 30 天），根据"风险备用金账户使用规则"，通过"风险备用金"向理财人垫付此笔借款的剩余出借本金或本息（具体情况视投资标的类型的具体垫付规则为准）。	http://www.renrendai.com/

四　互联网金融风险及风险防范

（一）风险

近年来，在互联网金融爆发式增长的同时，其风险也日渐凸显。据零壹财经统计，2012 年之前，P2P 借贷平台倒闭的总数量约为 20 家，而在 2013 年一年的时间，问题平台的数量就达到 70 家左右，超过此前倒闭平台总数的 3 倍。进入 2014 年后，P2P 行业洗牌加速，由于前期 P2P 行业负面新闻迭出，曾为这些涉案企业提供推广的百度也因此牵涉其中，面对非议，4 月 28 日百度宣布着手清理不良 P2P 网贷平台，并启动了专项的资金保障计划。据有关数据显示，当时有近千家 P2P 网贷平台被百度下线。6 月初，北京出现首例 P2P 网站"跑路"事件，上线仅有 4 个月的"网金宝"于 6 月 4 日悄悄关闭。此后，深圳的一家名为"科讯网"的网贷平台同样出现页面无法访问、客服电话不通、负责人失联的情况。6 月 19 日，一家名为北京融信宝国际投资管理有限公司的 P2P 企业发生法定代表人"失联"事件，据悉有六七百名客户超过 8000 万元的投资款无法正常赎回，目前通州警方已经介入调查。① 因为互联网金融产品受众面广，一旦触发风险，很容易演化成社会问题。

互联网金融既有常规金融机构固有的操作、信用等风险，也有非

---

① 郭雀屏：《P2P 市场规模一年增长 8 倍　未来洗牌加剧倒闭潮或不断》（http://biz.zjol.com.cn/system/2014/06/21/020096025.shtml）。

正规金融通常具备的监管缺失带来的安全风险，同时还有系统安全性风险、信息安全风险、虚假网络等。

（二）风险防范

1. 针对系统安全性风险，应加强网络安全管理。网络系统的安全，不仅关系到互联网金融平台和客户的资金、信息安全，还关系到国家安全。一方面，监管部门应建立严格的审查机制和市场准入制度，另一方面要对国产厂商自主可控的网络信息系统加大支持力度。

2. 针对信息安全风险，应加强网络信息管理。互联网金融公司应制定严格的内部信息管理规章制度，明确信息管理的权利与责任，同时加强用户的信息安全意识，确保用户的信息安全。

3. 针对虚假网络等欺诈行为，国家应建立相关监管网站，对社会公众开展广泛的网络安全教育，提高风险防范意识和自我保护意识，及时通报互联网诈骗、消费者权益受损等案例，以警醒消费者，力求有效降低互联网金融消费损失。

4. 针对目前互联网金融立法缺失的现状，应加强相关调研，确定国家行业标准、明确监管主体等，参考国外相关立法，制定我国与互联网金融相关的法律法规。如在美国，金融监管机构针对互联网金融业务的快速发展，补充出台了《国际国内电子商务签名法》《网络信息安全稳健操作指南》《电子银行业务安全与稳健程序》《关于电子银行业务和消费者守法指南》等一系列专门规则。①

---

① 王占军：《互联网金融及风险防范的国际借鉴》，《金融博览》2013 年第 9 期。

第五章

河北省农村非正规金融机构
的现状分析

　　中国幅员辽阔，每个省在经济发展程度和水平上还有较大差距，农村经济发展水平和金融发展程度也有较大不同。河北省相对于浙江、江苏、福建等市场经济发达的地区，非正规金融机构的规模和运行机制有很大差异。河北省是一个农业大省，农村人口占多数，农村人口文化素质偏低，农村经济发展方式较为保守，河北省农村非正规金融机构在促进河北省农村经济增长方面发挥了不容忽视的作用，但问题也非常突出和明显。因此，在现阶段，了解和掌握河北农村非正规金融机构的现状，分析存在的问题，消除非正规金融的不良影响，对于农村非正规金融向组织化和正规化发展，更好地规避金融风险，更好地为河北省农村经济的发展提供资本支持，促进河北省农村经济增长是非常必要的。

第一节　河北省农村经济运行情况概述

　　河北省因处于黄河下游以北而得名，总人口 7287.51 万，位居全国第 6 位；总面积为 18.88 万平方公里，占全国土地总面积的 1.95%，位居全国第 14 位。全省地势西北高、东南低，西北部为山区、丘陵和高原。河北省辖石家庄市、唐山市、秦皇岛市、邯郸市、邢台市、张家口市、承德市、廊坊市、沧州市、衡水市等 11 个地级市，定州、辛集 2 个省直管市。22 个县级市、108 个县、6 个自治县、36 个市辖区。全省地势由西北向东南倾斜，西北部为山区、丘陵和高原，其间分布有盆地和谷地，中部和东南部为广阔的平原。①

一　河北省农村人口受教育程度偏低②

河北省是一个农业大省，农村人口占多数，人口受教育程度是人口的重要社会特征，是人口素质的重要组成部分。人口受教育程度的高低，不仅能够反映一个地区文化教育事业的发展状况，也能够反映本地区经济发展水平，同时对人口和经济的发展都有一定的影响。

（一）河北省具有高中及高中以上受教育程度人数偏低

2010 年第六次人口普查（下文简称"六普"）资料显示，河北省 6 岁及 6 岁以上各种受教育程度人口（指具有小学受教育程度及以上人口）6399.69 万人，占 6 岁及 6 岁以上人口的比重为 96.74%，具有大学（指大专以上）文化程度的人口为 524.25 万人，占 6 岁及 6 岁以上人口的比重为 7.93%；具有高中（含中专）文化程度的人口为 913.17 万人，占 6 岁及 6 岁以上人口的比重为 13.80%；具有初中程度的人口为 3190.30 万人，占 6 岁及 6 岁以上人口的比重为 48.23%；具有小学文化程度的人口为 1771.97 万人，占 6 岁及 6 岁以上人口的比重为 26.79%。

河北省每十万人中拥有各种受教育程度人口 89066 人，每十万人中具有大学程度的为 7296 人；具有高中程度的升为 12709 人；具有初中程度的为 44400 人；具有小学程度的为 24661 人。河北省人口平均受教育年限（未上过学 0 年，小学 6 年，初中 9 年，高中 12 年，大学 16 年）8.87 年/人，在全国排第 16 位，高于全国 8.80 年/人的平均水平。2010 年河北省每十万人中具有大学程度的人口在全国排第 23 位，每十万人中具有高中程度的人口在全国排第 20 位，处于较低水平。每十万人拥有受教育程度人口具体情况见表 5－1。文盲人口（15 岁及以上不识字的人）的数量和比重，是反映一个地区人口文化

---

① 河北省人民政府：《河北概况》（http：//www.hebei.gov.cn/hebei/10731222/index.html）。

② 河北省统计局：《从人口普查数据看河北省人口受教育状况》（http：//www.hetj.gov.cn/hetj/tjfx/sjfx/101382689579290.html）。

素质高低的重要标志。2010 年"六普"，文盲人口为 187.74 万人，粗文盲率（文盲人口占总人口的比重）2.61%，文盲率为 3.14%。文盲率（文盲人口占 15 岁及以上人口比重）居于全国第 11 位。从每十万人中具有大学、高中程度人口看，河北省与发达地区仍有差距。

（二）河北省农村人口受教育的程度偏低

河北省城镇人口平均受教育年限比乡村人口多 1.91 年，因此以全国范围看，河北省农村人口受教育的程度更不乐观，详见表 5-1。

受教育程度人口在不同行业所占比重不同。受教育程度为小学的人口中，有 82.50% 从事农、林、牧、渔业；受教育程度为初中的人口中，有 64.00% 从事农、林、牧、渔业，13.57% 从事制造业；受教育程度为高中的人口中，有 33.52% 从事农、林、牧、渔业，18.97% 从事制造业，13.13% 从事批发和零售业；受教育程度为大学的人口中，4.61% 从事农、林、牧、渔业。可以看到，受教育程度较低的人口主要集中在农、林、牧、渔业和制造业等对文化素质要求相对较低的行业，详见表 5-2。

表 5-1　　　　　2010 年河北省城乡人口受教育程度比较

项目	平均受教育年限（年）	每十万人拥有各种受教育程度人口（人）				文盲率（%）
		小学	初中	高中	大学	
合计	8.87	24661	44400	12709	7296	3.14
城镇	9.93	18537	38628	19542	14575	2.00
乡村	8.02	29461	48924	7352	1590	4.07

表 5-2　　　河北省 2010 年各种受教育程度人口行业就业比重　　　单位:%

行业大类	小学	初中	高中	大学
总计	100.00	100.00	100.00	100.00
农、林、牧、渔业	82.50	64.00	33.52	4.61
采矿业	0.61	1.27	2.33	2.08
制造业	6.59	13.57	18.97	14.15
电力、燃气及水的生产和供应业	0.10	0.33	1.81	2.89
建筑业	3.90	5.60	4.64	3.02
交通运输、仓储和邮政业	1.31	3.58	5.26	3.47
信息传输、计算机服务和软件业	0.04	0.15	0.81	2.34

续表

行业大类	小学	初中	高中	大学
批发和零售业	2.57	6.30	13.13	9.40
住宿和餐饮业	0.78	1.73	2.37	1.20
金融业	0.03	0.16	1.43	4.58
房地产业	0.10	0.19	0.75	1.40
租赁和商务服务业	0.09	0.24	0.68	1.47
科学研究、技术服务和地质勘查业	0.02	0.06	0.36	1.70
水利、环境和公共设施管理业	0.14	0.15	0.46	0.76
居民服务和其他服务业	0.66	1.29	1.95	0.98
教育	0.12	0.30	3.26	18.40
卫生、社会保障和社会福利业	0.10	0.33	2.43	7.61
文化、体育和娱乐业	0.04	0.12	0.49	1.35
公共管理和社会组织	0.28	0.65	5.35	18.59

由于农村贫困人口受教育程度低，接受再教育能力有限，加上信息不灵，群众思想比较保守，对新事物、新技术接受能力差，阻碍了脱贫致富步伐。

二　河北省农村经济环境分析

据河北省 2012 年国民经济和社会发展统计公报报道，截至 2012 年年底，初步核算，全省生产总值实现 26575.0 亿元，比上年增长 9.6%。其中，第一产业增加值 3186.7 亿元，增长 4.0%；第二产业增加值 14001.0 亿元，增长 11.5%；第三产业增加值 9387.3 亿元，增长 8.4%。第一产业增加值占全省生产总值的比重为 12.0%，第二产业增加值比重为 52.7%，第三产业增加值比重为 35.3%。在固定资产投资中，民间投资 14717.2 亿元，增长 27.5%；占全省固定资产投资的 77.0%，同比提高 3.9 个百分点。

农业保持稳定增长，粮食生产再获丰收。全年粮食播种面积 630.2 万公顷，比上年增加 1.6 万公顷，增长 0.3%；总产量 3246.6 万吨，增长 2.3%，实现"九连增"。棉花播种面积 57.8 万公顷，比上年减少 8.6%；总产量 56.4 万吨，下降 13.6%。油料播种面积 45.4 万公顷，增长 0.2%；总产量 142.8 万吨，增长 0.7%。蔬菜播种面积 120.3 万公顷，比上年增长 3.9%；总产量 7695.1 万吨，增长 4.2%。林业和渔业生产较快增长；畜牧、蔬菜、果品三大优势产业产值占农林牧渔业总产值比重达到 69.7%，同比提高了 1.3 个百分点。总体来说，尽管河北省与沿海地区比较，农业工业化水平较低，但随着社会主义新农村建设，改善基础设施，加大社会投入，有效地促进了农村经济的增收增效。

但是也要清醒看到，毗邻京津，河北省出了条"环京津贫困带"①，囊括 272 万贫困人口，环京津贫困人口比例大，脱贫速度慢，经济实力极为薄弱，与周边地区的发展差距日益拉大，严重影响了区域经济和城乡经济的协调发展。

亚洲开发银行曾调研发现，在河北省环绕京津的区域有 200 多万贫困人口，集中连片，与西部地区最贫困的"三西地区"相比，处在同一发展水平，有的指标甚至更低，亚洲开发银行为此提出了"环京津贫困带"的概念。

环京津贫困带是指环绕中国北京市、天津市周边的贫困人口集中地区，范围目前无权威界定，但各种观点都至少包括河北省张家口市和承德市所辖的所有区县、保定市所辖的贫困县。经过多年的扶贫开发，"环京津贫困带"尽管有近百万贫困人口实现了脱贫，但与相邻的京津郊县相比，生态环境、基础条件、人均纯收入等差距却越拉越大，相对贫困问题愈加突出。

京、津、冀三地相对独立发展，北京市的"空吸现象"导致了大面积的"环京津贫困带"出现。"环京津贫困带"多处于半干旱和半湿润过渡气候带，分别为沙化严重的坝上高原、石化严重的燕山和太行山区、盐碱遍地的黑龙港流域，几百年来一直就是穷困地区。作为京津的水源地，河北为了给京津提供充足和清洁的水资源，不断提高水源保护标准，加大对这一地区资源开发和工农业生产的限制，因而

---

① 朱竞若等：《九问京津冀　梦圆当可期》，《人民日报》2015 年 8 月 25 日。

不可避免地制约了该地区的经济发展。

此外，"大树底下不长草"，城市对周边地区的吸附效应远大于扩散效应，索取远大于给予。首都北京的经济社会发展状况存在着一种"孤岛效应"，拉大了贫富差距。特殊的地理位置，使得环京津贫困带的形成和长期存在，产生了一系列比其他地区更为突出的政治、经济、社会和生态影响。

不仅是"环京津贫困带"，河北省作为县域经济大省，据国务院扶贫开发领导小组办公室 2012 年公布的《国家扶贫开发工作重点县名单》，全国 592 个国家级贫困县中，河北省有 39 个，远远高于我国其他沿海省份，在全国范围内，其数量也仅低于云南（73）、贵州（50）、陕西（50）、甘肃（43）等欠发达的省份。[①]

农村人口素质低，自然环境不理想，投资效益差，增加了农村正规金融机构的风险，导致正规金融机构撤离比较贫困的乡镇。河北农村尤其环京津贫困带的资金正通过金融渠道向外流出。因此，河北农村非正规金融机构有了活动的土壤。

三　河北省农村固定投资额稳步上升

河北省与北京市就建设环首都经济圈达成框架协议，双方高层已确立定期会晤机制，对河北的投资在逐步加大，河北农村固定资产投资额增长势头明显，通过对河北省 2013 年农户固定投资额的数据查询，出现了以投资拉动为特征的经济增长，导致资金需求旺盛，这为河北省农村非正规金融机构的发展提供了良好的宏观经济环境，特别是以个体私营企业为代表的乡镇企业的迅速发展。

河北省农村地区固定投资额呈现出迅速增长的态势，虽然 2008 年受到了经济危机的影响，但仍然保持较高的投资额，没有因为外部环境的恶化而出现下降的态势，说明河北省农村地区具有较强劲的投资劲头。并且目前国家出台一系列扶持"三农"的政策措施，在基础

---

① 国务院扶贫开发领导小组办公室：《国家扶贫开发工作重点县名单》（http://www.cpad.gov.cn/publicfiles/business/htmlfiles/FPB/ggqs/201203/175445.html）。

设施方面，增强农村基础设施建设，尤其是水利方面；在农业补贴方面，政府也是在逐步提高农民的利益，要求促进农民增收；在农村保险方面，积极推进合作医疗保险和农村养老保险制度；在金融市场供给方面，允许民间资金参与金融市场，满足农村地区的资金需求。这些政策措施为河北省农村提供了良好的外部投资环境，在国家利好环境的影响下，未来几年农村固定投资额必然会有较大的增长。经济的增长必然会带动民间融资的增长。

第二节　河北省农村正规金融机构运行情况概述

根据 2012 年河北省金融运行报告可以看出，2012 年，河北省金融系统深入推进各项金融改革与创新，全力维护金融安全稳定，不断提升金融服务和管理水平，促进了经济发展方式转变和经济结构战略性调整，巩固了河北经济健康平稳发展的良好势头。机构转型取得重大进展，网点布局更趋合理，农村信用社改制为农村商业银行新批筹建 10 家，另有 28 家达到改制条件。

地方法人金融机构各项经营指标持续向好，对"三农"、小微企业等弱势领域投入稳步增长。2012 年，全省县域、涉农新增贷款分别为 1161 亿元、1592 亿元，占全部新增贷款的 43％和 59％，小微企业全年新增贷款 916 亿元，占企业全部新增贷款的 49％，信贷投向实现了结构优化、重点突出。

2012 年，全省人民银行系统充分运用再贷款、再贴现等政策工具，积极引导农村信用社合理调整信贷结构，加大对涉农、小微企业信贷资金投放力度。全年累计发放支农再贷款 43 亿元，同比增加 10 亿元；累计办理再贴现 167 亿元，同比增加 40 亿元，其中，中小企业票据占 96％，涉农票据占 73％，对"三农"、小微企业的扶持引导作用充分。从抽样监测情况来看，2012 年河北省民间借贷利率水平低于上年，全年走势相对平稳。

河北省农业银行三农金融事业部全面深化"三农"金融服务，对

"三农"和县域的支持力度进一步加大，服务水平和服务能力显著提升，并促进了农村金融环境的进一步优化，惠农卡对农户覆盖率达到了21.8%，助农取款服务点乡镇覆盖率达到了88.9%。全省农村信用社股份制改造稳步推进，农村信用合作机构（除蠡县外）投资股占比达到100%，提前3年完成银监会工作目标，农村信用社股份制改革在全国处于领先地位。城市商业银行转型加快，河北省银行省管体制调整到位，城商行跨市区设立省内分行11家，省外分行3家。新型农村金融机构发展迅速，截至2012年年末，全省新型农村金融机构24家，其中村镇银行23家、农村资金互助社1家，3家村镇银行获批筹建，20家村镇银行正在报批过程中，河北省已经基本实现了乡镇基础金融服务全覆盖。

2008年河北省出台《河北省种植业保险保费财政补贴管理办法》和《河北省养殖业保险保费财政补贴管理办法》，在全省范围内开展农业保险保费财政补贴试点。确定财政补贴范围：种植业是小麦、玉米和棉花；养殖业是能繁母猪和奶牛。保费额在参保农户承担20%的基础上，各级财政承担80%。河北省内开办政策性农业保险业务的机构是中国人保财险河北省分公司和中华联合保险河北省分公司。随着政策性农业保险试点工作的推进，地方政府对农业保险的认识逐步提高，在工作中将农业保险作为强农惠农的重要手段进行统一部署。

2011年10月，河北省人民政府印发了《河北省人民政府关于印发河北省政策性农业保险试点工作实施方案的通知》，在原有险种的基础上，将水稻、花生、马铃薯、大豆、油菜、设施农业纳入财政保费补贴品种范畴。2012年全面试点这6种保险的第一年，取得了较好的成绩，截至2012年12月，新增6种政策性农业保险实现原保费收入4173.66万元，有力地推动了农业保险的发展。2012年10月，河北省财政厅等五部门联合印发《关于增加森林保险等保费补贴品种有关事项的通知》，将森林保险、甜菜保险、育肥猪保险纳入财政保费补贴品种范畴，保险品种不断丰富。截至2012年12月31日，河北全省农业保险原保费收入12.86亿元，同比增长69.11%，占财产险公司保费比重为4.87%，比上年提高1.52个百分点，成为产险市场第二大险种，赔款支出 5.87 亿元，同比增长 169.29%，为农业生产灾后恢复重建提供了资金保障，有力地服务了新农村建设与和谐社会建设。[①] 政策性农业保险实施以来，保费规模和保险覆盖面持续较快增长，农业保险损失补偿作用得到有效发挥，为"三农"提供了有力的保险保障。但是河北农业保险的规模与农村经济社会发展对农业保险的需求不相称，农村保险市场体系不健全，河北省目前只有人保财险和中华联合两家公司在开办政策性农业保险业务，与经办财险业务和寿险业务的保险机构数量相比太少。经办机构少加上服务网点少，保险险种少，保险覆盖面不够宽，直接导致农业保险规模小。农村金融市场的先天条件不足，导致了农业保险发展滞后，农村金融市场整体风险依然很高。

根据 2012 年河北省金融运行报告中 2012 年河北省主要存贷款指标，存款余额大于贷款余额，从这个指标来看，河北省金融供给还不足。正规金融机构存贷比失调，致使农村资金外流严重，首先是国有商业银行基层机构的贷款权被上收，基层机构基本变成了吸存窗口，存款大多都流向了城市；邮政储蓄在农村开办的贷款业务只吸收存款而不发放贷款，常常被称为农村金融的"抽血机"，近年来邮储银行开展的小额信贷业务也处于发展的初始阶段，并不能为农村金融市场提供充足优质的金融服务。

根据河北省各网点覆盖情况，可以看出，正规金融机构除农信社和邮储银行在乡镇覆盖率较高外，其他银行网点的分布数量明显不能满足农村资金需求，而作为农村金融市场主力军的农信社，由于历史原因，资产质量不高，对河北省农村发展的贡献依然有限，近几年营业网点始终没有增加的趋势，邮政储蓄近几年网点设置也基本维持原有数量。由于正规金融网点的稀缺性，调研走访的所有村农户或农村中小企业，尤其是绝大多数农村中小企业经营者指出自身资金的短缺问题，并表达了对资金的迫切需求。

由于正规金融的产品单一，贷款规模小，期限短，且手续烦琐，

[①] 《河北农险保费收入同比增长 69.11%》，《中国保险报》2013 年 2 月 8 日。

程序复杂，都与农村需求是不对称的，难以满足农村的信贷需求，贷款覆盖率低。根据调研结果可知，农村农户或中小企业在正规金融借贷方面受到了不公正待遇。比如缺乏符合正规机构要求的抵押物，在农村，企业的产房都是集体建设用地，土地不能抵押，养殖户产品不能抵押；农村企业财务透明度低，制度不健全，没有合规的财务报表，致使正规金融无法获得企业的资产负债情况，等等。很多方面的制约，使得企图扩大生产规模的中小企业无法从正规银行体系获得足够的贷款。

第三节　河北省非正规金融机构的规模分析

中国人民银行发布的《2005 年第一季度货币政策执行报告》增刊中，首次采用专栏的形式对非正规金融的现状、特点、性质给予了关注。其中抽样调查显示，2004 年浙江、福建、河北省民间融资规模分别约为 550 亿元、450 亿元和 350 亿元，相当于各省当年贷款总量的 15%。根据中国人民银行石家庄中心支行 2005 年的统计数据，河北省民间金融的规模大约在 300 亿—350 亿元之间。①

2008 年，中国人民银行石家庄中心支行对河北省 19 个县（市）6840 个样本监测统计测算发现，全省作为监测点 19 个县（市）2007 年末的民间融资的规模在 18.66 亿元以上，约占全省同期各项贷款余额的 2.2%。② 2009 年年初，中国人民银行石家庄中心支行对河北省民间借贷发展情况在全省进行了调查，调查的主要对象是中小企业和自然人。中小企业样本涉及铁矿采选、钢铁加工、房地产、建筑、养殖、农产品深加工、商贸流通和制造业等行业；自然人样本涉及城镇居民非个体工商户、城镇个体工商户和普通农户。调查显示，河北省

---

① 王鑫斌、侯艳蕾、李小娟：《缓解河北民营中小企业融资难——基于发展民间金融视角》，《哈尔滨金融学院学报》2012 年第 1 期。

② 胡利峰：《河北省农户小额贷款问题研究》，硕士学位论文，中国农业科学院，2009 年。

2008 年民间借贷额较 2007 年增幅明显，样本企业贷款发生额增幅为 29.77%，自然人增幅为 13.14%；样本企业贷款余额增幅为 47.48%，自然人增幅为 49.6%（详见表 5 - 3）。[①]

表 5 - 3　　样本企业及自然人贷款规模及年末借款余额变化表

（单位：万元）

年份	企业贷款规模		自然人贷款规模		企业年末借款余额		自然人年末借款余额	
	金融机构	民间借贷	金融机构	民间借贷	金融机构	民间借贷	金融机构	民间借贷
2007	71734	26062.85	1860.6	1815.3	102726	19673.5	1819.2	1290.8
2008	81613	33821	1512.65	2053.8	119232	29014.5	2096.35	1931
增长率	13.77%	29.77%	-18.74%	13.14%	16.07%	47.48%	15.23%	49.6%

资料来源：根据 2009 年年初，中国人民银行石家庄中心支行对河北省民间借贷发展情况的数据整理。

河北省企业融资服务协会与河北经贸大学中小企业融资研究中心共同发布了 2013 年上半年河北省融资分析报告，数据显示，至 6 月末全省民间融资规模 500 亿元左右。[②]（民间融资是指出资人与受资人之间，在国家法定金融机构之外，以取得高额利息与取得资金使用权并支付约定利息为目的而采用民间借贷、民间票据融资、民间有价证券融资和社会集资等形式暂时改变资金使用权的金融行为。）而 2014 年 2 月 20 日，中国人民银行正式对外发布 2013 年地区社会融资规模统计数据显示，河北省以 6247 亿元的社会融资规模排在全国第 9 位 [地区社会融资规模是指一定时期（每月、每季或每年）和一定区域内实体经济（企业和个人）从金融体系获得的资金总额，是全面反映一定时期内金融体系对某一地区资金支持的总量指标。其中，金融体系为整体金融的概念，从机构看，包括银行、证券、保险等金融机构；从市场看，包括信贷市场、债券市场、股票市场、保险市场以及

---

① 王景武等：《河北省民间借贷发展状况调查》，《河北金融》2009 年第 4 期。

② 刘文静：《河北民间融资规模近 500 亿，近八成企业借款打借条》（http://bd. focus. cn/news/2013 - 09 - 02/3908482. html）。

中间业务市场等。与人民币贷款相比，地区社会融资规模较全面地反映了当地实体经济从整个金融体系获得的资金支持]。从以上数据来看，河北省非正规金融融资规模约占正规金融融资的1/6左右。

第四节　河北省农村非正规金融机构现状调查

一　调研情况及分析

为了深入了解河北农村非正规金融机构状况，得到尽可能客观、相对准确的调查结果，课题组以课题研究的名义设计了相应的调查问卷。调查内容主要涉及农户的家庭情况，农户从银行、信用社等正规金融机构和非正规金融机构资金融入情况，农户资金融出情况，问卷不涉及被调查者的姓名，保留被调查者所在的县镇村庄。

2012年暑假，笔者组织河北经贸大学金融学院2010级和2011级、来自河北省农村的学生组成的调研组，深入河北省11个地级市的农村进行调研。为了保证数据的真实性，我们没有为了提高回收率而借助当地政府或者是村委会，而是完全由学生独立完成，对农户样本的选择主要采用学生所在农村周边熟人的方式，采用问卷调查形式进行调研，由学生对农户户主及其他家庭成员进行面对面的访谈。

调研分发样本问卷共1445份，在调研过程中，尽管我们一再强调问卷的调查结果仅作为学术研究之用，调查也不涉及被调查者的姓名，调查者的回答将不会对其造成任何影响，但是在涉及有关具体事项尤其是有关贷款金额、贷款期限等具体数字时，调研出现困难，农户比较敏感，做问卷表现谨慎，有些具体内容不作答或者答案明显偏离实际情况。由于调查对象在回答时能否诚实将在很大程度上左右数据和研究的质量，为了保证数据的真实性，调研者不要求被调查者必须作答，而且作答的问卷也要经过调研者、调研小组的研究判断是否偏离实际状况。在剔除一些无效问卷后，最终实际收集到有效样本427户。其中男性户主345人，女性户主82人。

（一）农户基本情况如图 5-1、图 5-2 和图 5-3 所示

调查数据表明，农户文化程度在初中和小学及以下的占所有调查农户的 68%。由于农村信用社等正规金融机构贷款需要烦琐的审批程序，文化程度较低的农民往往望而却步。

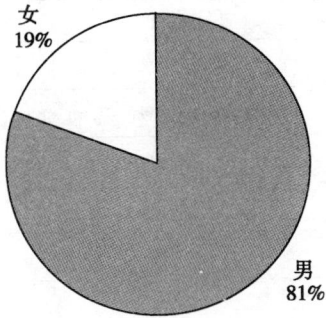

图 5-1　户主性别分布

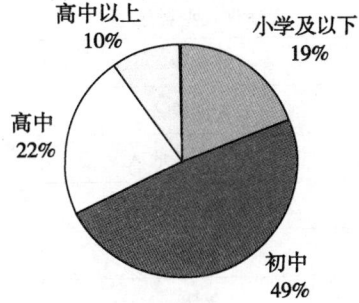

图 5-2　户主文化程度分布

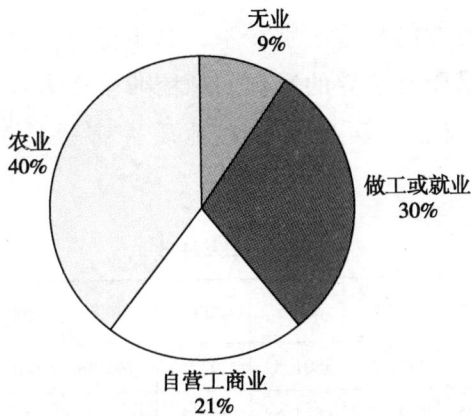

图 5-3　户主从事的工作或职业分布

调研的样本中，40% 的农户从事农业生产。因为农业生产是有周期性的，农户通常在投入期需要大量资金，在收获期用卖掉农产品的收入归还借款。但是正规金融机构的期限通常比较严格，一般年初借款年末收款，这与农业生产周期存在时间差，若农户严格遵照正规金融机构的还款期限还款，常常贻误时机。另外，21% 的农户从事自营工商业，基本是小微工商业，往往没有合适的抵押品和完善的财务报表，这与正规金融机构的贷款条件不符。而非正规金融对于还款期限

没有严格的规定，而且大多不需要抵押和财务审查，比较符合农户贷款时的现实条件。

（二）河北农户收入状况见表5-4和表5-5

表5-4 **农户收入主要渠道**

家庭收入主要渠道	户数	占比
种植业	241	56.4%
工资性收入	144	33.7%
自营工商业收入	78	18.3%
养殖业	45	10.5%
其他收入	38	8.9%
合计	546	127.9%

调研结果（表5-5）表明，农户家庭收入的主要渠道是种植业。而种植业与其他行业的显著区别在于，其主要生产活动更依赖于自然界的力量，很容易受自然界的影响。种植业生产者往往会成为自然灾害（主要是气象灾害、病虫灾害和地质灾害等）的最大的风险承担者。

表5-5 **农户平均每人纯收入** 单位：元

指标 ＼ 年份	2000	2005	2006	2007	2008	2009	2010	2011
平均每人纯收入	2478.86	3481.64	3801.82	4293.43	4795.46	5149.67	5957.98	7119.69
工资性收入	949.25	1293.50	1514.68	1754.33	1979.52	2251.01	2653.42	3423.95
家庭经营纯收入	1417.99	1988.58	2039.64	2249.67	2416.22	2440.44	2729.80	3006.20
按产业划分								
第一产业	914.45	1455.91	1490.24	1721.38	1863.67	1835.67	2052.76	2227.65
第二产业	113.26	154.89	165.95	172.46	197.26	198.50	213.65	223.95
第三产业	390.28	377.77	383.45	355.83	355.29	406.27	463.38	554.60
转移性、财产性收入	111.62	199.56	247.49	289.43	399.72	458.22	574.76	689.54

注：数据来源于《河北经济年鉴：2012》（http://www.hetj.gov.cn/extra/col20/2012/0711.htm）。

　　河北农户平均每人纯收入虽然从 2000 年的 2478.86 元增长到 2011 年的 7119.69 元，但是从"河北农村统计年鉴全国农民人均纯收入及位次"来看，河北农村人均纯收入 2000 年在全国排名第 9，2005 年降到了第 10，到了 2010 年和 2011 年两年排名均在第 12 名。这些数据说明，河北省农民收入还有很大的提升空间。

　　（三）农户支出情况如图 5-4、表 5-6 所示

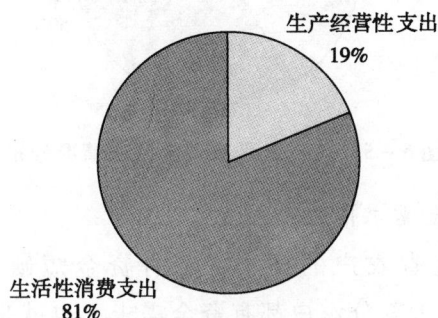

图 5-4　农户支出渠道分布

表 5-6　　　　　　　　　　农户平均每人生活消费支出　　　　　　　　单位：元

年份 项目	2000	2005	2006	2007	2008	2009	2010	2011
平均每人生活消费支出	1365.23	2165.72	2495.33	2786.77	3125.55	3349.74	3844.92	4711.16
食品	539.33	888.37	915.50	1025.72	1192.93	1195.65	1351.41	1579.65
JHJ 主食	203.77	281.22	264.10	291.94	315.43	326.75	372.71	310.34
在外饮食	30.26	92.04	116.72	123.80	129.65	138.65	150.67	199.44
衣着	104.84	155.52	167.87	185.68	203.74	217.82	250.92	334.10
居住	322.04	398.90	531.66	627.98	696.14	796.62	839.66	1090.29
家庭设备、用品服务	65.41	101.49	115.84	140.45	151.94	170.40	218.00	316.90
医疗保健	78.28	221.96	166.34	188.06	219.32	289.27	464.80	434.67
交通和通信	84.55	225.79	285.70	318.19	346.73	350.92	296.11	520.18
文化教育娱乐用品及服务	130.71	134.77	265.38	243.30	250.07	263.53	344.25	315.41
其他商品和服务	40.07	38.92	47.03	57.40	64.68	65.55	78.87	119.95

　　注：数据来源于《河北经济年鉴：2012》（http://www.hetj.gov.cn/extra/col20/2012/0712.htm）

　　调研结果表明，河北农户支出以生活性消费为主，其中食品、居住、交通和通信、医疗保健位居前四位。

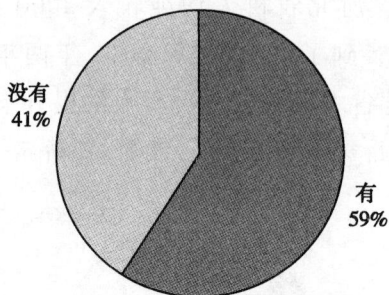

图 5 - 5　农户是否有资金困难情况分布

　　（四）农户资金需求情况如图 5 - 5 所示

　　在调查的河北省农户的样本中，有资金短缺的农户比例达到 59%，可以看出，大部分农户都有资金需求，也就是可能发生借贷行为，所以融资需求在河北省农村地区普遍存在。

　　（五）农户借款渠道如表 5 - 7 所示

表 5 - 7　　　　　　　　　　农户获得借款渠道

获得借款渠道	户数	占比
亲戚朋友	330	77.3%
同村人	115	26.9%
农村合作社、互助社	45	10.5%
信用社	28	6.6%
小额贷款公司	27	6.3%
邮政储蓄银行	23	5.4%
高利贷	17	4.0%
担保机构	10	2.3%
村镇银行	10	2.3%
私人钱庄	7	1.6%
合会	7	1.6%
典当行	7	1.6%
其他	2	0.5%

调研结果显示，农户借款的主要渠道是亲戚朋友，占比达到77.3%；其次是同村人，占比为26.9%。这说明，在河北农村，人们倾向于选择源于血缘、亲缘和地缘的借款方式。在金融机构中，农户的主要借款渠道是农村合作社、互助社这种非正规金融机构，占比为10.5%。相对正规金融机构，农户更倾向于向非正规金融机构借款。需要说明的是，表5-7占比之和大于1，原因是有的农户在借款时会利用不同渠道。

在陈述不向村镇银行、邮储银行、农村信用社等正规金融机构申请贷款理由时，接近2/3的农户表示自身条件不足，即使申请也得不到。其中最主要的原因就是认为选择正规金融机构借款不但手续复杂，要求严格，必须有抵押物或者担保等。这种现象从正规金融机构而言，是对农户贷款存在着信息不对称的问题。为了判断农户是否为一个好借款人，正规金融机构必须要有关于农户贷款的项目和农户个人基本的信息。贷款的项目信息主要指贷款项目的去向、风险收益等，农户的个人特征信息包括其经营管理能为、信誉等。正规金融机构在贷款前就需要相应的一些手续来获取这些信息。但是由于正规金融机构与农村借款人通常相距较远，农户或中小企业财务记录比较残缺。尽管目前我国逐渐重视农村征信体系的建设，并且已做了很多工作，但由于农户信用信息原始资料调查采集困难，信用基础信息多变，真伪不易甄别，所以目前我国农村征信系统仍然比较糟糕。正规金融机构很难获得借款人个人特征的真实信息，因此为了判断贷款人的还款能力，正规金融机构在对农户或者农村中小企业贷款，大多要求有抵押或担保，这是因为抵押品或担保的提供能力是借款人收入、财富水平或者信誉的指标。但在党的十八届三中全会之前，农户拥有的土地使用权不允许用于抵押，农户个人的宅基地属于集体，农村住房没有产权证，所以借款农户可以用于抵押的资产十分有限。即使目前，农村产权流转还处于"选择若干试点，慎重稳妥推进"阶段。而金融机构一般要求借款农户提供与贷款额度相当的存折等质押物，一旦借款人没有按时归还贷款，存折上的存款就会被冻结。这对于很多农户来说都是"过于苛刻"的条件，因为本身他们向金融机构贷款，就是基于自有资金不足以应付费用、开支，再要求他们提供存折作为抵押是不现实的。

农户大多选择向亲戚朋友借款，是因为亲友间借贷更加方便灵活，交易成本低，而且亲友间借贷通常是不收利息的，所以这也是导致亲友间借款成为农户借款主要途径的一个重要原因。

郭梅亮、徐璋勇（2011 年）在《农村非正规金融组织演变、规模与政策选择》一文中，提出了在农村非正规金融组织变迁的过程中，农村非正规金融有社会属性和经济属性两种功能属性。民间私人借贷阶段其社会属性远远高于它在高利贷所表现出的经济属性，其起源于农村乡土社会，主要表现为亲戚、朋友之间的交情借贷，这种借贷方式几乎没有利息。可以认为在私人借贷方式中，交情借贷是源于农村非正规金融存在的最原始意义。[①] 调研结果表明河北省的非正规金融机构的社会属性比较突出，以人缘、地缘关系建立起来的交情借贷更适合河北农户的需求。

26.9% 的人选择向同村人借款。这是因为非正规金融的贷款人通常与借款人居住在同一个村庄，对借款人的信誉、财产状况、经营管理能力和个人品质等有充分的了解；由于在同一地区的农户通常经营相同的项目，对借款人的借款项目是否可行也容易验证。同村人拥有正规金融机构很难得到的借款人个人特征的真实信息，因此贷款人大都不对借款人要求抵押或担保。

叶敬忠（2004）对河北省易县农户金融需求调查的数据显示，农户从正规金融机构贷款的过程中存在着许多障碍性因素，正规金融机构提供河北省易县宝石村的贷款资源流向富裕的掌握着较高社会资本的农户，而大多数普通的农户，尤其是相对贫困的农户，则很难从正规金融机构获得贷款，只能主要从非正规金融机构渠道获得金融支持。[②]

---

① 郭梅亮、徐璋勇：《农村非正规金融组织演变、规模与政策选择》，《金融理论与实践》2011 年第 3 期。

② 叶敬忠、朱炎洁、杨洪萍：《社会学视角的农户金融需求与农村金融供给》，《中国农村经济》2004 年第 8 期。

可见，非正规金融是河北农户融资的主要渠道，非正规金融对中国农村金融的发展产生了极大的作用，已经成为农户融资的主要途径。但是，在河北农村地区，小额贷款公司等金融形势并不活跃，在农户融资意愿途径中只占6.3%，对于如何引导小额贷款公司有效地发放贷款，更好地满足农户的资金需求，是一个需要解决的问题。

（六）农户借款用途如表5－8所示

表5－8　　　　　　　　　　农户借款用途

借款用途	户数	占比
子女教育	219	51.3%
一般农业生产支出	95	22.2%
家庭成员治病	94	22.0%
修建房屋	87	20.4%
婚娶	71	16.6%
经营性投资	57	13.3%
维持或扩大本企业的生产经营	44	10.3%
买车	34	8.0%
归还欠款	17	4.0%
其他	12	2.8%

在问卷调查分析小组统计分析中，在对农户借款用途的分析中，我们可以清晰地发现，农户的借款用途呈现多元化的特征，但是仍主要用于生活性支出。

对于农户来说，应付生活开支的生活性支出借款无法通过正规金融机构来获得，这是因为正规金融机构对借款方资金的用途会做出一定要求，正规信贷主要是为了生产目的，而农户生活性借款不像农业生产一样将来有一定的收入来归还贷款，因此生活性支出的借款主要从非正规金融机构那里获得。

调研结果显示，借款用途中，一般农业生产支出、经营投资、维持扩大再生产也占据了一定比例。这反映了农民是这样一种经济主体：既有基本性消费需求，又有投资性需求。这使得农民对于生产性借款需求和生活性借款需求很难区别开来。农村信用社用于维持农业的简单再生产小额贷款（借贷具有明显的救助特点）在这种情况下，容易出现挪用贷款用于消费支出，增加了农村信用社的风险。

农户的借款绝大部分是用于子女教育的生活性支出。这可能是由于近年来对于子女教育的重视造成的。同时也反映出中国目前对于教育的支出过多，农户已经需要借款来继续子女的教育。

（七）农户贷款意愿期限如图 5－6 所示

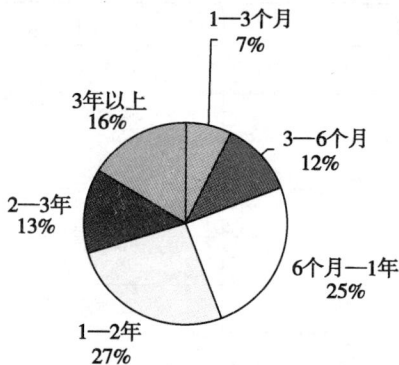

图 5－6　农户贷款意愿期限分布

关于农户贷款意愿期限的调查显示，借款意愿期限在两年内占71%，在一年以内占44%。所以，大部分农户的借款以短期借款为主。但是这种短期借款只能解决农户的短期融资需求，不能形成农户的长期生产能力，不能持续扩大再生产。

44%农户的借款意愿期限是在一年以内。这种短期性的借款一方面与农户的生产周期的季节性有关。每年的固定时期农户需要投入资金进行生产，待到来年收获后才能归还欠款。另一方面短期借款常用于满足农户临时性的资金需求，当农户的这种需要被满足、问题解决以后，将有能力归还欠款。但是，农户通常有延长借款期限的愿望。而正规金融机构的借款按年度计算，年末收回，农产品销售在年末不能完全实现，农户归还贷款有困难。而非正规金融机构借款通常只是口头协议，即使约定一年归还，但稍微晚些也没有关系，在借贷上更具有灵活性，借款人可以延长期限。

（八）农户在正规金融机构融资情况

1. 有借款经历的农户是否从银行或信用社获得贷款情况如图 5-7 所示。

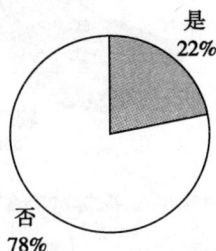

图 5-7 有借款经历的农户是否从银行或者信用社获得贷款情况分布

在 2012 年河北省农户借贷情况问卷调查分析小组统计分析中，将有借款经历农户的是否从银行及农村信用社等正规金融机构获得贷款分为是否两类。其中，农户没有获得过银行及农村信用社等正规金融机构贷款的占到 78%。农户需要资金却不易从正规金融机构获得，为什么会出现这种现象呢？因为正规金融机构的资金量有限，贷款申请手续复杂，没有关系、没有文化的农户怕麻烦、没熟人，想要在正规金融机构进行贷款非常困难。农户认为从银行得到贷款最重要的决定因素首先是个人信用和还款能力，其次是抵押担保或别人担保，最后是有熟人或特殊关系。正规金融机构向农户设立了无形的障碍，使得真正需要融资的农户获得贷款非常困难。那些个人经济条件好的农户往往并不急需贷款，却比较容易从正规金融机构获得贷款，而真正需要资金的农户往往受限于个人信用状况、还款能力、没有抵押担保或是在信用社没有熟人而得不到贷款。这使得正规金融机构在提供贷款方面有一定局限性。

2. 农户对正规金融机构贷款利率水平认可程度情况如图 5-8 所示。

虽然农村正规金融机构贷款利率相比农村非正规金融机构贷款利率低，但是调查结果却出现农民认为农村正规金融机构贷款利率高的情况。这是因为向正规金融机构借款与向亲友借款往往不必支付利息或较低利息相比利率肯定要高，同时，农户向正规金融机构借款的成

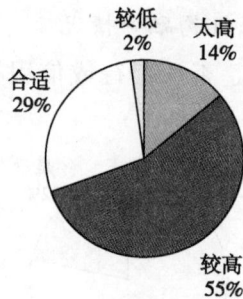

图 5 - 8　农户对正规金融机构贷款利率水平认可程度分布

本不仅包括支付的利息，还包括往返正规金融机构的交通成本、时间成本以及有时要向信贷员支付的报酬等，导致实际情况和通常认为农村正规金融机构贷款利率低相违背。

　　3. 农户从正规金融机构贷款到期的还款情况如图 5 - 9、图 5 - 10所示。

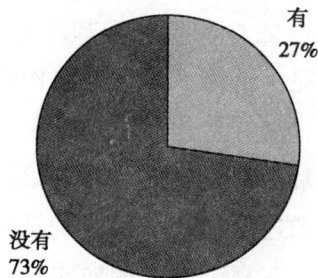

图 5 - 9　农户从正规金融机构贷款到期是否有未还情况分布

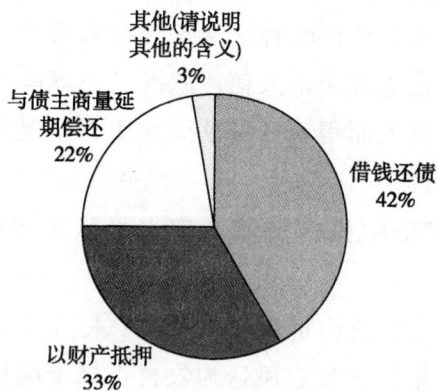

图 5 - 10　农户不能按期还正规金融机构款时的对策选择

　　调查中发现，农户从正规金融机构贷款到期有27%的未还情况。这是由于正规金融机构对农户贷款的审查非常严格，要求条件也很苛刻，所以农户贷款的偿还率相当高。农户违约大多是由于农业的高风险性和弱质性特点引发的客观原因所致。有些是农户的主观原因所造成，农户的主观原因是指农户能够按期还款却选择未还。正规金融机构针对贷款到期未还情况，一般采取降低该农户的信用等级，收回贷款证，没收抵押物、诉讼法律、威胁不能获得未来贷款。从我国当前农村金融机构的实际情况来看，在农户未能按期偿还贷款时，通常会诉讼法律，但打官司最终的效果不太明显，表明我国农村正规金融机构面对贷款到期未还的状况无能为力。这既有我国司法执行能力低下的因素，也有政府干预的原因，如20世纪90年代，我国地方政府帮助乡镇企业通过采取"先破产、后改制"的方式逃废农村信用社和农业银行的贷款。在农村正规金融机构没有相应的惩罚措施的话，有的农户信用观念差，会采取多种途径逃避债务。

　　图5-10显示，在正规金融机构贷款到期未还的情况下，大多数农户还是会采取一定措施来应对贷款到期情况，借钱还债占42%，以财物抵押占33%，与债主商量延期偿还占22%等。这也从侧面说明在农村金融市场上，不能按期还款的农户大多是由于客观原因无法按时还款。

　　4. 农户从银行、信用社贷款花费的时间如图5-11所示。

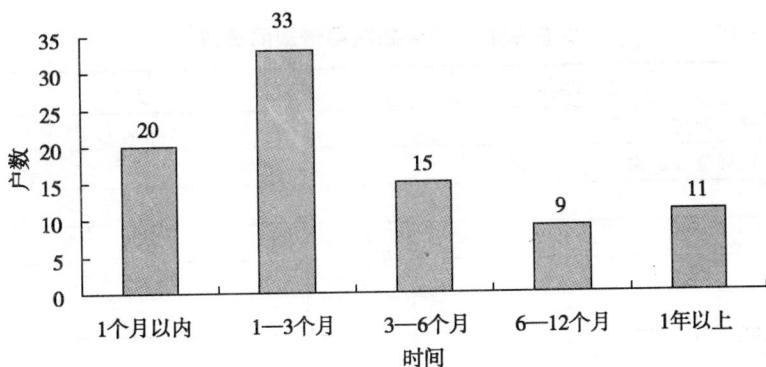

图5-11　农户从银行、信用社贷款花费的时间

农户从银行、信用社等正规金融机构贷款要经过多个环节，通常要求提供抵押或担保，抵押品还需要评估、担保等手续，程序比较繁琐，审批效率低，从申请贷款到获得贷款花费的时间长。这大大地提高了贷款成本。向非正规渠道借款，程序是非常简单的。借款人亲自向贷款人说明自己的贷款需要，没有表格需要填写，没有访谈需要完成，不需要提供证明个人品格和能力的证明书，不需要提供土地产权证。

5. 农户从银行、信用社贷款存在的问题如表 5 - 9 所示。

表 5 - 9　　　　　　农户从银行、信用社贷款存在的问题

问题	户数
利率太高	192
审批效率太低	173
额度太小	96
抵押评估、公证费等额外费用太高	86
无抵押担保	52
上门针对性服务较少	50
期限太短	36
信用社自身实力有限，力不从心	16
其他	13

（九）农户在非正规金融机构融资情况

1. 农户从非正规金融获得借款的渠道如表 5 - 10 所示。

表 5 - 10　　　　　　农户从非正规金融获得借款的渠道

借款渠道	户数
亲戚朋友、同村人	360
其他非正规金融机构	71
其他	8
标会	7
合会	5
轮会	3

河北省农村非正规金融的主要形式就是向亲友或邻里借款。这是由非正规金融的地域性决定的，非正规金融产生于地缘、亲缘、血缘

之间，在一个狭小的生活环境下，邻里亲友之间的关系非常好，所以这种借款也是容易获得的。在前面的分析中我们也可以看出，农户有资金需求时，最希望从亲友处获得借款，这也说明了在我国农村邻里之间关系比较友好。当困难农户需要资金向正规金融机构借款而不可得时，非正规金融常常满足了农户的需求。所以，非正规金融更加契合农户的融资行为也基于此。

2. 农户对当地非正规金融机构多少的感知如图 5-12 所示。

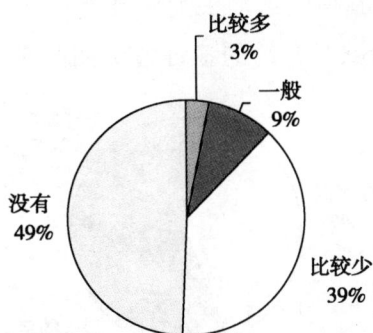

图 5-12　农户对当地非正规金融机构多少的感知

通过调查发现，河北省农村农户把基于亲缘、血缘之间民间借贷不认为是非正规金融。而把私人钱庄、合会等非正规金融中介当做非正规金融机构。这也反映了农村非正规金融机构的宣传力度有待提高。

3. 农户对当地非正规金融利率的评价如图 5-13 所示。

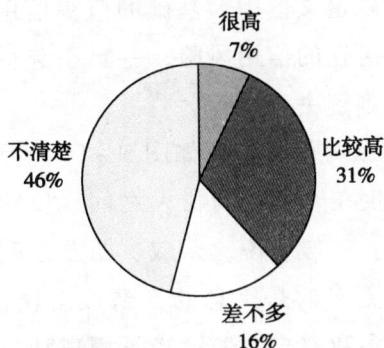

图 5-13　农户对当地非正规金融利率的评价

河北农户对非正规金融机构的利率的认知主要来自私人钱庄、合会等，其组织程度和交易对象都有一定的差别。相应地，非正规金融市场的不同表现形式之间的利率差别也很大。钱庄贷款利率为银行贷款利率的 1.5 倍以上。而各种各样的合会利率一般也比银行利率要高一到两倍，互助性质的合会利率相对低一些，而会首以牟利为目的组建的合会的利率则往往很高。无息或低息借贷多数发生在亲友邻里之间，但这种无息或低息往往需要债务人背负人情债务，通过在以后向贷方提供无偿借款或其他的帮助来加以补偿。

4. 农户向私人借款时合约的签订情况如图 5 – 14 所示。

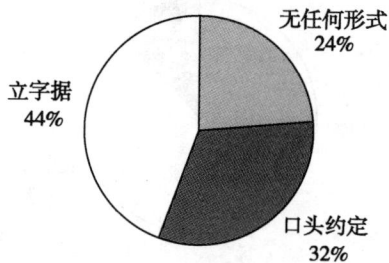

图 5 – 14　农户向私人借款时合约的签订情况

这反映出农村非正规金融机构的民间借贷形式还不规范，农户向私人借款时仍以道义信用为基础。据调查农户合约签订口头约定和无任何形式的原因得知，农户之所以以口头信用发生的信贷行为是因为借贷双方的信息是透明的，如果关系不好或不了解，借贷行为一般不会发生。但是，这种以道义信用为基础的口头信用由于缺乏有效的约束机制，始终存在着潜在的信用风险，一旦引起借贷双方的纠纷，因缺乏法律依据，将很难解决。

5. 农户向私人借款时利息情况如图 5 – 15 所示。

私人借款主要发生在亲朋或同村人之间，反映出亲朋好友及邻里之间利息少或者无息。一般来说，亲戚、朋友之间互助性的私人直接借贷利率相对较低，更多的是无息的亲情或友情借贷。但是据调查，在无息的情况下，大多数农户会表示当不用付利息时，他们就欠了一个人情债，往往会选择实物礼品、无偿帮工等形式来支付私人借款的

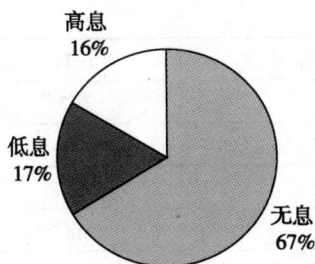

图 5 - 15　农户向私人借款时利息情况

"人情债"。

6. 农户向私人借款时担保或抵押情况如图 5 - 16 所示。

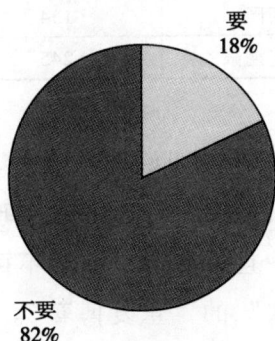

图 5 - 16　农户向私人借款时需不需要担保或抵押

农户向私人借款时不要担保或抵押的比例达到 82%，显然非正规金融贷款的手续简单，同时反映出正规金融机构在农村金融市场上提供贷款有一定的局限性。

7. 农户向私人借款时的基本情况如表 5 - 11 所示。

表 5 - 11　　　　　　　农户向私人借款时的基本情况

项目	形式	户数	占比
合约	无任何形式	92	23.5%
	口头约定	125	32.0%
	立字据	174	44.5%

续表

项目	形式	户数	占比
利息	无息	265	66.4%
	低息	69	17.3%
	高息	65	16.3%
担保或抵押	要	68	17.9%
	不要	310	81.8%
中间人	是	85	22.1%
	否	300	77.9%
纠纷	有过	60	15.6%
	没有	325	84.4%
期限	约定期限	154	38.6%
	不约定期限	245	61.4%

　　一般农户借钱的对象是亲朋好友或者长期生活在同一个区域的人，交易双方都是相互熟悉的人。借贷者之间通过长期频繁的交往会建立起来的一种信任，并且这种借贷活动不可能发生一次后就终止，而是要进行近乎"无限次"的"重复博弈"。在这种情况下，如果借款农户发生一次恶意不还，贷款农户几乎会永远终止与借款农户的经济关系。另外由于借贷者在资金借贷之外的其他很多领域也会有密切的来往，恶意不还会造成借款农户也不可能再从贷款农户那里得到任何其他形式的帮助。而且借款农户的这种恶意不还的恶劣行径将被加以传播而成为一定社区内的公共信息。由于大家都处在同一个社区内，信息的交流使得主动违约者在该圈子里的声誉也会受到严重的损害，从而使其在该圈子里的所有其他往来都会受到损失，比如亲戚朋友关系受到严重威胁，生意往来受到极大的损失。非正规金融作为一种关系金融，资金借贷都是依靠信任、声誉这种隐性的抵押，不提供有市场价值的抵押或担保。利息随着农户收入水平的提高，收入高的农户会愿意通过支付利息来节约人情成本和按照关系远近而呈现高息、低息和无息。并且口头约定和无任何形式占据了绝大部分比例。关系友情借贷的纠纷也很少，并且期限也比较灵活。

8. 发生违约后农户的方法选择和债主采取的主要措施如表 5 – 12 所示。

表 5 – 12　　　　　　　农户借款不能按时偿还时方法选择

方法	户数	占比
与债主商量延期偿还	248	50.5%
借钱还债	160	32.6%
以房屋或其他财产抵押	45	9.2%
帮债主打工	22	4.5%
其他	16	3.3%

表 5 – 13　　　　　　　发生违约后债主采取的主要措施

措施	户数	占比
与您商量延期	236	50.0%
通过朋友协商解决	188	39.8%
诉诸法律	31	6.6%
与您发生暴力冲突	12	2.5%
其他	5	1.1%

在非正规金融市场上，农户借款不能按时偿还时方法选择与债主商量延期偿还、借钱还债、以房屋或其他财产抵押、帮债主打工等办法解决的占到绝大多数。而发生违约后债主采取的主要措施比较温和，商量延期或通过朋友协商解决的也占多数。6.6% 的人表示会诉诸法律，这说明在履约机制上农户从以前主要依靠道德的约束到开始运用法律手段，但是采取法律手段的概率还是比较低。2009 年年初，中国人民银行石家庄中心支行对河北全省民间借贷发展情况调查显示①，2008 年秦皇岛卢龙县民间借贷违约率为 5.02%，廊坊霸州市人民法院民二庭调查，2008 年民间借贷纠纷 1 起，仅占该庭审结经济纠纷案 52 起的 1.9%。张家口怀安县法院的调查显示：2008 年受理的

① 王景武、王建国、韩清河、谢瑞芬：《河北省民间借贷发展状况调查》，《河北金融》2009 年第 4 期。

欠款案件中属民间借贷的案件为 26 件，占受理欠款案件的 17%。发生暴力冲突和采取其他方法的为 3.6%。调查者在与村民中的访谈中了解到，农户把社交圈子里的声誉和交情看得很重，不到万不得已，农户不会违约，债主不到万不得已，不会轻易放弃比较温和的措施。2009 年年初，中国人民银行石家庄中心支行对河北全省民间借贷发展情况调查显示，依据邢台五县市法院调查，民间借贷违约原因中道德诚信缺失形成违约，占比仅为 1.5%。

　　9. 农户优先还款对象的选择如图 5 - 17 所示。

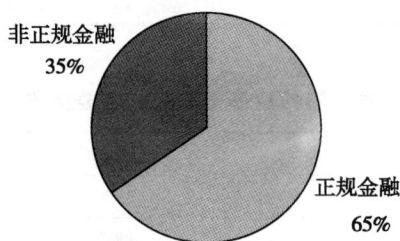

图 5 - 17　同时从正规金融和非正规金融借钱时，首先还款的对象选择

　　在出现同时从正规金融和非正规金融借钱还钱时，农户往往会向非正规金融机构协商，延迟还款时间。调查显示，由于非正规金融机构和农户之间信息对称，非正规金融机构清楚地知道农户延迟还款的原因，在不影响农户将来会还款的基础上，非正规金融在还款方式和还款时间上都采取比正规金融比较灵活的措施，这种措施也适应农村地区的特点，使其更具本土化的优势。

　　10. 农村非正规金融机构在贷款中存在的主要问题如表 5 - 14 所示。

表 5 - 14　　农村非正规金融机构在贷款中存在的主要问题

问题	户数	占比
有时会伤了亲戚朋友之间的感情	244	34.8%
信誉危机严重	105	15.0%
无法律保障权利	103	14.7%
利率过高	100	14.2%

问题	户数	占比
无政府部门监管	98	14.0%
担保机构水平参差不齐	47	6.7%
其他（请说明）	5	0.7%

非正规金融贷款一般是非正式契约，借贷时甚至没有正式的文字表述，只有双方当事人心里明白的权利和义务，因而不具有法律强制性。这种依靠信任、声誉等隐性抵押的非正规金融一旦在贷款中出现问题，首先伤害的就是亲戚朋友之间的感情，信誉也会出现危机，同时往往会损害债权人的利益。

（十）农户富余资金的利用情况

1. 农户闲散资金的用途如表5－15、图5－8所示。

表5－15　　　　　　　　农户闲散资金的用途

用途	户数	占比
先储蓄起来再说	271	49.8%
用于消费	130	23.9%
扩大生产、投资	113	20.8%
用于借贷	17	3.1%
其他	13	2.4%

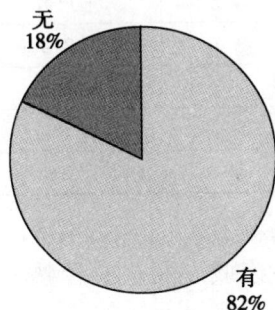

图5－18　农户闲散资金有无借出情况分布

农村居民的节余除储蓄外，缺乏其他正规的投资渠道，如债券和股票。近几年，随着农村的建设，农村生产力有了很大的提高，农民增收增产，手里富余资金比较多，导致其手中富余资金给农村非正规金融市场提供了资金支持，为非正规金融机构的发展奠定了基础。资本的趋利性，引导社会资金不断开发新的投资渠道，使得非正规金融市场得以快速发展。

2. 农户闲散资金的存放地点选择情况如表 5 – 16 所示。

表 5 – 16　　　　农户闲散资金的存放地点

存在地点	户数	占比
银行	256	48.9%
信用社	184	35.1%
家中	68	13.0%
其他	16	3.1%

河北省农村农户闲散资金除了消费以外，大多用于储蓄。而绝大多数农户储蓄会选择农村正规金融机构。导致农村正规金融基层机构基本变成了吸存窗口，多吸收存款而少发放贷款，农村金融供给不足，非正规金融机构兴起。

3. 农户闲散资金借与对象和借出钱的原因如表 5 – 17、图 5 – 19 所示。

表 5 – 17　　　　农户闲散资金借与对象

借与对象	户数	占比
亲戚	274	49.6%
朋友或熟人	220	39.9%
生意伙伴	40	7.2%
其他	18	3.3%

农村借贷大多发生在亲戚、朋友或者熟人之间，主要是为处于弱势个人提供资金支持，多属互助性质，实现了普惠制金融的功能。这种非正规金融借贷中绝大部分是建立在双方原本早已熟悉的基础上的，可见资金出借者对贷款对象的选择还是比较谨慎的。也有少部分用于盈利，这也正是非正规金融机构产生的关键原因。

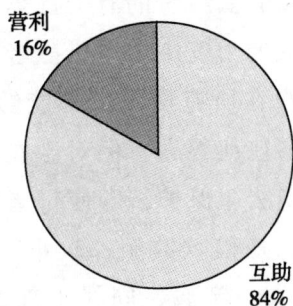

图 5 - 19　农户借出钱的原因

4. 农户借出钱时的保证措施选择如表 5 - 18 所示。

表 5 - 18　　　　　农户借出钱时的保证措施选择

措施	户数	占比
没有什么措施	199	46.0%
立了字据	166	38.3%
有担保	46	10.6%
有抵押	22	5.1%

　　在非正规金融市场的借贷行为中，46.0%是没有什么保证措施，38.3%立有字据，但是这些字据往往是非正式的，非常简单。调查中发现被调查者表示即使没有字据也不会担心资金的回收。其原因已在前面说明，在此不再赘述。

　　5. 农户解决借款纠纷的措施选择如表 5 - 19 所示。

表 5 - 19　　　　　农户解决借款纠纷的措施选择

解决措施	户数	占比
找朋友调解	233	39.6%
亲属之间调解	189	32.1%
找村委会调解	91	15.4%
付诸法律	39	6.6%
自家上门强行解决	25	4.2%
不了了之	12	2.0%

虽然付诸法律是解决借款纠纷的有力武器，但是必须付出一定的合约执行成本。法律制裁的力度决定了借款者有多大的意愿违约。但是，法律并不能保证农户在所有情况下都能够收回它的本金和利息，并且借助法律程序的成本往往很高，但对于农户借出钱没有什么措施的情况下和有些交易不受法律保护，即使付诸法律贷款者也不一定就能胜诉，何况大多数的农户借款数额都较小，打官司成本往往很高。所以出现纠纷主要靠朋友、亲属、同村干部的调解，靠这种人情关系、声誉、村庄社区制裁保证贷款农户的利益，从而使得个人借贷这种非正规金融市场不至于因为过高的道德风险而崩溃。

二　调研结果结论

通过实地调研发现，在河北省农村存在着非正规金融机构，非正规金融活动比较活跃，当前农户信贷供给的主体主要还是以私人借贷为主的各种形式的农村非正规金融。农户在融资过程中也更偏向于非正规金融市场，非正规金融融资主要用于个体经营者的资金需求及农户在农业生产、购房、建房、婚丧嫁娶、治病和子女上学等生活方面的需求。河北省农村非正规金融机构活跃的原因主要有以下几点：

1. 关于河北省农村中非正规金融的调查显示，在非正规金融机构的信贷活动中，不会出现由于正规金融机构无法掌握借款者的完备信息，无法控制借款者的所有行为，导致了逆向选择和道德风险的内在困境。河北省农村非正规金融市场上，借贷双方大都有比较紧密的社会关系，相互了解程度远远大于正规金融机构和客户之间的程度，贷款者在对借款人的资格审查、借款的事后监督等方面具有更大的优势，获取信息的成本较低，克服了借贷双方的信息不对称现象，同时在贷款的使用过程中，比较紧密的社会关系也使紧密的监督成为可能。

2. 非正规金融融资活动的手续和保证方式比较简单，调查显示，无论是企业还是家庭，非正规金融活动主要依赖于借款人或担保人的信用，手续也比较简单，大多数情况下仅打个借条即可，甚至有时仅为口头约定。而申请银行贷款手续繁、程序多、成本高。金融部门对贷款的审核时间比较长，实施担保还要办理抵押登记手续，往往需要花费很多的时间和精力，剔除会计成本的因素，机会成本太高是非正规金融融资的因素之一。

3. 河北农村正规金融的服务对象大多是农村的较高阶层、正规企业。非正规金融机构，但其主要服务对象还是处于较低阶层的人群。获取正规金融机构的贷款与非正规金融机构相比要受到严格的限制，其手续也比较烦琐，对于河北农村的农户来讲，家庭经济状况、文化水平决定其从正规金融机构中获得资金的难度非常大。

4. 非正规金融机构的优势在于其灵活性。非正规金融的组织结构及运转过程适应了农村的特点，具有本地化的优势。对大多数农户来说，非正规金融机构在借贷还款等过程中的灵活性，使其可以比较容易获得非正规金融机构的贷款。

5. 资金的逐利性与国家的法定利率相矛盾。众所周知，资金具有逐利性这一显著特点，但近年来国家制定的法定利率不仅长期低于物价上涨率，成为名副其实的负利率，而且较市场利率有相当程度的差距，导致资金所有者的利益严重受损，为此，非正规金融资本急需寻找其他投资品种和渠道，以避免实际利率造成的损失。更有一些资金宽裕者，专门做起了资金买卖，成为了真正的食利者。

6. 三农问题与社会保障制度的矛盾。为了弥补现代信用制度的不足，各国通常采用社会保障制度来保证无产者基本生活方面的资金需求，但目前中国的社会保障制度在农村还在起步阶段。国家虽然采取各项政策措施，着力改善和提高农民收入问题，但由于中国农村各项基础条件过于薄弱，政策的效应显现还需要时日，在目前这种状况下，非正规金融在解决农村人口的民生问题就发挥了一定的作用，导致其在农村金融市场上的活跃。

第五节 河北省农村非正规金融机构的成因分析

中国现代非正规金融最早产生在经济市场化改革先行的浙江、广东等经济比较发达的地区。这些地区处在改革前沿，市场机制的作用较强，非公有制经济所占比重较高，资金的需求量大，闲置资金的存量也不小。由于当时金融业尚未大规模推进市场化，金融机构仍然是以国有银行为主，非公有制经济的正常融资渠道比较狭窄。因此，在20世纪80年代初期，非正规金融就率先在浙江省出现，广东等省也随之兴起，因此浙江、广东等地的非正规金融活动成为中国非正规金融的典型范例。

不同于浙江、广东省民营经济发达，在经济发展程度不高的河北省农村地区，非正规金融也比较活跃。而导致农村金融市场上非正规金融机构发展的内在原因应该为河北省农村金融市场上正规金融机构面临信息不对称所导致的正规金融惜贷现象和非正规金融信息优势。

因此，从河北省农村非正规金融和非正规金融机构本身在农村金融市场上双方占有农户的信息入手，探讨农户与借贷者的信贷行为关系，通过建立博弈模型来研究河北省农村非正规金融机构存在的根源所在。

一　农村正规金融与农户信贷博弈分析

在现实经济生活中，农户往往会因为各种原因而向农村信用社等正规金融机构申请借款。对追求利润最大化的正规金融机构来说，贷款资金的安全性和贷款的及时、顺利回收是其关心的首要问题。如果正规金融机构应农户申请而发放贷款，农户不按期履约还款，甚至由于各种原因而形成不良贷款，则对正规金融机构构成损失。农户违约不仅仅是由于农业的高风险性和弱质性特点的客观原因所导致，更为重要的是农户的主观原因所造成。农户的主观原因是指农户能够按期还款，但其信用观念极差，而采取多种途径逃避债务。农户违约是符合理性假设的，在不考虑其他约束的情况下，农户是有违约的积极性，因为农户从追求自身利益最大化的动机出发，借钱后逃避、赖账或根本不还对它来说总归是好事。

（一）农户信贷贷前审查的博弈分析

在河北的农村，经济和金融信息缺乏，尤其是关于农户的信息对正规金融来说更是很难获得。农户拥有较多的关于自己的私人信息，比如对自己的风险和还款意愿等情况有较为清楚的认识。而正规金融与农户相比，在信息源的占有上处于明显的弱势地位，正规金融只能通过间接的途径掌握农户资信及其投资项目的信息，由于离信息的源头较远，对农户的信息往往很难全面掌握。贷款合同签订前，农户可能会利用自己的信息优势，对信息加以控制，隐匿自己不利的信息。而农户的资信、谨慎、努力工作等有关品质的因素，对于没有直接接触农户的贷款审批人来说更是无法直接证实。

正规金融机构与农户之间存在着严重的信息不对称。正规金融机构只有通过对农户的信用状况进行调查，了解资金的用途，对贷款项目进行评估，才能较多地了解关于农户能否及时偿还贷款的私人信息，从而在一定程度上缓和借贷双方的信息不对称，降低贷款资金的风险。因此农户与正规金融机构之间的信贷过程从博弈论的角度看是一个不完美信息动态博弈过程。

为了构建农户信贷贷前审查的博弈模型，我们提出如下假设：

1. 博弈参与人为正规金融机构和农户，双方都是理性的，在给定情况下都能做出使自身利益最大化的理性决策。

2. 所有参与人是理性的，并且所有博弈方是不会犯非理性错误的，是所有参与人的共同知识。

3. 农户有两种类型：资信好的农户（G）对所得到的贷款会按期偿还（守约），农户资信好的概率为 P_G；资信差的农户（B）对所得到的贷款不按期偿还（违约），农户资信差的概率为 $1 - P_G$。

4. 为了避免向资信差的农户贷款，正规金融机构一般对前来申请的农户采取贷前审查的方法。假设审查成本为 S，准确判别出农户资信状况的概率为 P_C，即判别出资信好农户的和资信差农户的概率均为 P_C，未判别出资信好农户的和资信差农户的概率均为 $1 - P_C$。

5. 贷款本金为 W，r 为贷款利率，R 为贷款利息（$R = Wr$），I 代表农户取得贷款后的投资收益。

6. 正规金融和农户之间不存在串谋。

为了分析简便，在不考虑资金的时间价值、机会成本的情况下，得到以下的博弈模型（见图5－20）。

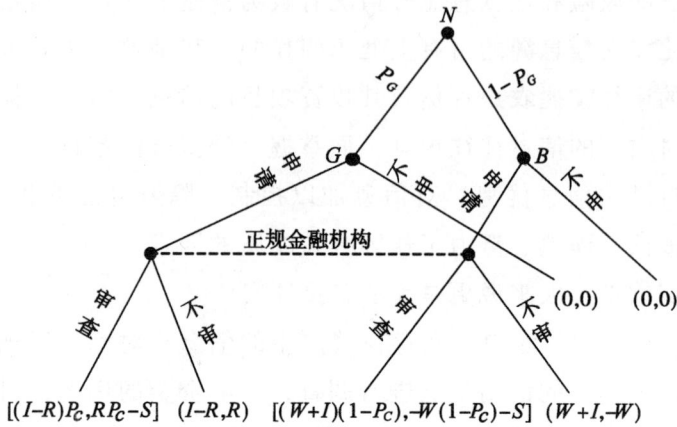

图5－20　农户信贷贷前审查的博弈

该博弈属于不完美信息动态博弈（见图5－20），第一阶段由虚拟的参与人（N）首先选择农户的信用情况，农户知道自己的资信情况，而正规金融机构通过往年的历史资料，只了解信贷市场上这两类农户的分布概率 P_G 和 $1-P_G$。第二阶段是农户［包括资信好（G）和资信差（B）的］选择是否向正规金融机构申请贷款；资信好与差的农户在该阶段都有两种策略，申请贷款（申请）或不申请贷款（不申）。如果选择的是不申，博弈即告结束，正规金融机构和农户均无得无失，其收益为（0，0）。如果农户选择申请，则博弈进入第三阶段。在该阶段博弈进入农户正规金融机构的信息集。信息集包含两个决策结，表明正规金融机构在该阶段处于信息劣势的位置，决策时无法准确判断申请贷款农户的资信情况，因此需要通过贷前审查来进行判断。正规金融机构虽然只有贷前审查（审查）和贷前不审查（不审）两种选择，但通过选择后的贷款结果却有四种可能。博弈树括号内表示的是资信不同的农户和正规金融机构采取不同的策略时相应的期望收益。

为了满足利益最大化，正规金融机构期望收益将为：

$$\max\{(R \times P_C - S) \times P_G + [-W(1-P_C) - S] \times (1 - P_G), [R \times P_G + (-W) \times (1 - P_G)]\}$$

正规金融机构要采取审查策略，必须要满足：

$$(R \times P_C - S) \times P_G + [-W(1 - P_C) - S] \times (1 - P_G) \geqslant [R \times P_G + (-W) \times (1 - P_G)]$$

即 $P_C \geqslant \dfrac{S + RP_G}{W - WP_G + RP_G} = \dfrac{S + WrP_G}{W - WP_G + WrP_G}$

从上式可知，正规金融机构要采取审查策略，判别出农户资信状况的准确概率的最小值 P'_C 为

$$P'_C = \frac{S + WrP_G}{W - WP_G + WrP_G} \qquad (1)$$

将 P'_C 对 S 求偏导可得：$\dfrac{\partial P'_C}{\partial S} = \dfrac{1}{W - WP_G + WrP_G} > 0$，由此可得，正规金融机构得到判别出农户资信状况的准确概率的最小值 P'_C 与其审查成本 S 为正相关，审查成本 S 越大，要求判别农户资信状况的最小准确概率越高。只有这样才能弥补成本，采取审查策略才有收益。

将 P'_C 对 r 求偏导可得：$\dfrac{\partial P'_C}{\partial r} = \dfrac{WP_G(1 - P_G - S)}{(W - WP_G + WrP_G)^2} < 0$，由此可得，正规金融机构得到判别出农户资信状况的准确概率的最小值 P'_C 与其贷款利率为负相关，当提高贷款的利率，可以适当降低判别农户资信状况的准确概率。即通过提高贷款利率，获得的额外利息可以弥补因为错误判断农户资信情况造成的损失。

信息成本的存在决定正规金融机构在收集某项信息时必然要进行成本收益比较，如果获得的成本高昂，收益小于成本或无力支付信息成本时，就不会收集该项信息，从而也就不会采取贷前审查。正规金融机构要进行贷前审查，就必须对农户的信用状况进行调查，了解资金的用途，对贷款项目进行评估，才能缓和信息不对称的程度，降低风险。当前我国尚未建立健全信用体系，缺乏良好的信息记录和披露以及社会公证机制。在我国农村农户不仅数量巨大，且在地域上高度分散，受文化、传统、家族势力等因素的影响，外部是很难获得农户私人信息的，正规金融机构即便是花费大量的人力、物力、财力等经济资源投入也不一定能准确获得农户私人信息。即审查成本 S，与判别农户资信状况的准确概率非完全正相关。从公式（1）可知，要满

足正规金融机构贷前审查的条件，需要随着审查成本投入的增加，相应判断资信情况的准确率也要增加。在不能满足审查成本 S 与判别农户资信状况的最小准确概率正相关的条件下，正规金融机构倾向于贷前不审查。

在农户信息不透明的约束下，正规金融机构会提高贷款利率。提高贷款利率，满足博弈条件的能正确判别农户资信状况的概率就可以降低。但贷款利率的提高会带来逆向选择的效应，因为高利率带来的高成本，更容易引发道德风险和逆向选择，这个问题前文已叙述，在此不作详细论证。这样，在不能满足提高利率降低判别农户资信状况的最小准确概率的条件下，金融机构也倾向于贷前不审查。

此外，正规金融机构的审查需要一定的时间，农户贷款需求时间或季节性特点明显，因此当预期到正规金融机构的金融服务需要履行许多烦琐的程序和手续而可能错过资金的最佳使用期时，农户可能也会主动放弃向正规金融机构贷款的念头。

因此，在投入审查成本却不能获得相应农户资信的正确信息及不能提高贷款利率的情况下，农户信贷贷前审查的博弈模型就转化为不经过贷前审查直接申请就贷款的农户信贷博弈。

（二）农户信贷的博弈分析

根据农户信贷贷前审查的博弈分析的假设，在不考虑资金的时间价值、机会成本的情况下，得到以下农户信贷的博弈过程（见图 5－21）。

采取贷款策略的正规金融机构预期的收益为：

$$\pi_1 = RP_G - W(1 - P_G) = WrP_G - W(1 - P_G)。$$

采取不贷款策略的正规金融机构的预期的收益为：$\pi_2 = 0$。

当正规金融机构采取贷款的策略时，需要满足 $\pi_1 \geqslant \pi_2$，得到

$$WrP_G - W(1 - P_G) \geqslant 0。 \tag{2}$$

由公式（2）可得正规金融机构要采取贷款策略的一个约束条件，利率必须要满足

$$r \geqslant \frac{(1 - P_G)}{P_G}。 \tag{3}$$

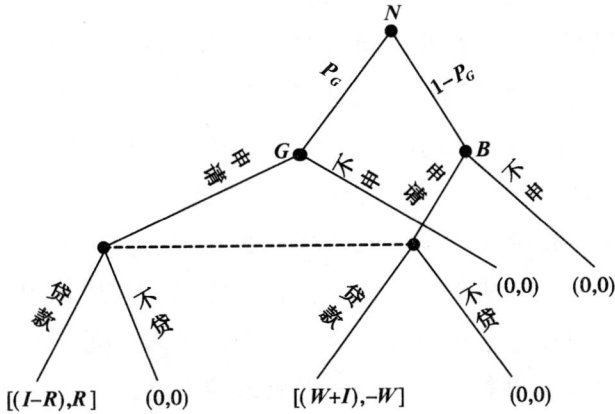

图 5 - 21　农户信贷博弈

由公式（3）得到，对所得到的贷款会按期偿还的农户所占整个贷款农户的概率 P_G 越大，正规金融机构的贷款利率会越低，对所得到的贷款未按期偿还的农户所占整个贷款农户的概率 $1 - P_G$ 越大，正规金融机构的贷款利率会越高。

正规金融机构要采取贷款策略的最小利率必须要满足

$$r' = \frac{(1 - P_G)}{P_G},\qquad(4)$$

即 $\dfrac{dr'}{dP_G} = -\dfrac{1}{P_G^2} < 0$。表明市场上，正规金融机构给农户贷款利率与资信好的农户所占的概率成反比。

正规金融在不审查的情况下，贷款未按期偿还的农户所占整个贷款农户的概率（比率）为 $1 - P_G$。统计资料表明，资信差即没按时还款农户所占的比例还是处于较高的比例。张玉对赤峰市 6 个农村信用社 2002 年 1 月 1 日至 2006 年 12 月 31 日发放的全部贷款进行系统分析。通过对 2002—2006 年所有贷款数据逐笔进行违约情况分析，发现 2002 年平均违约率为 84.05%，即使经过 5 年来的信用工程建设，在社农双方互相信任、互相依赖、互相促进的信用体系初步形成的情况下，2006 年平均违约率还达到了 23.33%。$1 - P_G$ 的居高不下，正规金融机构要贷款，就必须采取高利率的政策。当正规金融机构不能观察农户的投资风险时，提高利率将使低风险的农户退出市场，或者诱使农户选择更高风险的项目，从而使正规金融机构贷款的平均风险上升，最终结果，利率的提高可能降低而不是增加正规金融机构的预期收益。在正规金融机构不愿意选择通过高利率水平来满足所有农户贷款的申请的情形下，假设正规金融机构采取的贷款策略的概率为 P_D，不贷款的策略为 $1 - P_D$，于是信贷配给就出现了。[①]

信贷配给是指信贷市场上的这样一种状况，按照既定的契约条件主要是利率，贷方提供的资金少于借方的需求。按照正规金融机构标明的利率，贷款申请人的借款要求只能部分地被满足，在所有贷款申请人中，一部分人得到贷款，另一部分人被拒绝。

（三）农户信贷还贷的博弈分析

正规金融机构是否对农户的贷款申请给予满足，一般还取决于其对农户违约行为发生时所采取追缴行动的难度和追缴成本。如果对某些农户的违约贷款的追缴难度越大、追缴成本越高，对农户违约行为进行追缴的概率越低，则其发放贷款的数量和水平就越低。在农户信贷还贷的博弈模型中，农户向正规金融机构申请贷款后，正规金融机构会做出"贷"与"不贷"的选择；若正规金融机构选择"不贷"，双方的博弈马上结束；若正规金融机构选择"贷"后，农户便开始行动，进一步选择"履约"或者"违约"。第二阶段中，若农户选择履约，双方都能获得理想的收益。若农户选择违约，会迫使正规金融机构进入第三阶段选择"追缴"或者"不追缴"。其博弈如图 5 - 22 所示。

为了便于分析，我们增加几个假设条件：

1. 正规金融机构对农户的违约行为有两种策略：进行追缴（如诉诸法律）和不进行追缴。

2. 正规金融机构进行追缴要付出追缴成本 C，如果追缴成功，会得到违约农户付出的一笔罚金 P。

3. 正规金融机构进行追缴的概率为 P_Z，不进行追缴的概率为 $1 - P_Z$。

---

① 张玉：《农信社贷款客户违约问题分析》，《中国农村信用合作》2007 年第 10 期。

正规金融机构

贷款　不贷

农户　(0,0)

履约　违约

正规金融机构

(R,I−R)

追缴　不追缴

[R−C+P,I−R−P]　　　(−W,W+I)

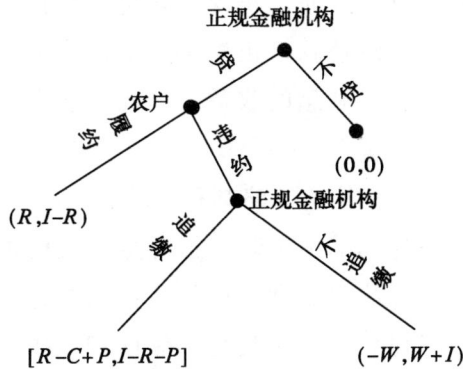

图 5－22　农户信贷还贷的博弈

博弈的第一阶段，如果正规金融机构选择"不贷"，那么无论是资信好或差的农户都无法融资，双方的收益均为（0，0），博弈结束。正规金融机构选择"贷款"，博弈进入第二阶段。

在这一个阶段，农户面临决策。如果正规金融机构选择了贷款策略，当农户选择履约策略时，正规金融机构的收益为贷款利息收入 R，农户的净利润为农户取得贷款后的投资收益 I 扣除贷款利息 R 的余额，这时博弈结束。当农户选择违约策略时，博弈进入第三阶段，正规金融机构就面临追缴和不追缴两个策略。

正规金融机构选择追缴欠款，如果追缴成功，正规金融机构的收益为利息 R 加上罚金 P 扣去追缴成本 C 的余额，而农户的收益为取得贷款后的投资收益 I 扣去罚金 P 所剩的余额；如果正规金融机构选择不追缴策略，此时，正规金融机构就会损失本金，而农户意外获得本金及该笔资金带来的净利润。

利用逆推归纳法分析图 5－22 的动态博弈。在这个阶段中，正规金融机构在选择追缴或者不追缴时，会直接影响到第二阶段农户的还贷态度。如果正规金融机构追缴得到的收益远远大于其不追缴得到的收益，即 $R−C+P>−W$，那么正规金融机构必然会选择追缴。在正规金融机构必然会选择追缴策略的状况下，理性的农户知道若其在第二阶段选择违约，相比较选择履约策略，违约不仅得不到预期的好处，而且得不偿失，会多付出一个罚金 P。所以农户在权衡利弊之后会在第二阶段选择还款。此时，正规金融机构进行追缴的策略成为可信的威胁。知道农户履约还款，正规金融机构会采取贷款策略，这样会比不贷款多得一个贷款利息的收益。因此，这个博弈的均衡策略为{贷款，履约，追缴}。

但是在现实中，这个均衡策略却很少出现。一是因为农户往往是小额信贷，发生农户违约的情况时，正规金融机构进行追缴的成本很高。二是由于我国缺乏法律制度对银行债权的有力支持，即使正规金融机构起诉，对于追讨欠款，尤其是小额信贷，往往遇到起诉不受理的状况，即使法院受理做出了有利于正规金融机构的判决，也因执行难而使正规金融机构蒙受损失，使正规金融机构通过打官司收回资金的非常少，另外打官司过程所付出的成本相当高，造成 $R - C + P < -W$。在这种情况下即使农户违约，正规金融机构选择追缴就是一个不可信的威胁，理性的正规金融机构的最优策略将是不追缴。因此，当有违约倾向的农户，知道正规金融机构的理性选择后，其最优的选择是不履约。正规金融机构为了避免损失，一般会在第一阶段选择不贷，策略为{不贷款，不履约，不追缴}，出现近年来正规金融在农村金融市场上的"惜贷"现象。

由于正规金融机构和农户之间的信息不对称，当正规金融机构拥有对农户不完全信息时，某一特定的农户所面临的贷款条件不仅与他本身的条件有关，而且与本地其他潜在农户的特征有关。正规金融机构不能把资信好的农户从其他农户中区分出来，因此，正规金融机构只能把他们作为一个整体来看待。正规金融机构由于信息不完全或安全性等原因，将对贷款需求者有选择地授予信用。正规金融机构将会随机地选取策略，以一定的概率进行贷款。这样，有些农户得到贷款，而另外一些农户的贷款需求则只能得到部分满足，甚至根本得不到贷款。

信息不对称给正规金融信贷业务所带来的风险，在一定程度上可以利用抵押或担保克服。抵押或担保能降低正规金融所面临的农户逆向选择和道德风险问题，但是农户和中小企业往往很难提供正规金融所需要的足够的抵押品，即使有足够的资产，资产评估所需要的费用以及按抵押品价值计算贷款额度时过高的折扣使得他们从正规金融获得小额贷款的成本过高。最终结果是农户和中小企业成为信贷配给的受害者，很难从正规金融体系中获得所需的资金，他们不得不求助于非正规金融，导致了非正规金融的兴起与发展。

二　非正规金融与农户贷款的博弈分析

我国农村社会现在仍保留着传统乡村社会的痕迹，其特点是相对比较封闭，内部人口流动性不大。在这个没有"陌生人"的熟悉社会中，通过长期的共同生活和交往互动，每个人的私人信息都成了具有高度共享性和流通性的共同知识。从相对意义上说，个人的私人信息都是对称的。现实中的农村非正规金融体系，包括行会、民间集资、民间借贷等多种形式，本质上一般都是建立在人缘、地缘和血缘关系基础上，它的一个突出特征是乡土社会内生的，借贷活动通常以亲戚、朋友等亲缘、乡缘社会关系为依托，在一个或远或近的人伦关系范围中进行，这样就利用了可以低成本获得私人信息的优势。贷款人不仅对借款人的经济状况、还款能力有清楚的了解，而且还深谙借款人的道德品格和资信情况，有利于解决信息不对称问题，这是民间非正规金融呈现出无（或者低）抵押担保和借贷中正式合同比例低的原因所在。

另外，农村非正规金融融资活动的灵活性使农户的金融需求具有天然的市场适应性。农村非正规金融机构小巧灵活，常能根据实际情况就贷款的归还期限、利率、归还方式等进行创新和变通，许多在正规金融市场上不能作为担保的物品在农村非正规金融市场上可以充当担保品。此外，农村非正规金融的业务活动操作简单，合同的内容简明而实用，对参与者的素质要求也不高，相对而言无形中就减少了农户贷款的成本。

考虑到农村非正规金融与农户之间不存在信息不对称，在这个前提下分析农村非正规金融与农户之间借贷的博弈过程。

（一）农户贷款的博弈分析

由于我国农村非正规金融体系是乡土社会内生的，借贷活动通常在一个或远或近的人伦关系范围中进行，这样就具有可以低成本获得私人信息的优势，基本上不存在信息不对称。非正规金融机构能够有效地分辨农户资信的好坏，因此可以得到同农户与正规金融机构不一样的博弈过程。农村非正规金融与农户之间借贷的博弈过程见图5－23和图5－24。

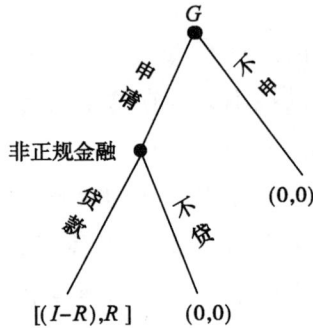

图 5－23　非正规金融机构与资信好的农户的贷款博弈

分析图5－23的博弈过程可知，对于资信好的能按期履约还款的农户前来借贷，非正规金融贷款获得收益 R，不贷的收益为 0，因此非正规金融会选择贷款。农户知道非正规金融会选择贷款，比较农户自身的收益后，农户的策略为申请，因此这个博弈的均衡策略为 ｛申请，贷款｝。

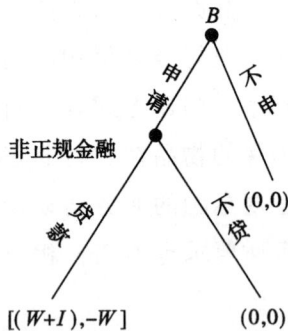

图 5－24　非正规金融机构与资信差的农户的贷款博弈

分析图5－24的博弈过程可知，对于资信差的不能履约还款的农户前来借贷，非正规金融贷款将会损失本金 W，不贷的收益为 0，因此非正规金融会选择不贷款。农户知道非正规金融会选择不贷款，农户选择的策略为不申请，因此这个博弈的均衡策略为｛不申请，不贷款｝。

因此，通过博弈分析可知，由于不存在信息不对称，非正规金融在农户申请贷款的阶段，就能拒绝部分资信较差的农户的贷款，从而降低了违约率。

（二）农户还贷的博弈分析

在农户还贷博弈中，如果非正规金融采取和正规金融机构相同的策略，即通过国家法律机制进行追缴，同样面临我国缺乏法律制度对债权的有力支持，也会出现对于追讨欠款，尤其是小额信贷，往往遇到起诉不受理的状况，处于通过打官司追缴付出的成本相当高的尴尬处境。

但现实中伴随着弱法律执行力，非正规金融却有着比正规金融还高的履约率。究其原因，主要有以下几个方面的原因。

1. 非正规金融与农户贷款的重复博弈

在我国农村，从正规金融机构贷款的难度是很大的，借款人获得一次贷款的机会相当偶然，难以形成在未来持续获得贷款的稳定预期，因而借贷双方就很难形成长期合作，出于自身利益的考虑，沉迷于机会主义行为，无法形成信用与合作，其策略均为｛不贷，违约｝，导致的均衡却是"两败俱伤"。

大量的研究文献表明，在重复博弈过程中，只要每一参与人认为其长期平均期望收益优于单阶段的纳什均衡，就会自发形成博弈主体间的合作。重复博弈中的合作倾向在单阶段的交易中是无法实现的。如果农户和非正规金融存在着重复借贷的重复博弈，农户出于长远利益考虑，也会采取履约的策略。

非正规金融和农户之间进行的贷款是一种长期的重复博弈。由于农户不管在生产性活动（购买生产资料等）还是非生产性活动（如婚丧嫁娶、子女上学、人情往来、临时性生活困难等）中，因收入的不稳定对资金的需求是经常的，而正规金融的手续比较烦琐等原因，农户会转向非正规金融借贷。非正规金融和农户的借贷交易或交往关系有足够高的概率持续下去，这是实现重复博弈的主要基础。

这里所说的重复博弈不仅仅指农户和固定的一个非正规金融之间固定的重复的博弈，还包括农户与不同非正规金融之间的重复博弈。因为乡村社会中流动性小的特点决定了农户的活动空间有限，信息透明度足够高，信息传播足够快，农户的行为能够很快为其他农户或者非正规金融机构所知，那么即使该农户转而同其他非正规金融打交道，农户先前借贷的行为也为另外一个非正规金融机构所知，也同样属于重复博弈。

从非正规金融机构来说，一旦发现农户违约，非正规金融将采用惩罚机制，针对失约农户采取不再贷款策略。农户因此失去未来向非正规金融贷款所带来的所有收入贴现。这种惩罚机制是最为基本的机制，参与借贷的农户过去的行为都是可观测到的，非正规金融可以通过在本阶段博弈中的策略选择——触发策略，通过惩罚机制，来回应农户在上一个阶段博弈中的行为，实现对对手失信行为的惩罚。因此它能保证贷款的顺利进行，而惩罚机制的主要基础是双方发生借贷等交易行为的可否持续性。

图 5 - 25 是非正规金融机构和农户一次贷款的博弈图。

非正规金融机构

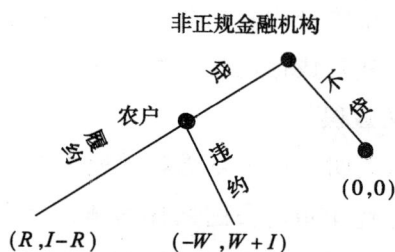

图 5 - 25　非正规金融机构和农户的贷款博弈

在一次性博弈中，农户没有信守承诺的激励，针对违约收益 $W + I$ 和履约收益 $I - R$，农户显然会采取违约策略，这样他将会比采取履约策略多收入 $W + R$。而非正规金融面对这样的局面，只能采取不贷的策略。双方的均衡策略是（不贷，违约）。

农户多次借贷必须考虑不同时间得益的价值差异和贴现问题，因为多次借贷的每次借贷有时间上的先后次序，这意味着不同阶段的农户得益有时间上的先后之分。因为由于心理作用和资金有时间价值的原因，不同时间获得的单位利益对农户的价值是有差别的。解决这个问题的方法是引进贴现系数，贴现系数一般可以根据利率计算，公式为 $\dfrac{1}{1+r}$，其中 r 是以一阶段为期限的市场利率。假设当一次借贷完成以后，双方都预期农户以后不再借贷的概率为 p，则农户再次向非正规金融借贷的概率为 $1-p$，则将后一阶段得益折算成当前阶段期望得益的系数为 $\delta = \dfrac{1-p}{1+r}$。

在农户向非正规金融的重复的借贷过程中，我们假设非正规金融采用如下触发策略：先试图贷款，第一次无条件选贷款策略，如果对方采取的是履约策略，则坚持选贷款策略；一旦发现农户不履约，则用以后永远不贷款报复。

我们在这种博弈规则下考虑借贷的博弈过程：

假设农户在第一个借贷阶段选择了违约，则在该阶段多得了 $W+R$ 的收益，但以后引起非正规金融采取报复，自己将再也不能从非正规金融机构那里得到贷款。因此农户以后每个阶段的贷款得到的收益都将为 0，得益的现在值为：$\pi = W + I$。

如果农户在第一个借贷阶段选择履约还款，那非正规金融机构也将选择贷款，那它在该阶段的收益为 $I-R$。若以后每个阶段农户都选择履约还款，假设每次都会有相同的收益 $I-R$。因此当第一阶段的最佳选择为履约时，整个重复借贷期望得益的现在值为：

$$\pi' = (I-R) + (I-R)\delta + (I-R)\delta^2 + (I-R)\delta^3 + \cdots$$
$$= (I-R)\frac{1}{1-\delta}。$$

因此，当 $(I-R)\dfrac{1}{1-\delta} > W+I$，即 $\delta > \dfrac{W+R}{W+I}$ 时，农户会履约还款，否则会违约。当 $\delta > \dfrac{W+R}{W+I}$ 时，农户对非正规金融触发策略的最佳反应是第一阶段采用履约还款，只要非正规金融采用前述触发策略，那么农户的最优选择就始终是履约还款。

以上说明，当系数 δ 比较大时，对于农户来说，未来利益同当前利益相比，未来利益是重要的，他们不会为了当前利益而导致自己的长远利益受损，农户出于长远利益考虑，也会采取履约的策略。

由于农户出于长远利益的考虑会自觉抵制机会主义行为带来的短期利益的诱惑。也就是说相比一次性博弈而言，重复博弈有可能促进农户和金融机构的合作。

2. 非正规金融机构针对农户违约的追缴博弈模型

前面分析了农户和非正规金融机构因为有着重复博弈的关系，农户主观上有选择履约还款的愿望。

实际上，非正规金融机构在农户贷款以后，针对农户违约，非正规金融也有的采取追缴贷款的策略，这将导致农户客观上也会选择履约还款。以下就是追缴贷款的博弈分析。

第一阶段，农户向非正规金融机构申请贷款后，非正规金融机构会做出"贷"与"不贷"的选择；若正规金融机构选择"不贷"，双方的博弈马上结束；若非正规金融机构选择"贷"后，农户便开始行动，进一步选择"履约"或者"违约"。第二阶段中，若农户选择履约，双方都能获得理想的收益。若农户选择违约，会迫使非正规金融机构进入第三阶段选择"追缴"或者"不追缴"。其博弈如图 5 – 26 所示。

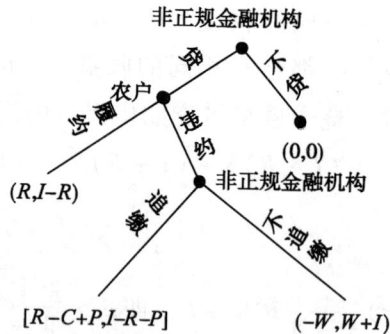

图 5 – 26　非正规金融机构对农户违约的追缴博弈

非正规金融机构进行追缴要付出追缴成本 C，追缴会使违约农户面临一定的惩罚。追缴成功，会得到违约农户付出的一笔罚金 P。

非正规金融机构是否对农户的贷款申请给予满足，一般还取决于其对农户违约行为发生时所采取追缴行动的难度和追缴成本。如果对某些农户的违约贷款的追缴难度越大、追缴成本越高，对农户违约行为进行追缴的概率越低，则其发放贷款的数量和水平就越低。

非正规金融交易的担保更加灵活使追缴成本 C 变低。由于借贷双方的地域相近并且接触较多，因此担保品的管理和处置成本相对较低，一些不被正规金融机构当作担保品的财物仍可作为非正规金融的担保品，如房产、土地等。在非正规金融交易的有形担保品方面，可充当担保的不仅包括固定资产，还包括农机具、牲畜等流动资产以及诸如农作物未来的收益权等。也是由于借贷双方的地域相近并且接触较多，在其他市场（如商品市场）也存在交易关系，因此双方在签订信贷合同时就把其他市场的交易附加到信贷合同中，一旦违约，其他市场的交易也要受到追缴的影响，这一切都使得追缴成本 C 很低。

农村非正规金融对违约农户的惩罚也体现在其社会关系上。农村非正规金融建立在非制度信任的基础上，这种非制度信任具有一定的稳定性。如不能提供实物抵押的借贷，则是建立在亲缘、业缘和地缘关系之上的借贷，而这种建立在亲缘、业缘和地缘关系之上的社会关系就成为一种无形的抵押。违约及失信的结果是违约者的声誉损失、被逐出其所在的社会网络以及日后的追索，而恰恰是这种非法律途径的制裁措施有着莫大的威慑力。

非正规金融市场上，在债权追索上存在暴力违法行为。这种事后严厉的执行暴力违法行为，使农户知道不履约就会面临严重的后果，因此其会审慎借款，并按约还款。而且一旦农户失信违约，非正规金融不仅可以对失约农户施加惩罚，还可以对失信农户的后代进行报复。

这一切都说明，如农户贷款违约，非正规金融机构的追缴策略就是一个可信的威胁，这将导致农户客观上会选择履约还款。

第六章

河北省农村非正规金融机构
发展的模式选择

第一节　发展河北省农村非正规
金融机构的重要性

从前面的分析我们已经知道，河北省农村的经济发展在很大程度上依赖金融的支持，金融机构在促进河北省农村经济发展上起着决定性的作用。

河北省农村资金匮乏一直是影响河北省农村发展的瓶颈，基于商业化经营的正规金融无意把资金投向它也无可厚非，只要有适宜于河北省农村资本积聚的合法渠道就能解决正规金融的供给不足。非正规金融活动能够在其所及的领域内有效率地配置资金，这对于缺乏资金的河北省农村尤为重要。目前河北省农村金融体系呈现出正规金融机构与非正规金融机构并存的二元结构，虽然金融改革的最终目标是消除金融乃至经济的二元结构，但由于河北农村非正规金融机构并不是简单的正规金融的补充形式，而是现行河北农村经济结构与社会文化传统共同作用的结果，在现阶段，以及今后很长的一段时期，非正规金融都会与正规金融并存，非正规金融机构具有正规金融所不能替代的功能。

河北省农村非正规金融机构具有很强的本土竞争优势，在经济发展中被证明是有效的，但还存在着很多问题，如何在目前阶段保持非正规金融机构的效率和活力是需要解决的关键问题。因此，在理论上研究河北省农村非正规金融机构发展模式是非常重要而且必要的，并且发展河北省农村非正规金融机构也日益提上了政策研讨的日程上来。

河北省农村非正规金融发展的核心问题是模式选择和设计问题，非正规金融在河北省农村的健康发展迫切需要政府在有效防范金融风险的前提下放开金融市场的进入和退出壁垒，确立公正、有效的市场竞争规则，从而使非正规金融在制度安排的基础上逐步规范，在规范中健康发展，使非正规金融充分发挥促进区域经济发展的作用，最终实现河北农村的经济增长。

第二节　河北省农村非正规金融机构发展面临的突出问题

一　法律地位缺失

2003 年河北省查处"孙大午非法吸收公众存款案"。颇有争议的"孙大午案"以判处孙大午非法吸收存款罪而告终。这意味着，直接向村民借贷，不依靠银行贷款筹资的"大午模式"的破灭。类似的事件，在我国各地不断重复、延续，揭示出我国农村非正规金融的巨大市场需求，农民、农村企业融资所面临的巨大障碍，引发了人们对于非正规金融机构发展的更深层次的思考：是任由非正规金融无序发展，可能产生巨大的社会动荡和风险，还是给它指定方向？

河北省农村非正规金融无论从正式的法律制度，还是政府的行政规范来看，除了几种农村非正规形式处于合法地位，其他形式诸如：高利贷、合会、银背、未经批准的集资、地下钱庄等农村非正规金融，大部分处于地下隐蔽状态，在国家调控和金融监管之外，没有国家法律法规的保护和规范，游走于法律边缘或被法律禁止。

河北农村非正规金融的发展速度极快，相关法律制度制定的速度明显滞后于它的发展。现有的有关非正规金融的法律法规比较分散，一方面不容易为非正规金融机构所掌握；另一方面司法解释的法律效力也比较低，不能从专业法规的角度来规范非正规金融机构活动。这种滞后还表现为法律制度的协调性和操作性差，在时间上不能同步，在操作上更是无从下手。

由于非正规金融机构缺乏明确的法律保障手段，其借款条件也缺乏明确标准，一般没有担保或抵押，有时仅凭口头协议承诺条件，双方都有很强的随意性。一旦借款人生产经营失利，债台高筑，资金损失，丧失还款能力，容易造成民事纠纷。由于至今尚无法可依，非正规金融容易被少数骗子钻空子，从事金融诈骗活动。特别是高利贷问题会引起严重的社会不良后果。

近些年，各级政府对非正规金融机构的态度发生了转变，一定程度上给予了默许和鼓励发展。

2011年，根据《国务院关于鼓励和引导民间投资健康发展的若干意见》，河北省人民政府印发了《关于进一步鼓励和引导民间投资健康发展的实施意见》，指出要研究制定河北省鼓励民间资本进入金融服务领域的具体办法，支持民间资本以入股方式参与商业银行的增资扩股，参与农村信用社改制，发起或参与设立村镇银行、贷款公司、农村资金互助社、法人保险公司等金融机构，以及信用担保公司、租赁公司、典当行等金融中介服务机构。

2013年11月，党的十八届三中全会审议通过的《中共中央关于全面深化改革若干重大问题的决定》指出，扩大金融业对内对外开放，在加强监管前提下，允许具备条件的民间资本依法发起设立中小型银行等金融机构。

2013年11月22日，《温州市民间融资管理条例（草案）》（以下简称《条例》），获得浙江省人大常委会表决通过，并将于2014年3月1日正式施行。这是国内第一部专门规范民间金融的法规，是中国第一部民间借贷的地方法律，是民间借贷规范化、阳光化、法制化的重大突破，并且能极大缓解中小企业融资难问题。《条例》将民间借贷、企业定向债券融资、定向集合资金等三大民间融资通道定位合法。《条例》涉及总则、民间融资服务主体、民间借贷、定向债券融资和定向集合资金、风险防范和处置、法律责任、附则。条例试用范围限定在温州辖区内。

随着非正规金融的重要作用再一次被越来越多的决策部门的人士所认识，以前对非正规金融持否定态度的金融监管当局也开始正视并肯定非正规金融的作用。河北省农村非正规金融机构法律缺位的情况在不久的将来将会得到改观。

二　资金不足

经济发展刺激了民间对资金的旺盛需求，而我国正规金融信贷的局限性为非正规金融的繁荣留下了宽泛的发展空间。但随着非正规金融的发展，资金不足就成为其发展过程中面临的一个突出问题。

2013 年，中和农信接管河北省的涞水扶贫社。对此次接管，杜晓山表示："扶贫社需要可持续的、健康的发展，缺少资金是最大的瓶颈，没有政府固定的投入，也缺少民间与国外的捐款、借款等。要让扶贫社可持续，中和农信管理规范化、制度化，接管后就会形成一个完整的体系。"杜晓山介绍，20 年来，扶贫社先后建立过 6 个小额信贷扶贫试点，其中有 4 个包括河北省涞水县扶贫社、河北省南召县扶贫社等，将陆续被中国扶贫基金会旗下的中和农信接手。[①]

资金不足的情况是农村非正规金融机构的一个普遍现象。河北农村非正规金融机构在发展的初期，由于具有信息对称和交易成本低的优势，因而富有效率，在农村获得了很大的发展。随着社会的发展，农户生产经营规模的发展、扩大，使农户的资金需求越来越大，但是由于非正规金融机构的性质，决定了非正规金融机构只可以一定程度上聚拢、整合民间资本，不能吸纳社会存款扩大资本，很难满足其资金需求。农户巨大的资金需求与河北农村非正规金融机构的资金有限的状况制约了非正规金融机构进一步的发展。

三　信息优势具有相对性

非正规金融信息优势具有相对性，非正规金融内生于某一固定区

---

① 张木兰：《社科院旗下扶贫社易主　公益性小额信贷市场面临洗牌》（http：//roll. sohu. com/20130716/n381757444. shtml）。

域，因而只对当地社区成员信息了解充分，信息优势只能在一个相对边界内或者一个社区内有效，非正规金融机构的活动也因此被限制在一个相对封闭的环境中，不利于资金在更广阔的空间内进行配置，从而不具备规模效益。规模和范围狭小使得小范围内的参与主体面临的风险无法通过多样化投资进行有效分散，导致了较高的关联风险，而小范围内的资金配置也造成一定的效率损失。正规金融可以无限地扩张网点，实现规模优势。而非正规金融则不能，非正规金融规模越大，其信息优势越小，金融作为一个追求规模运作的行业的特质制约着非正规金融机构的进一步发展。非正规金融只在被分割的小规模市场中具有竞争性，一旦非正规金融机构超过这一区域，其信息优势则荡然，非正规金融的交易成本将非常高，也容易产生一系列的信用风险问题。

四　风险控制能力弱

非正规金融由于其地下性和内生性，不存在严格的风险监控体系，没有属于自己的风险监管机构，相对来说其融资成本较低，形式也更加简便灵活。但是，这恰恰即是非正规金融未来所潜在的巨大风险。

农村非正规金融机构在发放贷款之前，不具备正规金融机构所确定一系列科学的贷款风险评估方法，从而不能对贷款对象的风险进行科学的评估，只是基于个人感情信任或信息优势而发放贷款，所以贷款风险控制具有较大的随意性。虽然农村非正规金融存在与发展的优势关键在于其拥有的特殊的信用机制，即特定经营空间的信息优势和基于亲缘、业缘等社会规范的约束机制，从而在一定程度能够补充正规金融机构金融服务的不足。但是，社区经济内经济范围和规模不断扩大时，陌生人就被引入到农村非正规金融活动中，金融活动可能超出农村非正规信任制度发挥作用的范围，进而失信发生概率趋于增加，履行合约就带来更多的不确定性。与此同时，在经济活动空间距离扩大下，陌生人引入到农村非正规金融时，又带来了信息不对称，借贷双方信息交流的困难增加，依靠原有社会关系机制中的相互了解和熟悉已经很难对一些经济主体的经营活动做出判断，即农村非正规金融依赖非正规渠道收集的信息更加困难或者不充分了，则信贷风险势必增加。

一些国家和地区非正规金融机构发展的经验告诉我们，促进非正规金融机构与正规金融的合作及向正规金融的转化是规范河北省农村非正规金融机构，促进河北省农村非正规金融机构健康发展，有效发挥其作用同时被加以监管的有效途径。正规金融与非正规金融机构各自具有优势，正规金融资金实力雄厚，组织制度完善，从业人员素质较高，风险监控能力较强，在提供大额长期贷款方面更具有规模经济的成本优势。而非正规金融机制灵活，在信息、担保和成本方面具有一定的优势，因此适合提供零星小额的贷款。因此，促进非正规金融与正规金融的有效合作，发挥各自的优势，使之在各自擅长的具有优势的领域发挥作用，从而实现资源的有效配置，实现对区域经济增长的促进作用，也促进各自自身发展。

五　外部环境变化给非正规金融机构带来挑战

1. 河北城镇化速度不断加快，农村人口逐年减少（见图6-1）。截至2012年，虽然与全国范围数据相比（在全国范围，2011年以后农村人口已经开始少于城镇人口），河北农村人口的数量依然多于城镇人口数量，但"农村人口逐年减少"这种非常明显的趋势不容忽视。农村人口数量的减少，意味着农村借款主体的逐渐萎缩。

2. 农业规模化经营逐渐加强。2013年中央一号文件明确提出："努力提高农户集约经营水平。按照规模化、专业化、标准化发展要求，引导农户采用先进适用技术和现代生产要素，加快转变农业生产经营方式。创造良好的政策和法律环境，采取奖励补助等多种办法，扶持联户经营、专业大户、家庭农场。"十八届三中全会通过的《中共中央关于全面深化改革若干重大问题的决定》也明确指出："鼓励承包经营权在公开市场上向专业大户、家庭农场、农民合作社、农业企业流转，发展多种形式规模经营。"农村规模化经营的加强，无疑

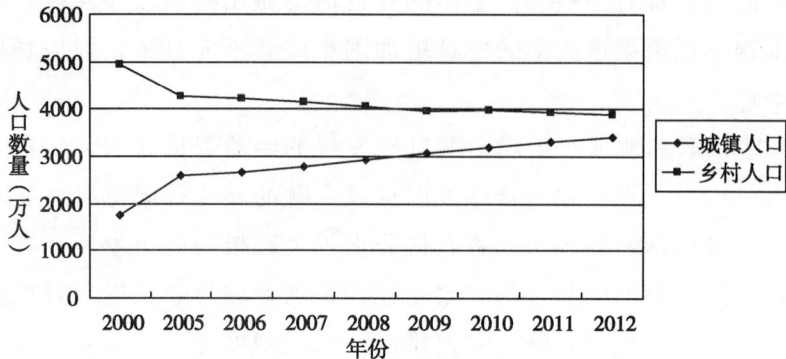

图 6 - 1　河北省 2000—2012 年农村人口和城镇人口数量

会大规模提高农村单个借款主体的借款额度，而非正规金融机构本身资金相对薄弱，而且相关管理规范往往对单个非正规金融机构的单笔借款上限有明确的限制，这也是摆在农村非正规金融机构面前的问题。

3. 农村产权流转将深刻影响农村金融市场格局。十八届三中全会通过的《中共中央关于全面深化改革若干重大问题的决定》明确提出："赋予农民更多财产权利……赋予农民对集体资产股份占有、收益、有偿退出及抵押、担保、继承权。保障农户宅基地用益物权，改革完善农村宅基地制度，选择若干试点，慎重稳妥推进农民住房财产权抵押、担保、转让，探索农民增加财产性收入渠道。建立农村产权流转交易市场，推动农村产权流转交易公开、公正、规范运行。"农村产权流转需要大量资金，同时剩余劳动力需要二次就业或创业，这都将加大农村金融的需求，为农村金融机构的业务提供新的增长点，但是，农村土地和农民宅基及房屋产权可抵押、担保、转让后，原来困扰正规金融机构开拓农村市场的主要因素——农民缺乏有效抵押、担保有望得到解决，农村非正规金融机构将面临正规金融机构这个强大的竞争对手。

4. 互联网金融的快速发展也会成为农村金融市场有力的竞争者。随着信息技术的发展和互联网（特别是移动互联网）在农村的快速普及，农民，特别是年轻的农民，他们在网上购物，通过第三方支付，利用余额宝等进行小额投资，并且获取大量有关互联网金融的信息。由于互联网金融便捷、高效，并且具有普惠金融的一些特点，很符合农村金融需求的特点。

第三节　非正规金融机构向正规金融转化的主要模式：村镇银行、民营银行、保险公司

正规金融与非正规金融并存的二元格局会影响金融的发展。因此，改造非正规金融，使之向正规金融转化是我们必须要做的努力之一。将非正规金融纳入到正规金融体系之中，可以采取让非正规金融资本参股现有的正规金融机构，也可以将非正规金融机构通过股份制改造转变为民营银行，或者允许在非正规金融资金富足的地区直接设立机构，把分散在不同非正规金融机构中的资金聚集起来，从而实现金融体系产权主体的多元化。改造后的非正规金融成为正规金融体系的一部分后，就被纳入到监管体系中，易于监管，减少风险。同时，其仍然发挥着服务中小企业、个人和农户的金融服务作用。同时，待中国的存款保险制度建立起来之后，改造后的非正规金融机构可在一定范围内获得与国有商业银行、股份制商业银行同样的信誉。事实上，大多数的非正规金融机构都受人数和地域的限制，超过一定人数和地域范围后，其贷款成本开始上升。这时，如果不采取引入正规金融机构的贷款技术和组织形式以降低成本的话，其命运就只能是走向业务萎缩和倒闭。正规金融对非正规金融的压力也迫使其逐渐从互助型金融组织走向过渡性金融组织，最后成为营利性金融机构。当前，河北农村非正规金融向正规金融转化的主要模式为：村镇银行、民营银行和保险公司。

一　村镇银行

为了支持新农村建设，做好调整放宽农村地区银行业金融机构准入政策的试点工作，2007 年，中国银行业监督管理委员会制定了

《村镇银行管理暂行规定》《村镇银行组建审批工作指引》和《关于加强村镇银行监管的意见》，开展了村镇银行的试点工作。村镇银行试点以来，总体运营健康平稳，较好地坚持了支农支小、服务县域的市场定位。为支持优质主发起行发起设立村镇银行，有效解决村镇银行协调和管理成本高等问题，促进规模发展、合理布局，2011年中国银监会印发《中国银监会关于调整村镇银行组建核准有关事项的通知》，进一步提高村镇银行的组建发展质量，有力改进了农村金融服务。

2009年，中国银监会印发《小额贷款公司改制设立村镇银行暂行规定》，明确小额贷款公司按照《关于小额贷款公司试点的指导意见》新设后持续营业3年及以上，已确定符合条件的银行业金融机构拟作为主发起人，在满足公司治理机制完善、内部控制健全、经营状况良好、信誉较高，且坚持支农服务方向的等各项要求的条件下，可以改制设立村镇银行。改制村镇银行有利于解决困扰小额贷款公司的后续资金融资困难等问题。

2012年银监会发布《关于鼓励和引导民间资本进入银行业的实施意见》，鼓励民间资本参与农村金融机构重组改造。通过并购重组方式参与农村信用社和农村商业银行风险处置的，允许单个企业及其关联方阶段性持股比例超过20%。支持民营企业参与村镇银行发起设立或增资扩股，村镇银行主发起行的最低持股比例由20%降低为15%，允许小额贷款公司按规定改制设立为村镇银行。

2011年，根据《国务院关于鼓励和引导民间投资健康发展的若干意见》，河北省人民政府印发了《关于进一步鼓励和引导民间投资健康发展的实施意见》，指出要研究制定河北省鼓励民间资本进入金融服务领域的具体办法，支持民间资本以入股方式参与商业银行的增资扩股，参与农村信用社改制，发起或参与设立村镇银行、贷款公司、农村资金互助社、法人保险公司等金融机构，以及信用担保公司、租赁公司、典当行等金融中介服务机构。根据国家有关规定和要求，放宽村镇银行和社区银行中法人银行最低出资比例限制，适当放宽小额贷款公司单一投资者持股比例限制。

2013年，河北银监局印发了《河北银监局关于村镇银行健康发展的指导意见》，鼓励民营资本进入金融领域。要求各银监分局明确村镇银行市场定位，指导和考核村镇银行开拓和培育当地"三农"和小微企业市场，服务县域经济，与地方经济社会互相促进、共同发展。

（一）村镇银行的性质

村镇银行是指经中国银行业监督管理委员会依据有关法律、法规批准，由境内外金融机构、境内非金融机构企业法人、境内自然人出资，在农村地区设立的主要为当地农民、农业和农村经济发展提供金融服务的银行业金融机构。村镇银行是独立的企业法人，享有由股东投资形成的全部法人财产权，依法享有民事权利，并以全部法人财产独立承担民事责任。村镇银行股东依法享有资产收益、参与重大决策和选择管理者等权利，并以其出资额或认购股份为限对村镇银行的债务承担责任。

村镇银行的发起人或出资人中至少有一家银行业金融机构且最大股东或唯一股东必须是银行业金融机构，最大银行业金融机构持股比例不低于股本总额的15%。

（二）村镇银行的监管

村镇银行应遵守国家法律、行政法规，执行国家金融方针和政策，依法接受银行业监督管理机构的监督管理。村镇银行应按规定向银监分局或所在城市银监局报送会计报告、统计报表及其他资料，并对报告、资料的真实性、准确性、完整性负责。

（三）村镇银行的业务及经营管理

村镇银行不得向关系人发放信用贷款，向关系人发放担保贷款的条件不得优于其他借款人同类贷款的条件。村镇银行不得发放异地贷款。

经银监分局或所在城市银监局批准，村镇银行可经营下列业务：吸收公众存款，发放短期、中期和长期贷款，办理国内结算，办理票据承兑与贴现，从事同业拆借，从事银行卡业务，代理发行、代理兑付、承销政府债券，代理收付款项及代理保险业务，经银行业监督管理机构批准的其他业务。

村镇银行按照国家有关规定，可代理政策性银行、商业银行和保险公司、证券公司等金融机构的业务。

村镇银行发放贷款应坚持小额、分散的原则，提高贷款覆盖面，防止贷款过度集中。

村镇银行对同一借款人的贷款余额不得超过资本净额的5%，对单一集团企业客户的授信余额不得超过资本净额的10%。

村镇银行执行国家统一的金融企业财务会计制度以及银行业监督管理机构的有关规定，建立健全财务、会计制度。

（四）村镇银行的终止

村镇银行的接管、解散、撤销和破产，执行《中华人民共和国商业银行法》及有关法律、行政法规的规定。村镇银行因解散、被撤销和被宣告破产而终止的，应向发证机关缴回金融许可证，及时到工商行政管理部门办理注销登记，并予以公告。

（五）河北省村镇银行现状

2008年6月，河北省第一家村镇银行——张北信达村镇银行正式挂牌营业，之后村镇银行获得了较快发展。

河北银监局一直致力于做好与拟到河北省发起设立村镇银行相关金融机构的协调沟通、宣传引导，积极稳妥培育发展村镇银行。河北省各村镇银行的主发起人涵盖了国有商业银行、股份制银行和合作金融机构。如平山西柏坡冀银村镇银行的主发起人为建设银行；武安村镇银行的主发起人为邯郸商业银行等。河北村镇银行创新服务模式，为难以获得金融支持的农户、小微企业、个体工商户提供资金支持和金融服务，如任丘泰寿村镇银行创新贷款模式例如"乡村2+1"，香河益民村镇银行根据当地经济特点，量体裁衣地开发了"专业村养殖"、"大棚菜种植"的三户联保模式。

根据银监会相关数据，截至2013年年末，全国共组建村镇银行1071家，其中开业的有987家，筹建84家。截至2013年年末，河北省共计组建村镇银行51家，其中开业44家，其中2013年开业21家，批准筹建7家；分支机构16家，其中2013年开业14家。截至

2013 年年末，河北省村镇银行发放小微企业贷款 30.12 亿元、1273 户，发放农户贷款 28.78 亿元、4651 户，投向小微企业和农户的贷款占全部贷款的 98.21%。[①]

河北省村镇银行在满足"三农"多层次、多元化的金融服务需求上发挥了积极的作用，在一定程度上缓解了当地农户、农村经济组织或中小企业贷款难的问题。河北省村镇银行为非正规金融资金提供了良性发展渠道，使活跃于非正规金融机构的身份和角色得到了转换，为金融产权保护提供了法律保障，有利于在更大范围内实现风险分散转移，有助于区域金融稳定，促进了农村经济的发展，村镇银行设立后，非正规金融机构出现了规模减小的趋势。

（六）村镇银行存在的问题

村镇银行在发展中也暴露出了一些问题。

根据《村镇银行管理暂行规定》，村镇银行采取发起方式设立，其最大股东或唯一股东必须是银行业金融机构。中国社科院农村发展研究所副所长杜晓山认为，准入制度这么安排就有问题，"为什么必须要是金融机构呢？金融机构就一定能够控制风险吗？"由于发起行强大的资源支持和影响，村镇银行独立法人自主决策无法体现出来，话语权在主发起人，对既有股东的权利造成了一定的损害。导致其他股东对村镇银行的经营管理缺乏关心，股东的积极性就没有调动好。

虽然村镇银行允许开办吸收存款、发放贷款、办理支付结算业务和其他各种中间业务，但具体到河北省的村镇银行来说，基本上都没有开展中间业务，目前的业务基本上是以吸收存款和发放贷款为主，业务品种单一。加之部分地区农业产业基础薄弱，高收益项目较少，风险较高，村镇银行盈利空间小。限制了村镇银行的服务三农作用的发挥。

村镇银行规模小，社会认可度低，吸收存款的难度较大，贷款发放受规模控制，信贷支持的主要对象为弱势产业——农业，弱势群

---

① 河北新闻网：《河北已有 44 家村镇银行开业实现净利润 1.45 亿元》（http：//finance. hebnews. cn/news/2014 – 01/27/content_ 3754667. htm）。

体——农民，农业和农民对自然条件的依赖性很强，抵御自然灾害的能力弱，在农业保险体系不健全的情况下，村镇银行的信贷资金存在严重的风险隐患。村镇银行发放的贷款多以信用贷款为主，极易形成信贷的道德风险。

村镇银行从业人员普遍存在经验不足及业务素质不高的现象，在管理上存在操作风险而且缺乏信用风险管理机制，资金实力弱，信息网络资源欠缺，竞争优质客户明显处于弱势。

村镇银行有偏离支农倾向。尽管村镇银行有关规定均强调了服务于"三农"，但实际上，目前鲜有村镇银行将网点设立在农村，而是往往选择在城镇。但由于村镇银行是"自主经营，自担风险，自负盈亏，自我约束"的独立的企业法人，各发起人或出资人必然会把实现利润最大化作为自身最大的追求目标；村镇银行虽然是农民自己的银行，具有一定的本土优势，但由于其信贷支持的主要对象为弱势产业的农业和弱势群体的农民，不可抗拒的自然灾害、市场供求的不断变化，使得村镇银行的生产经营面临着极大的自然风险和市场风险。在农业政策性保险严重缺乏的情况下，村镇银行在利益的驱使下会逐渐偏离服务"三农"和支持新农村建设的办行宗旨，寻求新的市场定位。在此情况下，发生在农村地区的国有商业银行信贷资金"农转非"现象将不可避免地在村镇银行重现。

2014年中央一号文件提出的加快农村金融制度创新、积极发展村镇银行等相关要求，银监会指出，下一步将遵循市场化、商业化和集约化原则，以强化支农支小、发展普惠金融为出发点和落脚点，积极稳妥发展村镇银行。加大民间资本引进力度，支持符合条件的机构调整降低发起行持股比例，持续提升民间资本持股比例。

2014年，银监会发布4号令《农村中小金融机构行政许可事项实施办法》，进一步对农村中小金融机构的设立等简政放权，降低了该类金融的审批门槛。规定了农村中小金融机构开办外汇业务和增加外汇业务品种，募集发行债务、资本补充工具，开办衍生产品交易业务，开办信用卡业务，开办离岸银行业务等的相应条件。但在主发起人条件方面，银监会并未作出调整，依然要求主发起人是银行业金融机构，主发起人持股比例不得低于村镇银行股本总额的 15%。此外，单个自然人、非金融机构和非银行金融机构及其关联方投资入股比例不得超过村镇银行股本总额的 10%。职工自然人合计投资入股比例不得超过村镇银行股本总额的 20%。

二 民营银行

银监会允许符合条件的小额贷款公司改制设立村镇银行，这给处于困境中的小额贷款公司带来了一丝希望。不过在大部分小额贷款公司看来，若以牺牲公司控股权和经营权为代价而获得金融牌照是痛苦的，宁肯放弃，因为改制村镇银行标准和门槛太高。小额贷款公司可以民营银行为方向，贷款公司取得了合法金融机构的地位，就可以名正言顺地吸收存款，解决目前只贷不存带来的资金紧缺问题，把小额贷款公司发展转型为服务于中小企业和农户的民营银行将是解决中小企业和农户融资难的重要途径。

2013 年 6 月，国务院常务会议提出"探索设立民营银行"。2013 年 7 月，国务院办公厅发布《关于金融支持经济结构调整和转型升级的指导意见》，意见表示鼓励民间资本投资入股金融机构和参与金融机构重组改造。允许发展成熟、经营稳健的村镇银行在最低持股比例要求内，调整主发起行与其他股东持股比例。尝试由民间资本发起设立自担风险的民营银行、金融租赁公司和消费金融公司等金融机构。探索优化银行业分类监管机制，对不同类型银行业金融机构在经营地域和业务范围上实行差异化准入管理，建立相应的考核和评估体系，为实体经济发展提供广覆盖、差异化、高效率的金融服务。

2013 年 9 月，全国首份地方版《试点民营银行监督管理办法（讨论稿）》（以下简称《办法》）出台，银监会将其列为"范本"，成为制定全国版细则的重要参考。《办法》要求最大股东及其关联方持股比例不得超过股本总额的 20%，其他企业法人股东及关联方持股比例不得超过股本总额的 10%，单个自然人持股比例不得超过股本总额的 2%，所有自然人持股比例不得超过股本总额的 20%。

不仅如此，它还要求主发起人最近三个会计年度连续盈利，且这3年内年终分配后的净资产占全部资产的30%。其他发起人则要求最近两个会计年度连续盈利，且所有发起人的入股资金不得以借贷资金入股，不得以他人委托资金入股。并且，股东的核心主业不突出且其经营行业过多，资产负债率、财务杠杆率高于行业平均水平，以及现金流量波动受经济景气影响较大的企业，可能被排除在发起人之外。另外，关联企业众多、股权关系复杂且不透明、关联交易频繁且异常的企业，将不具备发起人资格。在经营方面，《办法》规定民营银行应该以信贷业务为主，以服务"三农"和社区银行的形式合法经营，且原则上不在行政区辖外设立分支机构。对民营银行的监管，将参照城商行的各项监管指标，并按照《商业银行监管内部评级指引》对其进行监管评级。

2013年11月，党的十八届三中全会审议通过的《中共中央关于全面深化改革若干重大问题的决定》指出，扩大金融业对内对外开放，在加强监管前提下，允许具备条件的民间资本依法发起设立中小型银行等金融机构。银监会根据中央深化改革领导小组分工安排，"在加强监管的前提下，允许具备条件的民间资本依法发起设立中小型银行等金融机构"列为2014年改革重点工作。根据我国银行业发展情况和民间资本进入银行业的具体诉求，提出设立自担风险民营银行试点工作的框架性建议，经过反复论证和筛选，并报国务院同意，确定了首批5家民营银行试点方案。作为金融改革重要一环的民营银行试点工作终于破冰。

（一）民营银行的设立

民营银行试点采取共同发起人制度，每家试点民营银行至少应有两个发起人，同时遵循单一股东比例规定。对于最低注册资本和单一持股比例问题，银监会表示，《公司法》《商业银行法》《银监法》《中资商业银行行政许可事项实施办法》等一系列法律法规是民营银行设立的主要依据。《商业银行法》规定，设立商业银行的注册资本最低限额为10亿元人民币。城市商业银行的注册资本最低限额为1亿元人民币。银监会还强调，监管机构更看重股东是否具有持续注资的能力，"从方案上来看，注资资本都是远远大于最低标准的"。至于单一股东持股比例限制，从原则上看，现有法律法规对中小银行单一持股比例最高限制为 20%，对于新兴民营银行，未来具体如何安排还有待进一步明确。

（二）民营银行经营模式

根据试点方案要求，民营银行四种经营模式分别是："小存小贷"（限定存款上限，设定财富下限）；"大存小贷"（存款限定下限，贷款限定上限）；"公存公贷"（只对法人不对个人）；"特定区域存贷款"（限定业务和区域范围）。

（三）民营银行的监管

银监会作为监管部门，将明确专门机构、专门人员，按照统一标准实施公开公平的审慎监管和行为监管，特别是强化对关联交易的监管，杜绝道德风险。同时，建立风险监管长效机制，按照风险为本的监管原则，确保存款人和相关债权人的合法权益不受损失，促进民营银行试点有序推进。

（四）民营银行试点方案筛选标准

民营银行试点方案筛选标准主要有 5 条：一是有自担剩余风险的制度安排。二是有办好银行的资质条件和抗风险能力。要求发起人公司治理完善，核心主业突出，现金流充裕，有效控制关联交易风险，能够承担经营失败风险。三是有股东接受监管的协议条款。四是有差异化的市场定位和特定战略。坚持服务小微企业和社区民众的市场定位，为实体经济发展提供高效和差异化的金融服务，实行有限牌照。五是有合法可行的风险处置和恢复计划。

（五）民营银行试点现状

2014 年 3 月，首批 5 家风险自担的民营银行试点名单出炉。参与试点的民营企业共有 10 家，其中阿里巴巴和万向、腾讯和百业源、均瑶和复星、商汇和华北、正泰和华峰分别合作，组成 5 家民营银行。河北省有长城银行、燕赵银行等在积极酝酿，但无缘首批试点。首批 5 家民营银行试点情况见表 6 - 1。

表6-1 首批5家民营银行试点情况①

组合	地区	主打模式	简介
阿里巴巴+万向	浙江	小存小贷：限定存款上限，设定财富下限	阿里巴巴是中国最大的网络公司和世界第二大网络公司，是由马云在1999年一手创立企业对企业的网上贸易市场平台。万向控股是万向集团的子公司，主要从事战略投资，目前已在上海、浙江、陕西、辽宁、新疆等地有投资项目。
腾讯+百业源	广东	大存小贷：存款限定下限，贷款限定上限	腾讯是目前中国最大的互联网公司，旗下拥有微信、QQ、理财通等知名产品。百业源为上市公司健康元的控股母公司。
均瑶+复星	上海	特定区域存贷款：限定业务范围、区域范围	均瑶集团以实业投资为主，旗下拥有上市公司大东方，以及吉祥航空、均瑶乳业等。复星集团旗下拥有多家上市公司，包括复星医药、豫园商城等，并投资了永安保险、复星保德信人寿、民生银行等金融企业。
正泰+华峰	浙江温州	特定区域存贷款：限定业务范围、区域范围	正泰集团主营低压电器，总资本超200亿元，拥有上市公司正泰电器，同时也是乐清正泰小贷公司的发起企业。华峰集团系化工行业龙头，旗下拥有华峰氨纶等两家上市公司，并于2008年成立华峰小贷公司，已发展至体量超过16亿元，成为全国第二大小贷公司。
商汇+华北	天津	公存公贷：只对法人不对个人	天津商汇是一个天津民营企业机构投资者的联合体，由天津天士力集团、天津市津兰集团有限公司、天津市德利得物流有限公司、天津商汇实业发展有限公司以及天津摩天集团有限公司共同出资组建。华北集团拥有天津市华北电缆厂、天津华南线材有限公司、天津华北创业小额贷款有限公司等。

　　鼓励探索民间资本发起自担风险的民营银行，体现了国家正在逐步将垄断性领域向民间资本放开。民营银行的试点，可以释放民间资金的活力。由于民间资本的特性，决定了民营银行不可能与商业银行"硬碰硬"，而是独辟蹊径，和传统商业银行展开差异化竞争。民营银行有望以更灵活的服务方案冲刺传统小微企业"三农"贷款薄弱地带，实现银行服务的"下沉"。另外，阿里、腾讯这些互联网企业作为互联网金融业的助推者，参与民营银行，将会助推互联网金融业的发展，互联网思维必然会体现在民营银行的运营中。而这些将有利于

① 《首批5家民营银行试点情况》（http：//bank. hexun. com/2013/mybank/）。

中国互联网金融业的发展。

从目前银监会所制定的各项细则看，民营银行的路线已确定无疑，下一步，银监会将根据现行法律法规对参与试点的民营资本进行严格的股东资格审核，合格后受理正式申请，成熟一家批复一家。待取得试点经验后，再进一步扩大试点。

对于河北省非正规金融机构而言，直接创办民营银行的制约性因素太多，银监会目前工作的重点是引导非正规金融机构的资本更多地参与或主导村镇银行，而不是引导其"一窝蜂"地奔着"民营银行"的牌照，也就意味着，银监会对民营银行牌照的发放仍持谨慎态度。

三　保险公司

非正规金融机构在农村开办保险公司，得到了国家和河北省政府的支持。

2009年中央一号文件《关于促进农业稳定发展农民持续增收的若干意见》，明确提出"在加强监管、防范风险的前提下，加快发展多种形式新型农村金融组织和服务农村为主的地区性中小银行"，"加快发展政策性农业保险，扩大试点范围，增加险种，加大中央财政对中西部地区保费补贴力度，加快建立农业再保险体系和财政支持的巨灾风险分散机制，鼓励在农村发展互助合作保险和商业保险业务"。

2011年，河北省人民政府印发了《关于进一步鼓励和引导民间投资健康发展的实施意见》，指出要研究制定河北省鼓励民间资本进入金融服务领域的具体办法，支持民间资本以入股方式参与商业银行的增资扩股，参与农村信用社改制，发起或参与设立村镇银行、贷款公司、农村资金互助社、法人保险公司等金融机构。

2013年，保监会发布《关于保险业支持经济结构调整和转型升级的指导意见》指出，鼓励民间资本进入保险领域。《指导意见》指出，积极支持符合条件的民营资本通过发起设立、受让股权、认购新股等多种方式投资保险公司；支持民间资本投资设立保险代理、经纪、公估机构；鼓励民间资本加大对农村保险市场的投入力度，参与农村保险互助社的试点；鼓励民营和中小保险公司差异化、专业化发展。

　　农业生产的季节性、周期性、区域性、分散性等特点，使农业保险具有高风险性、高赔付率、高亏损率的特性，经营农业保险的盈利水平要比其他商业性保险的盈利水平低，导致商业性保险公司不愿意经营农业保险。河北省政策性农业保险实施以来，保费规模和保险覆盖面持续较快增长，农业保险损失补偿作用得到有效发挥，为"三农"提供了有力的保险保障。由于商业性农业保险公司在经营农业保险的时候，很容易发生亏损，极难盈利，所以，需要政府给予帮助。河北省目前只有人保财险和中华联合两家公司在开办政策性农业保险业务。对于河北省农村非正规金融机构而言，虽然河北农村金融组织中农业保险缺失，难以保证农业保险的有效供应，但是由于开展农业保险需要政府的财政支持，所以承办农业保险业务还要慎之又慎。

　　当前农村正规金融机构并不能对农村提供充足的贷款，其中一个主要问题是正规金融机构发放的信用贷款是以借款人的信誉发放的贷款，借款人无须提供抵押品或第三方担保，仅凭自己的信誉就能取得贷款，并以自己的信用程度作为还款保证的。由于在信贷市场上借款农户拥有自己用贷风险程度和能否按期还贷的私人信息，银行和借款农户之间存在着信息不对称，导致这种贷款方式风险较大。大量的有合理信贷需求但缺乏有效担保的农户贷款意愿难以在农村正规金融机构得到满足，农村地区就形成了农民贷款难，正规金融机构款难贷的"两难"局面。针对正规金融机构和农民信息不对称的风险，保险可以介入，为正规金融机构提供保证借款者按时支付利息及到期履行协议条款的担保，促进正规金融机构贷款业务风险降低，真正地惠及农民。

　　2014年中央一号文件《关于全面深化农村改革加快推进农业现代化的若干意见》，提出"发展新型农村合作金融组织。在管理民主、运行规范、带动力强的农民合作社和供销合作社基础上，培育发展农村合作金融，不断丰富农村地区金融机构类型"，"探索开办涉农金融领域的贷款保证保险和信用保险等业务"。

　　针对农户的保证保险业务在其他省份已经有试点。靖江农商银行与紫金财产保险股份有限公司泰州中心支公司联手合作，推出小额贷款履约保证保险业务，专门为贷款单笔金额 300 万元以下的个人和小微企业提供服务，最大限度地畅通农户、小微企业融资渠道。[①] 2014年，蚌埠怀远农商行专为缺乏有效抵质押物的农村新型经营主体量身定制，在安徽率先推出"助农保证保险"贷款，"助农保证保险"贷款无须办理任何抵质押评估手续，客户只需和保险公司签订协议，花少量的钱购买农业保险即可用信，真正实现信用担保。[②]

河北省非正规金融机构由于其基层性，使得它具备信息上的优势，能够在一定程度上解决正规金融机构所面临的信息不对称问题，其完全可以借鉴其他省份的经验，成立保险公司，开发农户贷款保证保险，保险公司在这中间起到了担保的作用，一旦贷款农户逾期未还款，那么保险公司要向银行进行一定额度的赔付。这样，农户贷款保证保险降低了银行贷款的风险，促进贷款的有效对接。当农户为贷款行为向保险机构购买贷款保证保险，由于非正规金融机构成立的保险公司不仅对借款农户的经济状况、还款能力有清楚的了解，而且还深谙借款农户的道德品格和资信状况，因此，避免或减少了信息不对称及其伴随的问题。非正规金融机构成立保险公司，开发农户贷款保证保险，既能有效解决农户贷款难问题，也为其自身找到了一个新的出路。

第四节　正规金融与非正规金融合作的模式选择

能否有效解决非正规金融发展过程中存在的问题的关键是：一是能否有效地吸收资金，二是能否纳入金融监管部门的有效监管之中，三是能否为当地经济服务。虽然政府部门自 2004 年以来连续颁布了若干放宽农村金融市场进入门槛的举措，我国金融监管当局放宽了金

---

① 袁媛：《靖江农商行推出小额贷款履约保证保险业务》（http：//insurance. hexun. com/2012 - 08 - 14/144714884. html）。

② 《试点"助农保证保险"贷款》（http：//www. sdjrb. gov. cn/art/2014/05/26/art_11251_328392. html）。

融业的准入门槛，但是农村非正规金融只有在具备一系列条件后才能向正规金融机构转化，也就是说并不是所有的农村非正规金融机构都有幸转化成正规金融机构，这些内生于农村社区的各类非正规金融与正规金融机构合作就成为其发展的一个可选模式。

一　正规金融与非正规金融合作问题的提出

由于地域、职业和血缘等原因，非正规信贷市场上的借贷双方保持相对频繁的接触，贷款人对借款人的资信、收入状况、还款能力等相对都比较了解。这种信息上的便利使贷款人能够较为及时地把握贷款按时足额归还的可能性，并采取相应的行动，从而能在一定程度上解决正规金融所面临的信息不对称问题。信息对称是导致非正规金融广泛存在于农村金融市场，成为农村金融市场上农村资金流通和借贷的主要途径。正是由于信息不对称，所以正规金融在农村金融市场上无法完全替代非正规金融。

非正规金融是建立在社会信誉和乡土亲情上的金融，只在被分割的小规模市场中才有效率，在规模和范围上存在劣势。由于非正规金融的借贷活动只能针对少数的对象展开，通常有其自己相对固定的客户，造成非正规金融市场的高度割裂。根据金融中介理论，任何金融中介都可视为单个借贷者在交易中克服交易成本、寻求规模经济的联合，金融中介存在的主要原因就在于交易成本。金融中介降低交易成本的主要方法则是利用技术上的规模经济和范围经济。在这里，对非正规金融的发展演变起关键作用的就是其边际贷款成本。即随着客户数量的增加，非正规金融的边际贷款成本逐渐下降，降至最低时，其客户数量达到最大，此时非正规金融机构的资产负债比达到最大限度的优化利用，其信息优势、成本优势等都达到最大发挥，非正规金融效率最高。但是随着其客户数量的继续上升，其边际贷款成本会逐渐上升，最终会在正规金融机构面前丧失成本优势。因此，大多数非正规金融机构都规定有人数和地域的限制，就是因为超过一定人数和地域后，随着非正规金融活动范围的扩大，信息优势将减弱，超越一定的区域，要求有更规范的管理手段和运行机制，将导致非正规金融非常高的交易成本，造成贷款成本便开始急剧上升，最终使得其难堪重负。在相应的运行机制和管理手段没跟上的情况下，贸然扩张，将导致非正规金融灾难性的后果。正规金融机构以自己特殊的分工角色，将原本由单个借款人与单个贷款人之间发生的借贷行为，最终积累成大量借款人与大量贷款人之间的借贷行为，这样就可以对产生的巨额信息费用进行集中的专业化处理，从而降低了单位资金融通的费用。显然，这里存在规模经济，也即随着客户数量的增加，现代主流金融机构存在着边际贷款成本下降的趋势。从这个意义上说，非正规金融机构较之正规金融组织不具备显著和完全的规模经济特点，所以非正规金融无法完全替代正规金融。并且非正规金融活动范围小，形成不了规模，又导致其资金拥有量不大。当一定时期出现大量农户借贷大量款项的时候，会出现无钱可贷的现象。

非正规金融往往是非法运行，许多无序的非正规融资导致的大量纠纷，如合同纠纷、利率纠纷、担保纠纷和借据纠纷，依靠一些严酷的惩罚机制甚至暴力犯罪来解决，导致一些非正规金融活动被政府限制甚至禁止。

综上所述，正规金融和非正规金融在不能完全替代对方的关系下，是否能发挥正规金融机构的资金实力雄厚、组织制度完善、经营管理人员素质较高、业务进行有严密的控制程序的优势；同时，利用非正规金融灵活、便捷、规模小、贷款偿还机制以及在信息方面的优势的特点进行相互合作，充分发挥他们的互补作用，就成为农村金融市场一个实质性的问题。下面就用博弈论来分析正规金融机构和非正规金融机构相互合作的博弈分析。

二　正规金融机构和非正规金融机构合作的演化博弈分析

本书将正规金融机构和非正规金融机构的合作看成一个合作系统，建立一个演化博弈模型来反映双方之间交往合作过程以及交往合作规则的自发演化，对其动态演化过程进行深入的分析，以期能够揭示双方合作的非线性特征及其动态演化过程。演化博弈理论自 Lewontin 用于解释生态现象产生以来，在经济、社会、生态学、社会学等领域得到了广泛的应用。

正规金融机构和非正规金融机构合作的过程可以看作是具有有限理性的金融机构在适应环境的变化中，为谋求生存和发展所发生的一系列相对稳定的变化过程和获得的结果。对现实经济生活中的参与人来讲，参与人的完全理性很难得到满足，在正规金融机构和非正规金融的合作不合作中，参与人之间是有差别的，经济环境与决策问题本身的复杂性所导致的信息不完全和决策者的有限理性是显而易见的，由于这两种因素的影响，合作不合作博弈的均衡与演化过程往往表现出复杂性的特征。因此，要对合作不合作博弈进行有实用价值的分析，必须考虑这些复杂性因素的影响。

（一）有限理性博弈

有限理性这一概念最早是由西蒙在研究决策问题时提出，威廉姆森在研究影响交易费用的因素时，对有限理性的问题进行了归纳总结。人的有限理性是由两方面的原因引起的：一方面是由于人的感知认识能力限制，它包括个人在获取、储存、追溯和使用信息的过程中不可能做到准确无误，人的有限理性的另一方面则是来自语言上的限制，因为个人在以别人能够理解的方式通过语句、数字或图表来表达自己的知识或感情时是有限制的，不管多么努力，人们都将发现，语言上的限制会使他们在行动中受到挫折。从这两个方面而言，完全理性的人根本就不可能存在。有限理性意味着博弈方往往不会一开始就找到最优策略，而是在博弈过程中通过学习和试错寻找较好的策略。有限理性也意味着一般至少有部分博弈方不会采用完全理性博弈的均衡策略，均衡是通过不断调整和改进逐渐达到的，而不是一次性选择的结果，而且即使达到了均衡也可能再次偏离。这里的有限理性假设是假定博弈方有一定的统计分析能力和对不同策略收益的事后判断能力，但缺乏完全的事前预测能力。所以，要对有限理性博弈进行有效的分析，把握合作不合作关系中的复杂性，必须分析其参与人的学习与调整过程，寻找稳定的均衡策略，这种策略我们称其为有效均衡策略。此时的稳定性指的是群体成员采用特定策略的比例不变，而非某个参与人的策略不变，这种有限理性参与人策略的学习与调整将导致群体意义上的策略均衡。

（二）二人合作博弈的演化稳定策略

在有限理性的重复博弈中，最优的均衡策略必须通过参与人的模仿、学习、调整的过程才能达到，这个均衡能够经受有限理性所引起的错误与偏离的干扰，在受到少量的干扰后仍能恢复，我们称这种均衡是一种稳定的均衡，这种均衡是在一个特定群体内的动态重复博弈的基础上达到的。在现实的经济生活中，对象或伙伴是不固定的，多个或大量个体间长期的合作与不合作关系则属于这种有限理性博弈。

在演化博弈论中，最核心的概念是"演化稳定策略"和"复制动态"。演化稳定策略表示一个种群抵抗变异策略侵入的一种稳定状态，当群体中所有个体都选择演化稳定策略时，群体所处的状态就称为演化稳定状态，此时博弈所达到的均衡称为演化稳定均衡。这个均衡能够经受有限理性所引起的错误与偏离的干扰，在受到少量的干扰后仍能恢复。经济中的演化稳定均衡是指有限理性的参与者不可能完全正确地知道自己所处的利害状况，其发现最佳行动的能力也是有限的，主要通过对被认为是最有利战略的不断模仿而逐渐逼近理论最优状态。复制动态实际上是描述某一特定策略在一个种群中被采用的频数或频度的动态微分方程。根据演化的原理，一种策略的适应度或支付比种群的平均适应度高，这种策略就会在种群中发展，即适者生存体现在这种策略的增长率大于零。

在博弈中，假定有两类参与人，所有的参与人均采用纯策略，令 S 是参与人所有纯策略的集合，$\varphi_t(x)$ 代表所有在 t 阶段采用纯策略 $x \in S$ 的参与人集合，定义状态变量 $\theta_t(x)$ 表示在 t 阶段采用纯策略 x 的参与人群体比例向量，于是有：$\theta_t(x) = \dfrac{\varphi_t(x)}{\sum\limits_{y \in S} \varphi_t(y)}$。

在 t 阶段采用纯策略 x 的参与人的期望效用是：$\mu_t(x) = \sum\limits_{y \in S} \varphi_t(y)\mu(x,y)$，其中，$u(x,y)$ 表示采用纯策略 x 的参与人在另一类参与人采用纯策略 y 时的期望效用。于是，群体的平均期望效用为：$\bar{\mu}_t = \sum\limits_{x \in S} \theta_t(x)\mu_t(x)$。

根据前面的假设，有限理性的博弈方有一定的统计分析能力和对不同策略得益的事后判断能力。得益较差的博弈方迟早会发现这种差异，并开始学习模仿另一类型博弈方的策略，因此博弈方类型的比例是随时间而变化的，可以表示为时间的函数。这个比例随时间变化的速度取决于博弈方学习模仿的速度。一般情况下，博弈方学习模仿的速度取决于两个因素：一是模仿对象数量的大小（可用相应类型的博弈方在整个群体中的比例表示），因为这关系到观察和模仿的难易程度。二是模仿对象的成功程度（可用模仿对象的策略得益群体超过平均得益的幅度表示），因为这关系到判断差异的难易程度和对模仿激励的大小。因此博弈方策略类型的比例 $\varphi_t(x)$ 随时间变动的动态变化率可以用下列复制动态微分方程表示：

$$\frac{d\theta_t(x)}{dt} = \theta_t(x)[\mu_t(x) - \bar{\mu}_t] \text{。} \tag{1}$$

这是一个模仿者的复制动态方程。复制动态实际上是描述某一特定策略在一个种群中被采用的频数或频度的动态微分方程。根据演化的原理，一种策略的适应度或支付比种群的平均适应度高，这种策略就会在种群中发展，即适者生存体现在这种策略的增长率 $\frac{1}{\theta_t(x)}\frac{d\theta_t(x)}{dt}$ 大于零。

（三）正规金融机构和非正规金融合作的演化博弈模型

本书假设正规金融机构和非正规金融机构合作系统中，有一群正规金融机构 Z 与非正规金融机构 F 进行策略博弈，双方的策略集合为（合作，不合作）。考虑到当前的农村金融市场现状，没有一个组织来设计或安排这样的合作系统，系统是通过"物竞天择，适者生存"的原则自发演化形成的，正规金融机构和非正规金融根据其他成员的策略选择，考虑在自身群体中的相对适应性，来选择和调整各自的策略。

分析正规金融机构和非正规金融合作博弈的收益情况。设 π_Z, π_F 分别表示正规金融机构和非正规金融机构在未合作以前分别在农村金融市场上获得的正常收益。如双方采取合作，因为优势互补，假设双方获得的收益要比不合作的收益要高，设 ΔV_Z，ΔV_F 分别为博弈双方选择合作策略时得到的超额利润，且超额利润的总和为 ΔV，$\Delta V = \Delta V_Z + \Delta V_F$　（$\Delta V_Z > 0$，$\Delta V_F > 0$）。C_{OZ}，C_{OF} 分别为双方为选择合作所投入的初始成本，可以看出博弈双方的收益假设与现实情况是比较相符的。根据假设，可以得到如表 6 - 2 所示的支付矩阵。

表 6 - 2　　　　　　　　　　　博弈双方的支付矩阵

正规金融机构	非正规金融机构		
		合作	不合作
	合作	$\pi_Z + \Delta V_Z, \pi_F + \Delta V_F$	$\pi_Z - C_{OZ}, \pi_F$
	不合作	$\pi_Z, \pi_F - C_{OF}$	π_Z, π_F

在静态博弈情况下，该博弈只有 1 个纯策略纳什均衡，如果博弈双方具有完全理性，那么可以预期博弈结果是种群内所有金融组织都同时采用合作策略。在有限理性的情况下，并不是所有企业一开始就能找到最佳策略。通常情况是群体内既有金融组织采用合作策略，也有金融组织采用不合作策略。可以假设在初始状态下选择合作策略的正规金融机构比例 x，选择不合作策略的正规金融机构比例 $1 - x$；选择合作策略的非正规金融机构比例 y，选择不合作策略的非正规金融机构比例 $1 - y$。

（四）正规金融机构和非正规金融合作的演化博弈分析

正规金融机构 Z 采用合作策略 x 时的适应度为：

$$\mu_Z(x) = y(\pi_Z + \Delta V_Z) + (1 - y)(\pi_Z - C_{OZ})。\tag{2}$$

正规金融机构 Z 采用不合作策略 $1 - x$ 时的适应度为：

$$\mu_Z(1 - x) = y\pi_Z + (1 - y)\pi_Z = \pi_Z。\tag{3}$$

而正规金融机构的期望适应度为：

$$\bar{\mu}_Z = x\mu_Z(x) + (1 - x)\mu_Z(1 - x)。\tag{4}$$

x 是随时间变化的。变化的原因是因为博弈方有基本的，包括直觉和经验的能力，早晚会发现不同策略的差异，得益较差类型的博弈方或早或迟会发现改变策略对自己是有利的，并开始模仿另一类型的博弈方。变化的速度取决于模仿数量的大小，可用相应类型博弈方的比例表示，也取决于模仿对象的成功程度，可用模仿对象策略得益超过平均得益的幅度表示。因此，正规金融机构选择合作策略的博弈方比例随时间的变化，即正规金融机构选择合作策略的重复动态由（1）、（2）、（4）式可得：

$$\frac{dx}{dt} = x[\mu_z(x) - \bar{\mu}_z] = x(1-x)[(\Delta V_z + C_{OZ})y - C_{OZ}]。 \quad (5)$$

上述动态微分方程的意义是，"合作"类型博弈方的比例的变化率与该类型博弈方的比例成正比，与该类型博弈方的期望得益大于所有博弈方平均得益的幅度成正比。$\frac{dx}{dt} > 0$，那么上述变化率为正，即采取"进入"策略的博弈方会逐渐增加；$\frac{dx}{dt} < 0$，上述变化率为负，即采取"进入"策略的博弈方会逐渐减少；$\frac{dx}{dt} = 0$，上述变化率为0，即采取"进入"策略的博弈方比例不会发生变化，是稳定状态。

根据动态方程（5），如果 $y = \frac{C_{OZ}}{\Delta V_z + C_{OZ}}$，那么 $\frac{dx}{dt}$ 始终为0，这意味着所有 x 的水平都是稳定状态；如果 $y \neq \frac{C_{OZ}}{\Delta V_z + C_{OZ}}$，则 $x^* = 0$，$x^* = 1$ 是两个稳定状态。如果一个稳定状态对微小扰动具有稳健性就成为进化稳定策略。

有限理性所要求的就是进化稳定策略，作为进化稳定策略的点 x^*，除了本身是均衡状态以外，如果某些博弈方由于偶然的错误偏离了它们，动态变化仍然会使 x 回到 x^*。在动态方程中就相当于当干扰使 x 出现低于 x^* 时，$\frac{dx}{dt}$ 必须大于0；当干扰使 x 出现高于 x^* 时，$\frac{dx}{dt}$ 必须小于0；即在进化稳定状态下的 $\frac{dx}{dt}$ 的导数必须小于0。

同理，非正规金融机构选择合作策略的重复动态为：

$$\frac{dy}{dt} = y(1-y)[(\Delta V_F + C_{OF})x - C_{OF}]。 \quad (6)$$

微分方程（5）和（6）描述了这个演化系统的群体动态，根据Friedman 提出的方法，其均衡点的稳定性可由该系统的雅可比矩阵的局部稳定性分析得到。其结果为：系统在平面 $S = \{(x,y); 0 \leq x, y \leq$

1} 的局部均衡点有 5 个，分别为 O（0，0）、A（1，0）、B（1，0）、C（1，1）及 $D(X_D, Y_D)$ 其中：$X_D = \dfrac{C_{OF}}{\Delta V_F + C_{OF}}$，$Y_D = \dfrac{C_{OZ}}{\Delta V_Z + C_{OZ}}$。

在 5 个局部均衡点中，仅有 O 点和 C 点两个是稳定的，是演化稳定策略，O 点对应于正规金融机构和非正规金融机构都选择建立合作伙伴关系的策略，C 点为双方都选择不合作策略。另外，该演化系统还有两个不稳定的均衡点（A 点和 B 点），及一个鞍点（D 点）。图 6-2 描述了正规金融机构和非正规金融机构博弈的动态过程。

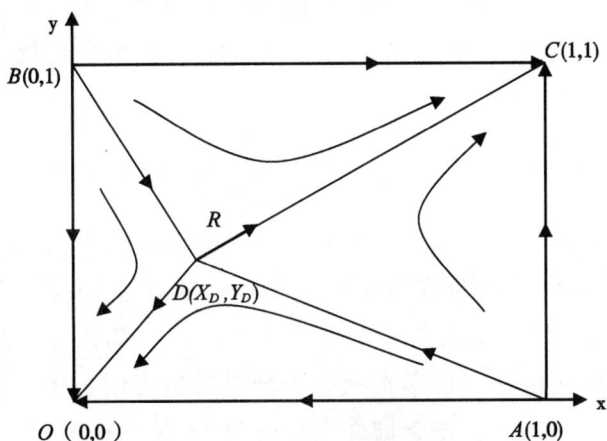

图 6-2　系统的动态演化相图

由两个不稳定的均衡点 A 和 B 及鞍点 D 连成的折线为系统收敛于不同状态的临界线，即在折线的右上方（$ADBC$ 部分）系统将收敛于双方合作模式，在折线的左下方（$ADBO$ 部分）系统将收敛于双方都不合作模式。由于在农村金融市场合作中，合作的演化是随国家政策、农村金融市场等外部环境变化以及双方金融组织内部针对获取农户信息能力等因素的积累而不断演化的长期过程，所以在相当长的时期内，在不同的地区，双方完全合作模式和完全不合作经营模式是会共存的。

图 6-2 中，横轴表示选择合作策略的正规金融机构比例 x（$0 \le x \le 1$）的变化，纵轴表示选择合作策略的非正规金融机构比例 y（$0 \le y \le 1$）的变化，根据上文演化策略博弈分析，C（1，1）和 O

（0，0）是两个演化均衡战略。还有两个非稳定状态平衡点（$x = 1, y = 0$）和（$x = 0, y = 1$）以及一个鞍点（$\dfrac{C_{OF}}{\Delta V_F + C_{OF}}$，$\dfrac{C_{OZ}}{\Delta V_Z + C_{OZ}}$），分别对应于系统动态演化路径图中 A 点、B 点、D 点。图中箭头所示为该区域内复制动态方程的演化方向。

当 $x < \dfrac{C_{OF}}{\Delta V_F + C_{OF}}$，$y < \dfrac{C_{OZ}}{\Delta V_Z + C_{OZ}}$ 时，即正规金融机构倾向选择合作的比例小于临界值，非正规金融机构倾向选择合作的企业比例也小于临界值，初始博弈落在系统动态演化路径图的左下方，其博弈将收敛于（$x = 0, y = 0$）。在现实中，正规金融机构和非正规金融机构都将采取不合作的策略。

当 $x > \dfrac{C_{OF}}{\Delta V_F + C_{OF}}$，$y < \dfrac{C_{OZ}}{\Delta V_Z + C_{OZ}}$ 时，农村金融市场的合作博弈收敛将体现出其非线性特征。一方面，系统演化稳定平衡点有可能收敛于（$x = 0, y = 0$）点，也有可能收敛于（$x = 1, y = 1$）点，这主要取决于博弈双方在动态博弈过程中的学习调整速度，如果非正规金融机构复制动态方程（也称增长率）大于正规金融机构增长率，博弈会先收敛于（$x = 1, y = 1$），反之博弈会先收敛于（$x = 0, y = 0$）。另一方面，系统演化及其均衡点的收敛情况还要取决于系统博弈双方的初值，如果初始（x, y）点落在临界线的左边，正规金融机构和非正规金融机构的博弈均衡则有可能收敛于不合作状态；反之，如果初始（x，y）点落在临界线右边，则有可能收敛于合作状态模式，即系统演化的路径依赖于博弈双方的初始状态。

同理分析，当 $x > \dfrac{C_{OF}}{\Delta V_F + C_{OF}}$，$y > \dfrac{C_{OZ}}{\Delta V_Z + C_{OZ}}$，博弈收敛于（$x = 1, y = 1$）。当 $x < \dfrac{C_{OF}}{\Delta V_F + C_{OF}}$，$y > \dfrac{C_{OZ}}{\Delta V_Z + C_{OZ}}$，博弈有可能收敛于（$x = 0, y = 0$）或者（$x = 1, y = 1$）。

因此，在合作之初，参与博弈的正规金融机构以及非正规金融机构在给定的信息状态下，不一定能够或愿意选择最优策略。而是在动态交往的过程中，通过对包括农村金融市场形势、国家的金融政策、法律环境、农村金融市场的信息等外部信息的深入挖掘以及博弈对方在农村金融市场的地位、收益情况等内部信息的分析，从而不断学习、试验、模拟仿真来调整博弈策略。其演化稳定状态不仅依赖于博弈双方的学习速度和方向，也取决于博弈双方的初始状态，即具有演化的初值依赖性。

（五）正规金融机构和非正规金融合作的演化博弈初始参数分析

从以上演化博弈模型可知，第一，系统演化的长期均衡结果可能是完全合作，也可能是完全竞争，究竟沿着哪条路径到达哪一状态与该博弈的支付矩阵密切相关。第二，在一定的信息引导机制下，系统将收敛于哪一个均衡点受到博弈发生的初始状态影响。因此，在博弈的过程中，构成博弈双方支付函数的某些参数的初始值及其变化将导致演化系统向不同的均衡点收敛。由图 6 - 2 可以看出，影响系统演化的参数主要有双方为合作而付出的初始成本和合作产生的超额利润，以下分别进行讨论。

1. 初始成本

从 $X_D = \dfrac{C_{OF}}{\Delta V_F + C_{OF}}$，$Y_D = \dfrac{C_{OZ}}{\Delta V_Z + C_{OZ}}$ 可以看出，当非正规金融机构选择合作策略时超额利润一定，为搜寻合作策略而付出的初始成本增加，X_D 变大，X_D 右移；同样当正规金融组织选择合作策略时超额利润一定，为搜寻合作策略而付出的初始成本增加，Y_D 变大，Y_D 上移，从相图上可知，折线下方的 $ADBO$ 的面积变大，系统收敛于 O 点概率增加，越来越多的正规金融机构和非正规金融机构会选择不合作策略。反之，当双方为了合作投入的初始成本越小，折线上方的 $ADBC$ 部分的面积也越大，演化系统收敛于 C 点的几率也就越大，越来越多的正规金融机构和非正规金融机构会选择合作策略。如果所付出的成本低，合作愿望和诚意较强，容易寻找并评估合作伙伴，合作环境良好。

2. 超额利润

正规金融能够获得额外利润是因为和非正规金融合作，避免了信息不对称，从而将使放贷规模增加产生的利息。非正规金融由于自身资金规模的制约通过合作可以增加资金规模获取超额利润。在合作中双方利润增加折线上方的 $ADBC$ 部分的面积也越大,演化系统收敛于 C 点的几率也就越大。越来越多的正规金融机构和非正规金融机构会选择合作策略。从以上分析可知双方采取策略的变化受双方合作超额利润与合作成本的影响,而在合作的过程中,它们总是随着系统演化的外部环境和内部博弈双方的学习速度及方向而动态变化。所以在合作的路径依赖中,超额利润和合作成本既是状态变量也是决定变量。在超额利润一定的情况下,初始合作成本决定着双方合作博弈的路径演化。双方在博弈过程中,不仅要考虑自身的收益满意程度,而且要考虑对方的收益和成本情况,通过分析选择合适的策略使得合作系统能够持续稳定。

三　正规金融机构和非正规金融合作模式

就河北省农村而言,促进非正规金融与正规金融的合作能有效增加河北省农村金融供给。河北省农村金融供给不足,除了金融总量供给缺乏之外,金融供给的产品种类与服务也相对单一。同时,河北省农村幅员辽阔,农村经济占了很大的比例,而非正规金融则在服务农村经济发展方面具有正规金融所无法比拟的优势。长期以来,农村财政投入以及金融供给的不足成为阻碍农村经济发展的瓶颈,这在河北省农村表现得尤为明显。河北省农村正规金融体系中并不缺乏资金,缺的是将资金投向河北省农村的机制,因而导致了正规金融机构逐渐远离农村市场及中等收入以下的农户,难以满足大多数农村个体的金融服务需求,不仅影响农村企业发展和农民增收,更阻碍了河北省农村经济的发展。通过促进非正规金融与正规金融的合作,就可以改善正规金融将从河北省农村吸收的存款通过各种方式转移到城市或经济发达地区的做法,有效满足河北省农村的资金需求,推动河北省农村经济的发展。

有必要指出的是,非正规金融与正规金融的合作并不是机构的联合,而是机制的联合。正规金融机构让出自己的部分利润,吸引非正规金融机构参与联合。需要指出的是,在正规金融与非正规金融合作的过程中，政府不应运用行政手段干预正规金融与非正规金融的合作，应按照市场经济的方式进行，但可以对主动进行合作的机构给予优惠政策扶持，促进合作的实现。

虽然正规金融与非正规金融合作的实际效果有待进一步实证考察，但毕竟从理论上给我们提出了一种新的思路。借鉴国内外非正规金融与正规金融结合的成功案例，促进两者的合作关系，即使不能改善中小企业的贷款条件，也能够促进正规金融的可持续性，增加信贷资金的供给。

（一）转贷款

转贷款是非正规金融机构直接从正规金融机构获得贷款，再将得到的贷款转贷给农村资金的需求者。

针对非正规金融机构充当转贷款，国内外许多专家学者对此都进行了研究。对许多发展中国家的调查显示，农村非正规金融机构的大部分放贷资金从正规部门获得。[1] 金烨、李宏彬（2009）的研究证明农村特殊地位的借款者更容易从正规金融机构贷款。而这些人往往将款项转贷出去以获取利差，这种现象在我国很多地区存在。[2] Ghate（1992）提出了正规金融与非正规金融的合作方式为非正规金融先从正规金融取得贷款，然后再将其贷给农户的联结方式。在这样的合作模式下，非正规金融在正规金融与农户之间充当了信贷中介人的角色。[3] Jain（1999）考察了银行借助于放贷者所拥有的客户信息来区分好坏借款人的情况，他们向好的借款人提供一部分资金，让好的借款者能够获得资金。[4] Floro and Ray（1997）研究了菲律宾的案例，将正规金融向非正规金融机构放贷，非正规金融机构再将其贷给农户

① Lawrence G. Goldberg and Lawrence J. White, "De Novo Banks and Lending to Small Businesses: An Empirical Analysis", *Journal of Banking and Finance*, Vol. 22, No. 6, August 1998.

② 金烨、李宏彬：《非正规金融与农户借贷行为》，《金融研究》2009年第4期。

③ Ghate P., *Informal Finance: Some Findings From Asia*, Oxford: Oxford University Press, 1992.

④ Jain S., "Symbiosis vs. Crowding-out: the Interaction of Formal and Informal Credit Markets in Developing Countries", *Journal of Development Economics*, Vol. 59, No. 2, 1999.

的形式①。钱水土、刘佳（2008）介绍了马里的 BNDA 银行长期为 MFIs（小额信贷组织等）提供大量贷款和信贷额度以及储蓄账户，帮助一些有较大关系网络的存款信贷协会和乡村银行解决现金流可变性和扩展投资组合等问题。② Von Pischke（1991）研究表明正规金融与捆绑信贷的合作方式在发展中国家非常普遍。③ 在我国东北地区广泛存在的"对缝"，即能够从正规金融市场上获取资金的大型涉农企业将所借资金转贷到非正规金融市场上，具体操作一般是龙头企业从政策性金融机构处获得贷款，并对个体农户进行赊销，这在合作形式上属于正规金融与捆绑信贷的合作。

非正规金融机构转贷款提高了农村融资的经济效益，在一定程度上解决了农村资金供给不足之间的矛盾。同时也对打击高利贷、制止地下钱庄和地下金融发挥着积极的作用，为社会主义良好市场经济秩序的建立发挥着积极作用。

非正规金融机构转贷款可以让农村非正规金融和正规金融在合作相互受益的情况下，更好地为农村提供资金供给。考虑到农村金融市场上农户有两种类型，资信好的农户（G）对所得到的贷款会按期偿还（守约），农户资信好的概率为 P_G，资信好的农户属于低风险贷款者。资信差的农户（B）对所得到的贷款有可能不按期偿还（违约），农户资信差的概率为 $1 - P_G$，资信差的农户属于高风险贷款者。

由于正规金融机构在农村金融市场的信息不对称，难以分辨出来贷款的农户的资信情况。而非正规金融由于自身的优势，能得到来贷款农户的资信情况，并对低风险贷款者的贷款利率为 r_1，高风险借款者的利率为 r_2。由于非正规金融机构在促进农户还款方面严格优于正规金融机构，这使其风险较低。但是非正规金融机构如小额信贷组织

① Floro M. S. and Ray D., "Vertical Links between Formal and Informal Financial Institutions", *Review of Development Economics*, Vol. 1, No. 1, 1997.

② 钱水土、刘佳：《正规金融与非正规金融的联结问题探讨》，《浙江金融》2008 年第 9 期。

③ Von Pischke J. D., *Finance at the Frontier: Debt Capacity and the Role of Credit in the Private Economy*, Washington, DC: World Bank EDI Development Studies, 1991.

由于规模限制，面临着资金供给有限的问题。

正规金融机构为了服务农村经济，在面临贷款风险的情况下选择非正规金融机构作为受托人向非正规金融机构提供资金 W，让其放贷给农户。非正规金融机构作为一个组织要和正规金融机构是一个长期合作关系，并接受正规金融机构的监督管理。正规金融机构规定非正规金融机构贷给符合条件农户的利率为 $r+k(r>r_1)$，这里的 r 是非正规金融机构贷款给低风险的农户的利率 r_1 加上在办理非正规金融机构转贷款所花费的成本，其中 k 为贷款金额的一定比例，是非正规金融机构收取的手续费。接受非正规金融机构转贷款后，贷给农户的利率为低风险贷款者的贷款利率为 r，高风险借款者的利率为 $r+k$。

通过以上分析，我们可以得到非正规金融机构在农村金融市场上贷款的收入 $I=P_G rW+(1-P_G)(r+k)W$。

非正规金融机构在农村金融市场上的纯收益为贷款收入减去给正规金融的利息，即 $\pi=I-R=P_G rW+(1-P_G)(r+k)W-rW$。

由上式可以得到，由于资金不足和正规金融合作，而从正规金融那里获得资金产生的额外利润 $\pi=(1-P_G)kW>0$。

正规金融机构获得额外利润，是因为和非正规金融机构合作，通过非正规金融机构转贷款，避免了信息不对称，从而将农村金融市场上的高风险贷款者间接转化成低风险贷款者，使放贷额额外增加产生的利息。

（二）联合贷款

Stiglitz（1990）根据孟加拉格莱敏银行利用非正规金融机构进行信贷创新实践，提出了联合贷款模式。[①] 这里的非正规金融机构指的是自发的或外部帮助下，以相互担保的形式组成的团体。包括合会、小额信贷组织、资金互助社等。联合贷款模式，就是让贷款需求者之间互相承担连带责任，自发组合成一个联合贷款担保体，资金的供给者按照担保体中各个成员的还贷水平来决定是否对其提供贷款。调查

---

① Stiglitz J. E. , "Peer Monitoring and Credit Markets", *The World Bank Economic Review*, Vol. 4, No. 3, 1990.

显示，格莱敏银行的联合贷款机制非常成功，它的平均还贷率为98%。

左臣明和马九杰（2007）提供了一个正规金融机构与非正规金融机构合作的典型案例，即我国吉林省梨树县的"信用社＋合作社＋农户"的信贷模式。① 吉林省梨树县由养殖户组成的专业合作社——太平洋百信农户合作社实施的所谓"股权信贷"，就是将互助合作社作为联结农户与正规金融机构的桥梁，通过将成员储蓄存在当地信用社作为基金，然后将农信社申请的贷款贷给社员。社员间的联保机制有效降低了信用社的风险，最终实现农户、合作社、农信社三方"共赢"的局面。

正规金融机构与非正规金融机构合作共同提供贷款，这里包括正规金融隐含地利用非正规金融机构的信息，利用非正规金融机构贷款给非意愿违约的好的借款人，从而共同获得未来的盈余。

（三）便利金融联接

便利金融联接是正规金融雇用非正规机构，利用其信息优势代其发放贷款，非正规机构作为正规机构的代理人赚取佣金，自身并不承担信贷风险。联结的目的在于提高农村金融服务的便捷性。

钱水土、刘佳（2008）介绍了印度第二大商业银行 ICICI 通过与 MFIs 合作扩大对农村地区互助组（SHGs）的信贷规模，并借助 MFIs 的信息优势来筛选和管理 SHGs 借款人。作为世界一流的保险公司，印度 AVIVA 人寿保险公司也利用 MFIs 扩大面向农民的人寿保险产品。MFIs 甚至作为保险零售商向全社会出售保险产品。肯尼亚的商业银行 K-Rep Bank 也以最小化成本和延伸业务范围为主要目的，与 MFIs 等非正规金融机构展开合作。②

（四）担保贷款

非正规金融机构可以依据其信息优势，筛选、监督借款人最终回

---

① 左臣明、马九杰：《农村正规金融与非正规金融的联接——基于吉林梨树的实证考察》，http：//www. cenet. org. cn/article. asp？articleid＝26978，2007－06－12。

② 钱水土、刘佳：《正规金融与非正规金融的联接问题探讨》，《浙江金融》2008 年第 9 期。

收贷款，为正规金融机构为农户发放贷款提供担保。

江乾坤（2007）提出了"浙江模式"，主要是基于"萧山经验"的互助担保模式，由中小企业和乡镇政府合股成立担保公司进行担保，实质上形成了一种"封闭式、会员制、非赢利"的金融担保制度。①

2011年12月，农业部、中国人民银行、银监会、保监会等四部门批准北京大兴、河北玉田、吉林九台、福建沙县、湖南沅陵、广西田东等6个县（区、市）为全国农村金融改革试验区。IUD领导决策数据分析中心显示，福建沙县组建了多种农业担保公司，建立村级融资担保基金，解决了农村贷款担保难问题。截至2012年12月末，沙县金融机构涉农贷款余额87.97亿元，同比增长18%；农户贷款余额27.19亿元，同比增长16%；沙县金融机构不良贷款余额降至1.13亿元，不良率为0.74%。②

农村非正规金融成立担保合作组织，由于其掌握农户的情况，利用民间信用的优势，既可以有效解决融资担保难的问题，也为其提供了一个新的思路。

（五）P2P信贷中介

P2P，即Peer to Peer，"人人贷"，2005年起源于英国的ZOPA，它是非正规金融民间借贷的新型模式，通过互联网或线下系统等平台进行的个人与个人贷款。2006年，中国第一家P2P宜信成立以来，P2P获得了迅猛的发展，根据2013年发布的《中国P2P信贷服务白皮书》数据显示：2012年交易额为600亿元左右。

由于P2P行业发展过快，缺乏外部的监管和约束，资金、平台运营等都游离在传统的金融体系之外。加上大多数P2P网站依靠诚信判断融资人的借贷额度，但是融资人的诚信度很难判断，虽然国家级信

---

① 江乾坤：《小额信贷创新的"浙江模式"解析》，载《中国会计学会高等工科院校分会2007年学术年会暨第十四届年会论文集》（http://cpfd.cnki.com.cn/Article/CPFDTO-TAL - HZOD200710001041.htm）。

② IUD领导决策数据分析中心：《农村金融改革试点数读》，《领导决策信息》2013年第27期。

用信息平台已经在酝酿建立，但具体信息尚不对公众公开，导致其征信成本过高。P2P 网贷平台出现兑付困难、倒闭、卷款等现象。

2012 年年底，江苏省的开鑫贷设立，2013 年上半年投入运营，其亮点是背后的国开行和江苏金农背景。其线上合作机构是江苏省境内的小额贷款公司。2013 年 2 月，主要与小贷公司合作的纯网贷平台——有利网上线，其初期合作机构基本全部是小贷公司，业务结构也基本都是小额贷款。2012 年 3 月，背景为平安集团的线上平台——陆金所上线，其主要合作机构依旧是平安旗下的信安易贷。

除了平台与小贷机构开启线上 P2P 业务合作以外，更有诸如中安信业、金融联小贷等本身就是小贷机构，自己开始考虑或已经设立网贷平台单打独斗。2013 年招商银行开始低调布局 P2P 业务。

双方合作，对于正规金融机构而言，非正规金融资本力量庞大，小贷公司不会再受制于资本金限制，通过互联网的方式，使得物理网点负担可以大大减轻，从而使得小额贷款公司、银行等正规金融机构面向"三农"方向的努力可以变成可能。借助互联网，理论上，所有小额贷款公司、银行都可以不再需要通过设立分支网点的方式扩展区域，以办事处或者其他形式保留小规模的业务，尽职调查团队就可以完美解决异地扩张的问题。网络平台 P2P 与银行或小额贷款公司等正规金融机构合作的充当信贷中介模式，也将是解决 P2P 行业困境的一个可持续发展的良策。

四　合作模式下非正规金融机构违规放贷的监管博弈分析

正规金融和非正规金融合作，非正规金融机构能获得正规金融资金支持，能够实现资金的规模效应，降低交易成本。同时也得到了业务指导和员工培训，提升了运营管理和风险控制等能力，扩大了业务范围。另外，通过合作，非正规金融机构的地下金融活动转为地上，有利于中央银行进行监管和调控，有效地防范金融风险，保证金融体系健康稳定地发展。

合作也会带来风险，尤其是正规金融的信贷风险。当合作模式中非正规金融机构为转贷款、便利金融连接等形式时，非正规金融机构有可能为了追求较高的收益，而违背正规金融为了促进农村经济而进行贷款的初衷。由于正规金融机构在合作中的优势地位，使其可以在合作开始时、合约签订时设定限制性条款，比如在贷款范围和对象、贷款方式和利率水平等的条款，以此来控制和影响非正规金融机构的行为，实现规避信贷风险的目的。在合作过程中，为了确保资金安全到达农户手中，使资金合理而高效地使用，不出现被非正规金融机构挪用等违规现象，就离不开严格的监管机制。而如何对资金进行科学的监督和管理，是正规金融监管机构的一个不可回避的问题。

经验告诉我们，即使有完全科学的监管政策，也不能保证资金的使用违规现象能够绝迹，所以，对违规行为的监管检查就至关重要。当然监管检查并非一定十分奏效，第一，正规金融监管部门不大可能有精力对所有借贷资金进行全面检查；第二，即使全面检查，也并不能保证查证完全成功，因有些违规手法高明，隐蔽性强，以现有技术手段，可能会出现漏网之鱼；第三，即使查证成功，如果处罚小于违规收益，也不能收到很好的效果；第四，监管的效果还要看正规金融监管部门的收益和成本，只有监管部门有了较大的监管检查收益和较少的监管成本，对非正规金融机构的监管才能奏效。

以下我们将利用博弈论来分析非正规金融机构出现违规借贷的内在原因。

（一）监管博弈模型

本模型假定有两个博弈方：一个是正规金融机构的监督和管理机构，二是非正规金融机构。

假定监督和管理机构的策略有两个，即监管或不监管。非正规金融机构的策略也有两个，即正常运作和违规操作，并且博弈方行动不分先后，即为静态博弈。

在模型中假定每个博弈方对其他博弈方的策略都有准确了解或虽不能确定对方的策略方案，但能准确确定对方的行动策略概率，也了解各种策略下的收益情况，即本模型假定博弈方的信息是完全的。

我们首先给出本博弈模型将使用到的各个符号的意义。设非正规金融违规所获得的额外收入为 W；监督和管理机构对非正规金融机构进行监管，一旦查出违规，不但没收其违规所获得的额外收入，还将对非正规金融处以的罚款为 F；非正规金融遭受处罚以后的其他不利损失为 Q；监督和管理机构查实成功所获得的奖偿和社会收益为 S；监督和管理机构进行监管的成本为 C；另外假设非正规金融违规的概率为 P；监督和管理机构进行监管的概率为 q；监督和管理机构对非正规金融违规查证成功的概率为 r。

根据假设，可以得到如表 6-3 所示的支付矩阵。

表 6-3　　　　　　　　博弈双方的支付矩阵

		正规金融监督管理机构		
		监管（q） 查出违规（r）	监管（q） 未查出违规（$1-r$）	不监管 （$1-q$）
非正规 金融机构	违规（P）	$W+S+F-C$ $-F-Q$	$-C$ W	0 W
	正常（$1-P$）	$-C,\ 0$	$-C,\ 0$	$0,\ 0$

（二）监管博弈模型的求解

给定非正规金融机构违规的概率为 p 的情况下，监督和管理机构进行监管的预期收入为 $\pi_1 = [(W+S+F-C)r+(-C)(1-r)]p+[(-C)r+(-C)(1-r)](1-p)$。监督和管理机构不进行监管的预期收入为 $\pi_2 = 0$。

当监督和管理机构进行监管和不进行监管的预期收入无差异时，就可得到非正规金融机构违规的最优概率。当 $\pi_1 = \pi_2$，有

$$[(W+S+F-C)r+(-C)(1-r)]p+[(-C)r+(-C)(1-r)](1-p)=0,$$

得到 $p = \dfrac{C}{r(W+S+F)}$。

给定监督和管理机构进行审计的概率 q 的情况下，非正规金融机构进行违规的预期额外收入为 $\pi_3 = [(-F-Q)r+W(1-r)]q+W(1-q)$。非正规金融机构不违规的预期额外收入为 $\pi_4 = 0$。

当非正规金融机构违规和不违规的预期额外收入相同时，就可得监督和管理机构的最优审计概率。当 $\pi_3 = \pi_4$，有

$$[(-F-Q)r + W(1-r)]q + W(1-q) = 0,$$

得到 $q = \dfrac{W}{r(F+Q+W)}$。

因此，该博弈模型纳什均衡策略为

$$(p^*, q^*) = \left(\dfrac{C}{r(F+S+W)}, \dfrac{W}{r(F+Q+W)}\right).$$

模型的均衡表示非正规金融机构将以最优概率 $p^* = \dfrac{C}{r(F+S+W)}$ 选择违规操作并获取相应额外收益，如果非正规金融机构选择以概率 $p > p^*$ 的概率进行违规，那么监督和管理机构的最优选择就是监管；反之，就不监管。如果机构和负责人选择以概率 $p = p^*$ 的概率进行违规操作，那么监督和管理机构的最优选择就是随机地选择监管或者不监管。

博弈模型的纳什均衡策略中，非正规金融机构采取违规策略的最优概率 $p^* = \dfrac{C}{r(F+S+W)}$ 的大小取决于监管的成本 C、监督和管理机构查证成功率 r、非正规金融机构违规所获得的额外收入 W、监督和管理机构查证成功所获得的收益 S、对违规非正规金融机构的处罚 F 几个变量。在现实中，我们可以通过各种方式改变这五个变量，那么就会通过它们的变化去影响非正规金融机构的违规活动概率。

由于非正规金融机构采取违规策略的最优概率同监督和管理机构的监管成本成正比，因此我们可以在传统的监管制度上，根据农村现状，采取各种措施降低监管成本，由于农村金融市场现场检查具有较强的时段性，因此平时在做好非现场监管的基础上可采取课题招标等形式鼓励员工走向农村，采取项目责任人与监管责任人制度，开展有针对性的调研活动为决策服务。建立非正规金融机构和农户的信息网络，利用网络建设，可以提高工作效率，加大员工的时间价值，尽量合理安排监管审查，减少隐性的成本浪费。

由于非正规金融机构采取违规策略的最优概率与监督和管理机构查证成功率 r、非正规金融机构违规所获得的额外收入 W、监督和管理机构查证成功所获得的收益 S 以及查证成功后对非正规金融机构的

处罚 F 成反比例关系，因此设法改进审查质量以提高对违规活动的查证效率。由于农村金融市场地处偏僻，所以在监管形式上，要做到现场监管和非现场监管有机结合，建立金融风险预警系统，加强监管信息化建设步伐。在监管内容上，要积极学习先进的监管方法，努力改善监管方式和手段，提高对违规活动的查证效率。另外可以提高对监督和管理机构查证成功的奖励力度以及加大对违规非正规金融机构的处罚，都会有效地降低非正规金融机构进行违规活动的频度。由于很难控制非正规金融机构违规所获得的额外货币性收入，因此我们只能通过其余的四个变量来降低非正规金融机构进行违规活动的频度。

对监督和管理机构而言，监督和管理机构将以最优概率 $q^* = \dfrac{W}{r(F+Q+W)}$ 选择监管。如果监督和管理机构选择以 $q > q^*$ 的概率进行监管，那么非正规金融机构的最优选择为正常运作，不进行违规活动；如果监督和管理机构选择以 $q < q^*$ 的概率进行监管，那么非正规金融机构的最优选择是违规策略，以获取额外货币及非货币收益。如果监督和管理机构以 $q = q^*$ 的概率进行审计，那么非正规金融机构将随机地选择违规策略。从最优概率 $q^* = \dfrac{W}{r(F+Q+W)}$ 中可以看出，这时监督和管理机构的最优审计概率，取决于监督和管理机构对非正规金融违规查证成功的概率 r、查出违规后的罚款 F、非正规金融遭受处罚以后的其他不利损失为 Q、非正规金融违规所获得的额外收入 W 几个变量，由于很难控制非正规金融机构违规所获取的额外收入，我们只考虑通过各种方式改变其余三个变量。因为监督和管理机构进行审计的最优概率与查证的成功率，以及非正规金融机构违规操作被查处后所遭受的货币、非货币处罚成反比例关系，所以，在设法提高查证质量以提高查证成功率的同时，加大对违规机构的货币处罚和非货币处罚的力度，才能有效降低监督和管理机构的审计概率，进而可以降低监管的总成本以提高工作效率，从而促进农村正规金融和非正规金融合作的稳步、健康、快速发展。

五　合作模式下非正规金融机构和借贷农户合谋的监管博弈分析

非正规金融机构违规放贷的监管博弈分析只是从非正规金融机构

违规放贷的角度进行了博弈分析。但是正规金融机构和非正规金融机构合作，最终的目的是降低信息不对称，为农村符合条件的借贷农户放款。因此，合作模式下的有效监管，需要考虑到借贷农户的行为。

合作模式中，如果非正规金融机构只是充当借贷服务中介，即转贷款或者提供中介信息、投资咨询、担保等服务时，在贷款过程中只要双方有利可图，非正规金融机构就会与借贷农户合谋损害正规金融机构的利益。这部分将研究合作模式下，正规金融机构、非正规金融机构与借贷农户三方的博弈行为，建立三方博弈模型，通过求解纳什均衡，给出各参数变量的政策含义，进而给出有效监管提出政策建议。

以下我们将利用博弈论来分析非正规金融机构出现违规借贷的内在原因。

（一）监管博弈模型

本模型假定有三个博弈方：一个是正规金融机构，二是非正规金融机构，三是借贷农户。

在正规金融机构和非正规金融机构合作过程中，双方为委托代理关系，正规金融机构实际上为委托人、非正规金融机构为代理人。非正规金融机构和借贷农户之间的表现为一种合作博弈关系，只要双方有利可图，损害第三方即正规金融机构的违规活动就有可能发生，在违规带来的利益分配中，双方会通过讨价还价或达成一种默契来解决。当然违规利益等于正规金融机构的净损失，正规金融机构为了自身利益，会对非正规金融机构和农户合谋活动进行检查和监管，并对它们处以适当的惩罚。

假定正规金融机构策略有两个，即监管或不监管。非正规金融机构和农户的策略也有两个策略，即正常运作和违规操作，并且博弈方行动不分先后，即为静态博弈。

在模型中假定每个博弈方对其他博弈方的策略都有准确了解或虽不能确定对方策略方案，但能准确确定对方的行动策略概率，也了解各种策略下的收益情况，即本模型假定博弈方的信息是完全的。

我们首先给出本博弈模型将使用到的各个符号的意义。设非正规金融机构和借贷农户合谋情况下，非正规金融机构所获得的额外收入为 W_1、借贷农户所获得的额外收入为 W_2；正规金融机构的损失为 $W_1 + W_2$。

正规金融机构对非正规金融机构和借贷农户进行监管，一旦查出违规，不但没收其违规所获得的额外收入，还将对非正规金融处以的罚款为 F_1，借贷农户罚款 F_2；非正规金融遭受处罚以后的其他不利损失为 Q_1，借贷农户遭受处罚以后的其他不利损失为 Q_2。

正规金融机构查实成功所获得的奖偿和社会收益为 S；正规金融机构进行监管的成本为 C；另外，假设非正规金融与借贷农户合谋违规的概率为 P；正规金融机构进行监管的概率为 q；正规金融机构对非正规金融违规查证成功的概率为 r。

根据假设，可以得到如表 6 - 4 所示的支付矩阵。

表 6 - 4　　　　　　　　　　三方博弈的支付矩阵

		正规金融机构		
		监管（q）	监管（q）	不监管
		查出违规（r）	未查出违规（$1-r$）	（$1-q$）
非正规金融机构和借贷农户	合谋违规（P）	$S + F_1 + F_2 - C$ $-F_1 - Q_1$ $-F_2 - Q_2$	$-W_1 - W_2 - C$ W_1 W_2	$-W_1 - W_2$ W_1 W_2
	正常（$1-P$）	$-C, 0, 0$	$-C, 0, 0$	$0, 0, 0$

（二）监管博弈模型的求解

给定非正规金融机构违规的概率为 p 的情况下，正规金融机构进行监管的预期收入为

$$\pi_1 = [(S + F_1 + F_2 - C)r + (-W_1 - W_2 - C)(1-r)]p + [(-C)r + (-C)(1-r)](1-p)。$$

正规金融机构不进行监管的预期收入为 $\pi_2 = (-W_1 - W_2)p$。

当正规金融机构进行监管和不进行监管的预期收入无差异时，就可得到非正规金融机构和借贷农户合谋违规的最优概率。当 $\pi_1 = \pi_2$，有

$$[(S + F_1 + F_2 - C)r + (-W_1 - W_2 - C)(1-r)]p +$$

$$[(-C)r + (-C)(1-r)](1-p)$$
$$= (-W_1 - W_2)p$$

得到 $p = \dfrac{C}{r(S + F_1 + F_2 + W_1 + W_2)}$。

给定正规金融机构进行审计的概率 q 的情况下，非正规金融机构进行合谋违规的预期额外收入为 $\pi_3 = [(-F_1 - Q_1)r + W_1(1-r)]q + W_1(1-q)$。

非正规金融机构不合谋违规的预期额外收入为 $\pi_4 = 0$。

当非正规金融机构合谋违规和不合谋违规的预期额外收入相同时，就可得到正规金融机构的最优审计概率。当 $\pi_3 = \pi_4$，有

$$[(-F_1 - Q_1)r + W_1(1-r)]q + W_1(1-q) = 0,$$

得到 $q = \dfrac{W_1}{r(F_1 + Q_1 + W_1)}$。

给定正规金融机构进行审计的概率 q 的情况下，借贷农户进行合谋违规的预期额外收入为 $\pi_5 = [(-F_2 - Q_2)r + W_2(1-r)]q + W_2(1-q)$。

借贷农户不合谋违规的预期额外收入为 $\pi_6 = 0$。

当借贷农户合谋违规和不合谋违规的预期额外收入相同时，就可得到正规金融机构的最优审计概率。当 $\pi_5 = \pi_6$，有

$$[(-F_2 - Q_2)r + W_2(1-r)]q + W_2(1-q) = 0,$$

得到 $q = \dfrac{W_2}{r(F_2 + Q_2 + W_2)}$。

因此，该博弈模型纳什均衡策略为

$$(p^*, q_1^*) = \left(\frac{C}{r(S + F_1 + F_2 + W_1 + W_2)}, \frac{W_1}{r(F_1 + Q_1 + W_1)}\right),$$

或者

$$(p^*, q_2^*) = \left(\frac{C}{r(S + F_1 + F_2 + W_1 + W_2)}, \frac{W_2}{r(F_2 + Q_2 + W_2)}\right).$$

（三）非正规金融机构和借贷农户合谋违规均衡概率的指导意义

类似于上一节的分析，模型的均衡表示非正规金融机构和借贷农户将以最优概率 $p^* = \dfrac{C}{r(S + F_1 + F_2 + W_1 + W_2)}$ 选择违规操作并获取

相应额外收益，如果非正规金融机构和借贷农户选择以概率 $p > p^*$ 的概率进行违规，那么正规金融机构的最优选择就是监管；反之，就不监管。如果非正规金融机构和借贷农户选择以概率 $p = p^*$ 的概率进行违规操作，那么正规金融机构的最优选择就是随机地选择监管或者不监管。

博弈模型的混合策略纳什均衡条件中，非正规金融机构采取违规策略的最优概率 p^* 的大小取决于监管的成本、正规金融机构查证成功率、非正规金融机构和借贷农户违规所获得的额外收入、正规金融机构查证成功所获得的收益、对违规非正规金融机构和农户的处罚几个变量。在现实中，我们可以通过各种方式改变这七个变量，那么就会通过它们的变化去影响非正规金融机构和农户合谋违规活动概率。

（四）正规金融机构进行监督管理均衡概率的指导意义

三方博弈模型出现了两个纳什均衡策略。对正规金融机构而言，选择哪一个纳什均衡策略进行监管，取决于非正规金融机构或借贷农户在合谋违规中所起到的作用，以及正规金融机构对二者的关注度。

如果在非正规金融机构与借贷农户合谋违规中，主要监管非正规金融机构，把借贷农户放在第二位，则正规金融机构将以最优概率 $q_1^* = \dfrac{W_1}{r(F_1 + Q_1 + W_1)}$ 进行监督管理。如果正规金融机构选择以 $q_1 > q_1^*$ 的概率进行监管，那么非正规金融机构的最优选择为正常工作，不接受借贷农户的贿赂。如果正规金融机构选择以 $q_1 < q_1^*$ 的概率进行监管，那么非正规金融机构的最优选择是进行违规操作，接受借贷农户贿赂，与借贷农户合谋，以谋取额外收益。如果正规金融机构选择 $q_1 = q_1^*$ 的概率进行监管，那么非正规金融机构将随机地进行违规操作。从 $q_1^* = \dfrac{W_1}{r(F_1 + Q_1 + W_1)}$ 中看出，这时正规金融机构最优监管的概率取决于 r、F_1、Q_1、W_1 四个变量，最优监管概率与 r、F_1、Q_1 成反比，与 W_1 成正比。因此，设法改进监管质量以提高查出违规概率 r 和加大对非正规金融机构违规收益的处罚 F_1、Q_1，建立有效的惩罚机制，增加违规非正规金融机构的罚款额度，设置违规处罚警戒线，设立信用

黑名单。正规金融机构通过处罚和信用记录来淘汰信用较低、不遵守行业准则的非正规金融机构，增强监管威慑力，有效降低正规金融机构的最优监管概率。

如果在非正规金融机构与借贷农户合谋违规中，主要监管借贷农户，把非正规金融机构放在第二位，则正规金融机构将以最优概率

$$q_2^* = \frac{W_2}{r(F_2 + Q_2 + W_2)}$$ 进行监督管理。如果正规金融机构选择以 $q_2 > q_2^*$ 的概率进行监管，那么借贷农户的最优选择为诚信借贷，不向非正规金融机构行贿。如果正规金融机构选择以 $q_2 < q_2^*$ 的概率进行监管，那么借贷农户的最优选择是进行向非正规金融机构行贿，与其合谋来损害正规金融机构的利益，从而获得额外收益。如果正规金融机构选择 $q_1 = q_1^*$ 的概率进行监管，那么非正规金融机构将随机地进行违规

操作。从 $$q_2^* = \frac{W_2}{r(F_2 + Q_2 + W_2)}$$ 中看出，这时正规金融机构只能在改进监管质量以提高查出违规概率和加大对借贷农户违规收益的惩罚，才能有效降低正规金融机构的最优监管概率。

监管博弈的模型分析假定是一次性的静态博弈，实际在经济生活中三方博弈是动态的，不论是正规金融机构还是非正规金融机构以及借贷农户，他们在不断地重复博弈中会越来越理性化，会不断优化各自的行动策略。对此问题的分析除了要在既定博弈结构之下，找出最优监管的均衡概率，也要在制度上进行改革创新，如加强加快农村诚信制度的建设等。

第五节　结论

本章主要探讨了河北省农村非正规金融机构发展发展模式选择问题。河北农村正规金融机构投入的资金约束和非正规金融机构存在的普遍性和相对优势表明了非正规金融机构在解决农村资金投入问题上的必要性。河北农村非正规金融机构在促进农村经济增长、提高农村

金融效率的同时也还存在着诸多的问题。从而需要政府重新调整制定相关政策，对非正规金融制度进行金融创新与重新安排。

金融创新不能仅停留在金融产品等微观层面，还应该加强在金融体制、机制等宏观层面的创新力度。这种创新的目的不是借此增加国家的税收或者有关部门获取的租金，而是为了减少非正规金融机构的不确定性，进一步降低非正规金融交易双方的成本，控制可能出现的金融风险和社会危害。通过金融创新，使非正规金融机构的发展模式改变为在相关政策指导下的供给引导型发展模式，通过非正规金融的发展来带动农村的经济增长和农民增收。

本章所探讨的河北农村非正规金融与正规金融的合作和向正规金融的转化发展模式就是一个金融创新，是解决非正规金融发展过程中存在的问题，并促进其不断发展的有效途径之一。

非正规金融与正规金融的合作能有效增加河北省农村金融供给，促进正规金融与非正规金融共同发展，也有利于推动河北省农村经济发展。虽然正规金融与非正规金融合作的实际效果有待进一步实证考察，但毕竟从理论上给我们提出了一种新的思路。借鉴国外非正规金融与正规金融结合的成功案例，促进两者的合作关系，即使不能改善农村的贷款条件，也能够促进河北省农村非正规金融机构和正规金融的可持续性，增加信贷资金的供给。

将非正规金融资金纳入政府的正规金融体系之中，促进非正规金融向正规金融的转化，可以使非正规金融资本有效纳入正规金融体系，不仅可以增加河北省农村金融机构资产总量，而且可以更有效地对非正规金融进行监管，防范因非正规金融活动而引发的金融风险。

从实践来看，非正规金融与正规金融的合作以及非正规金融向正规金融的转化存在多种模式，都具有相对的优势和劣势，本书认为，在现阶段，中国河北省农村将采取何种模式应取决于以下原则：

1. 要坚持快慢有度，积极推动非正规金融机构向正规金融机构转化和合作的健康发展。河北省农村要及时总结试点阶段的成功经验，按照审慎原则稳步推进。

2. 选点布局要科学合理。河北省农村幅员辽阔，各地经济发展水平、地理环境各不相同，因此在进行各方试点时要科学选择试点地区，保证试点的效果。

3. 河北省农村各地在选择设立的模式时要因地制宜，要根据各地经济发展、金融体系、资金需求、设立意愿以及信用环境等情况来确定选择何种模式。

4. 河北省农村在选择模式时必须要整体规划，分步实施。选择设立非正规金融与正规金融合作和非正规金融向正规金融转化的模式时，要把握好机构设立的节奏，稳步推进，防止一哄而起，恶性竞争。

总之，应结合河北省农村地方经济金融发展实际，分层次、有针对性选择非正规金融与正规金融的合作及向正规金融转化的模式，充分发挥不同模式的比较优势，找准每种模式的市场定位，形成资金来源、占领市场、服务对象、运营方式等诸多方面的交叉互补，最大限度地发挥非正规金融机构与正规金融机构的资金整合效率，把河北农村非正规金融机构引向一条完善、健康、规范的发展道路，从而最终促进河北省农村经济发展。

第七章

河北省农村非正规金融机构
农户信贷信用风险评估

实践证明，河北农村非正规金融机构在缓解广大农民贷款难、促进农民增收等方面，发挥了无法替代的重要作用。但是由于农村非正规金融机构作为一种关系金融，资金借贷都是依靠信任、声誉这种隐性的抵押，不提供有市场价值的抵押或担保，从而使非正规金融机构存在着一定的信用风险。迄今为止，河北省农村非正规金融机构还没有一套适合自己的、服务于广大农户的信用风险评级模型。而河北省农村非正规金融机构的信用风险状况及控制能力，不仅决定机构未来发展的核心竞争力，而且关系到农村金融的供给能力，影响农村金融的支农力度。因此一个有效的河北省农村非正规金融机构农户信用风险评级模型，对提升农村非正规金融机构信用风险管理水平具有重要的作用。

本章将结合河北省农村非正规金融机构贷款活动的手续和保证方式基本依赖于借款人或担保人信用的现状，在国内外学者关于农户信贷风险评估方法研究的基础上，设计一套适合河北省农村非正规金融机构的农户信用风险等级评价指标。通过运用以德尔菲法、层次分析法和模糊变量为主体的模糊综合评价方法，构建农村非正规金融机构的农户信用风险等评估模型。该指标体系和评估模型对于实现河北农村非正规金融机构稳健经营发展，破解农村金融供给瓶颈具有重要的意义。

第一节　传统信用风险评级方法的分析

信用风险也即违约风险，是指交易对手未能履行约定契约中的义务而造成经济损失的风险，即由于借款农户的基本状况、道德风险以及客观上的还款能力的影响不能履行还本付息的责任而使非正规金融机构的预期收益与实际收益发生偏离的可能性。准确地评估农户信用风险的大小，对于非正规金融机构最大限度地减少损失和获得利润十分重要。风险估计不足，非正规金融机构可能因为错误的决策和避险措施不到位而产生损失。风险估计过高，非正规金融机构有可能因放弃盈利机会而失去更多的利润。因此，建立一套科学、合理、符合当前农村具体情况的农户信用评估制度是非正规金融机构发放贷款、控制风险的最重要环节。只有制定一套科学客观、易操作的农户信用评估模型，才能正确指导和支持非正规金融机构在农村金融市场上开展农户贷款业务。

信用风险等级的评价方法根据分析技术和方法的不同可以分为专家方法、信用评分方法和现代信用风险度量方法。

一　专家方法

专家方法是一种最早期的信用风险分析方法，信贷决策权是由该机构中那些经过长期训练、具有丰富经验的信贷员所掌握的，由他们决定是否发放贷款。在决策过程中依赖的是他们的专业技能、经验和主观判断。[①]

常见的专家方法的信用分析为要素分析法，比如："5C要素分析法"，即品德与声望（Character）、资格与能力（Capacity）、资金实力（Capital or Cash）、担保（Collateral）、经营状况和经营环境（Condition）；"5W"，借款人（Who）、借款用途（Why）、还款期限（When）、担保物（What）、如何还款（How）；和"5P"，个人因素（Personal）、目的因素（Purpose）、偿还因素（Payment）、保障因素（Protection）、前景因素（Perspective）。绝大多数银行都将信用分析的内容集中在借款人的"5C"上。"5C"的具体含义如下。

（一）品德与声望

借款人的品德好坏是投资者考虑的首要因素，主要是指借款人偿

---

①　叶蜀君主编：《信用风险度量与管理》，首都经济贸易大学出版社2008年版。

债的意愿及诚意。贷款员必须确定贷款申请人对贷款资金的使用是否有明确的目的，以及是否具有真诚的还款意愿。贷款用途的真实性、使用资金的责任心、按时还款的真诚性等可通过借款人与银行、其他债权人以及借款客户的关系反映出来。信贷官员应当认真分析借款人的信用状况、过去的贷款历史记录、借款的偿还情况、与银行的全面关系以及与其客户的往来关系。

（二）资格与能力

首先，信贷官员必须确定借款人是否具有申请贷款及签署贷款协议的资格及合法权利。其次，应分析借款人的经营管理能力。对一个企业而言，其主要负责人的经营管理才能和经验、受教育程度、应变能力、领导组织能力、决策力等都是极其重要的。最后，要关注借款人的还款能力。这可以通过借款人的固定资产情况和收益变动状况来考察。对于经营状况走上坡路的企业，一般偿还贷款的能力较强。值得注意的是，那些自身收益状况变化很大的企业，即收益存在较大的标准差的企业，其还款能力可能受到影响。

（三）资金实力

资金实力主要是指借款人的财务实力和财务状况，即资产的价值、性质和变现能力。如负债比率、流动比率、速动比率、有形资产净值等财务指标。银行信贷官员在分析借款人的资金实力时，特别要注重借款人在还本付息期间是否有足够的现金流量来偿还贷款。另外，借贷官员还要考察借款人（公司或企业）股东的股权分布状况以及财务杠杆状况，因为这些情况可以作为反映借款人是否有倒闭可能的重要预警指标。

（四）担保

担保主要是指抵押品及保证人。资产可以用作贷款担保和抵押品，有时申请贷款也可由其他企业担保。

（五）经营状况和经营环境

经营状况与环境主要是指企业自身的经营状况和其外部的经营环境。前者包括企业的经营特点、经营方式、技术情况、竞争地位、市场份额、劳资关系等，这些因素基本上属于企业自身能决定的内容；

后者则非企业所能控制，其范围涉及面很广，大至政局变动、社会环境、商业周期、通货膨胀、国民收入水平、产业结构调整等，小至本行业发展趋势、同业竞争状况、原材料价格变动、市场需求转换等。为了掌握产业及整个商业周期的变动情况，银行应注意收集并建立有关档案，以便事先采取某些应变措施及应变准备，确保银行资产的安全。

二　信用评分方法

该方法是以统计学为基础，对反映借款人经济状况或影响借款人信用状况的若干指标赋予一定权重，通过数理方法得到信用综合分值或违约概率值，并将其与基准值相比较，度量评价对象的风险大小，以此来决定是否给予贷款以及贷款定价。这类方法主要包括：多元判别分析模型，线性概率模型——Logit 模型和 Probit 模型，以及神经网络分析法、层次分析法 AHP（Analytic Hierarchy Process）、聚类分析（Cluster Analysis）、模糊数学法、混沌法、主成分分析、数据包络分析等方法。目前，由于信用评分方法这类模型方法简便、成本低、应用效果好，应用十分广泛，因而也被国际金融业和学术界视为主流方法。

三　现代信用风险度量方法

随着金融机构资产状况日益多样化和资本市场的发展，使得信用风险的管理更加复杂和困难，现代信用风险量化模型便应运而生。1995 年 KMV 公司推出了以 EDF（预期违约概率）为核心手段的 KMV 模型，1997 年 J. P. Morgan 基于风险价值 VaR 建立的 Credit Metrics 模型（又称预期违约概率模型），瑞士信贷银行推出的信用风险量化模型 Credit Risk + 模型，麦肯锡公司的信用组合观点模型等。1998 年 McKinsey 公司应用计量经济学理论和蒙特卡罗模拟法开发出宏观经济模拟模型（CPV 模型）。

四　各种信用风险评级方法的分析

专家分析方法要求条件少，能充分体现评价人的学识水平和专业技能等主观因素，充分发挥评价人的主观能动性，广泛适用于信贷风险评估，因此也可以应用于农村非正规金融机构的信贷风险控制。但也存在着主观性太强，容易受评价人的态度、情绪等不可控制因素干扰的主要缺点。专家们得出的结论缺乏一致性，不同的专家对于类似的信贷项目有不同的看法，有时会得出截然不同的分析结果，从而影响信贷决策的准确性和效率。

信用评分方法中神经网络分析法本身存在的收敛慢、易于局部收敛的缺陷，操作过程中建模比较困难，而多元判别分析模型、Logit 模型和 Probit 模型、聚类分析、混沌法、主成分分析、数据包络分析等依靠于大量的实际调研数据的方法不适合农村非正规金融的易操作。

在信用风险的度量方法中，现代信用风险度量方法的运用需要大量的、全面的、系统的统计数据，对于农村非正规金融机构来说，其尚不具有应用该方法进行信用风险评分的条件。

第二节　河北农村农户信贷信用风险评级方法的选择

农户不同于企业，在现阶段，我国农户的收入状况很不透明，其收入、支出、经营项目等没有系统的信息记录。而对于河北农村等地区，大多数银行等正规金融机构开展农村信用管理的时间不长，相关历史数据积累不足，并且数据源的完整性和真实性也存在诸多问题，缺乏建立内部信用评级体系所需的数据，这对正规金融机构风险管理领域的都是一个重大缺陷，更何况对于受到各种条件限制的非正规金融机构。即使是正规金融机构拥有有关国家和行业的大量的长期历史数据，大多数的农村非正规金融机构也很难获得，因而对农村非正规金融机构而言，其缺乏信贷风险管理量化的基础数据和资料，这就使得层次分析法 AHP 比较适合作为河北农村非正规金融机构对农户的信贷风险评价的工具。

一　层次分析法

数学家 Saaty 提出层次分析法 AHP①，该方法能让决策者在深入分析实际问题的基础上，分析问题所包含的因素及其相互关系，将有关的各个因素按照不同的属性自上而下地分解成若干层次。同一层次的诸因素从属于上一层的因素或对上层因素有影响，同时又支配下一层的因素或受下一层因素的作用。层次结构通常可分为目标层、指标层（有的时候指标层可大于一层）和评价层。假设有一个指标层，用 3 个指标对 5 个评估对象进行评估，以下就是建立的层次结构模型。

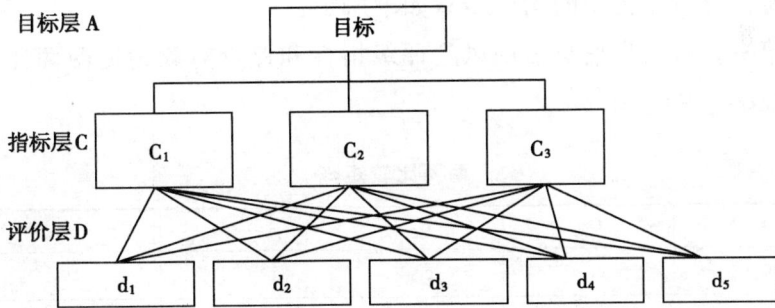

目标层 A

指标层 C

评价层 D

图 7-1　层次结构模型

建立层次结构模型后，利用 1，3，5，7，9 标度将因素进行两两比较，给出各因素相对重要性的判断。并形成判断矩阵 A。通过求判断矩阵 A 的最大特征根 λ_{max} 和其对应的特征向量 W，将满足 $AW = \lambda_{max}W$ 的向量 W 的分量值作为相应因素的排序值。判断矩阵是建立在两两比较进行评分的基础上的。当判断元素矩阵的元素 $a_{ij} = \dfrac{a_{ik}}{a_{jk}}$ 时，判断矩阵具有客观上的一致性，称判断矩阵为一致性矩阵。但是由于客观事物的复杂性和人们偏好的不同，在进行两两比较评分时，很难做到判断矩阵有严格的一致性，但应该要求有大致的一致性。

AHP 将定性和定量分析有效结合，不仅能保证模型的系统性和合

① Saaty T., *The Analytic Hierarchy Process*, New York: McGraw-hill, 1980.

理性，而且能让决策人员充分运用专家的经验和判断能力，为经济、教育等领域的多规则决策问题提供强大决策支持。AHP 的主要贡献在于：提供了层次思维框架，便于整理思路，做到结构严谨，思路清晰；通过对比进行标度，增加了判断的客观性；把定性判断与定量推断结合，增强科学性和实用性。

AHP 有着深刻的数学原理，使复杂的系统分解，能将人们的思维过程数学化、系统化，便于人们接受，但在实际运用中所涉及的数学工具比较简单，数学运算也不难。即使是具有中等文化程度的人也可了解层次分析的基本原理和掌握它的基本步骤，并且所得结果简单明确，容易为广大处于农村非正规金融机构的决策者了解和掌握。

层次分析法模型的构建步骤如下所示：

第一，对农户信贷信用风险评级指标和评价对象构造两两比较矩阵，见表 7 – 1。

表 7 – 1   两两比较矩阵

A_k	C_1	C_2	$\cdots$	C_n
C_1	c_{11}	c_{12}	$\cdots$	c_{1n}
C_2	c_{21}	$c_{11}c_{22}$	$\cdots$	c_{2n}
$\vdots$	$\vdots$	$\vdots$	$\vdots$	$\vdots$
C_n	c_{n1}	c_{n2}	$\cdots$	c_{nn}

其中 c_{ij} 表示对于 A_k 来说，c_i 对 c_j 相对重要性的数值体现，c_{ij} 一般可取 1，3，5，7，9 以及它们的倒数，标度的含义见表 7 – 2。

表 7 – 2   各标度含义

1	表示两个元素相比，具有同样重要性
3	表示两个元素相比，一个元素比另一个元素稍微重要
5	表示两个元素相比，一个元素比另一个元素明显重要
7	表示两个元素相比，一个元素比另一个元素强烈重要
9	表示两个元素相比，一个元素比另一个元素极端重要

2、4、6、8 为上述相邻判断的中值。

第二，计算单一准则下元素的相对重要性。

计算判断矩阵 A 的最大特征根 λ_{max} 和其对应的经归一化后的特征向量 $W = [w_1, w_2, \cdots, w_n]^T$，由此得到的特征向量 $W = [w_1, w_2, \cdots, w_n]^T$ 就作为对应评价单元的权重向量。

第三，一致性检验。

在单层次判断矩阵 A 中，当 $a_{ij} = \dfrac{a_{ik}}{a_{jk}}$ 时，称判断矩阵为一致性矩阵。

进行一致性检验的步骤如下：

（a）计算一致性指标 $C.I.$：$C.I. = \dfrac{\lambda_{max} - n}{n - 1}$，其中 n 为判断矩阵阶数。

（b）计算平均随机一致性指标 $R.I.$

$R.I.$ 是多次重复进行随机判断矩阵特征值的计算后取算术平均数得到的。

（c）计算一致性比例 $C.R.$：$C.R. = \dfrac{C.I.}{R.I.}$。

当 $C.R. < 0.1$ 时，一般认为判断矩阵的一致性是可以接受的。

利用 AHP，每位农村非正规金融机构的贷款决策者可以给出农户信贷信用风险评级指标的权重。但是往往对农户信贷信用风险评级需要多位决策者对其指标权重做出判断，这个时候，综合性群体决策的德尔菲法（Delphi Method）就可以综合各个决策者的意见。

二　德尔菲法

德尔菲法是在 20 世纪 40 年代由赫尔姆和达尔克首创，经过戈登和兰德公司进一步发展而成的。1946 年，兰德公司首次用这种方法进行预测，后来该方法被迅速广泛采用。

德尔菲法是一种结构化的决策支持技术，它的目的是在信息收集过程中，通过多位专家独立的反复主观判断，获得相对客观的信息、意见和见解。调查组通过匿名方式对选定专家组进行多轮意见征询。

调查组对每一轮的专家意见进行汇总整理，并将整理过的材料再寄给每位专家，供专家们分析判断，专家在整理后续材料的基础上提出新的论证意见。如此多次反复，意见逐步趋于一致，得到一个比较一致的并且可靠性较大的结论或方案。

本章在层次分析法的基础上利用德尔菲法思路为：农村非正规金融机构在对农户信用风险指标确定权重时，多个决策者在层次分析法对农户信贷信用风险评级指标构造两两比较矩阵的过程中，针对两个指标相互比较重要性的过程中独立发表意见，得到决策者各个指标相互重要性的意见后，进行整理、归纳、统计，再匿名反馈给各个决策者，再次征求意见，再集中，再反馈，直至得到稳定的意见，然后利用层次分析法得到各个指标的权重。

三　模糊变量在农户信用风险评价中的应用

在农村非正规金融机构针对农户信用风险评价中，农村非正规金融机构评估者的经验是非常重要的，而评估者的经验一般不是精确数字型的，一个有效的评估经验常常是使用语言概念表达的某种规则，而语言概念就具有模糊性。在农户信用风险评价中，我们虽然希望能够得到和利用精确的数字，并且给出用精确数字表示的评价结论，但是，在一般情况下这是不可能的。

在农户信贷信用风险评价中，我们常常会面对描述对象与某概念之间关系的不确定性，称之为"模糊性"。例如，由于数据的缺乏或者是考察农户信用的某些效果时比如在村里的口碑或者贷款资金投向，评语等级（如：很好、比较好、不比较差、很差，或很合理、合理、不合理等）多是一些模糊概念，对于给定的判别对象是否满足这些概念不能简单地仅仅用"是"或"非"来表示，而只能用满足这些概念的程度来表示。模糊性是对语言概念理解上的不确定性，模糊性具有主观性但也是客观存在的，我们在对事物作分析研究时往往追求精确性和清晰性，但是在对事物作综合考察时就无法回避模糊性。比如在考察一个农户信用某些经济指标时，各个指标值都是清晰的、明确的，但是要综合考虑贷款资金项目的好坏时，只能将其归于具有模糊性的很好、较好、一般、较差、很差的等级之一。

1965 年 Zadeh 提出的模糊集理论就成为解决含有模糊信息的模糊多指标评价问题的理想工具。[①] 1970 年，Bellman 和 Zadeh 一起在多目标决策的基础上，利用模糊集理论，提出了模糊决策的基本模型。后来许多学者针对这类的模糊优化问题提出了解决方案。模糊综合评判方法能很好地解决判断的模糊性和不确定性问题，所得结果为一向量，即评语集在其论域上的子集，克服了传统数学方法结果单一性的缺陷，结果包含的信息量丰富。模糊综合评判法的基本原理：它首先确定被评判对象的指标集和评价集，其中评价等级层次，一般可分为五个等级：优、良、中等、较差、差；再分别确定各个指标的权重及它们的隶属度向量，获得模糊评判矩阵；最后把模糊评判矩阵与因素的权重集进行模糊运算并进行归一化，得到模糊评价综合结果。

但是模糊综合评判法不能解决评价指标间相关造成的评价信息重复问题，各因素权重的确定也带有一定的主观性。在某些情况下，隶属函数的确定有一定困难，尤其是多目标评价模型，要对每一目标、每个因素确定隶属度函数，过于烦琐，实用性不强。2002 年，Liu 和Liu 提出了模糊变量期望值的定义和求解模糊变量期望值的模拟算法。[②] 本章在 Liu 和 Liu 模糊变量期望值理论基础上，尝试运用以德尔菲法、层次分析法相结合确定各个指标的权重，运用以德尔菲法、模糊变量相结合，对贷款农户的各个指标进行主观评价，构建农村非正规金融机构的农户信用风险评估模型，为河北农村非正规金融机构对农户信贷信用风险的评估提供一个新的思路。

本章在模糊变量的基础上利用德尔菲法思路为：农村非正规金融机构在对农户信用风险指标进行主观评价时采用比如很好、好、差之类语言概念，这类语言概念用模糊变量表示。多个决策者在这个过程

---

① ［美］L. A. 扎德：《模糊集合、语言变量及模糊逻辑》，陈国权译，科学出版社1982 年版。

② Liu B. and Liu Y., "Expected Value of Fuzzy Variable and Fuzzy Expected Value Models", *IEEE Transactions on Fuzzy Systems*, Vol. 10, No. 4, August 2002.

中，独立发表对农户的信用风险各个指标的主观评价。在评价时，根据自己是否熟悉贷款农户的具体情况，标上代表熟悉程度的一个参数，该参数依据熟悉程度取值从 0（完全不熟悉）到 1（完全熟悉），这种方法实质是以该参数为尺子，将熟悉度达不到要求的评价全部删除，以余下主观评价作为决策者的意见，进行整理、归纳、统计，再匿名反馈给各个决策者，再次征求意见，再集中，再反馈，直至得到稳定的针对农户的主观评价。

模糊变量的基本理论如下：

假设 Θ 为非空集合，$P(\Theta)$ 表示 Θ 的幂集，Nahmias[1] 和 Liu[2] 给出了如下可能性公理。

公理 1　$Pos\{\Theta\} = 1$。

公理 2　$Pos\{\Phi\} = 0$。

公理 3　对于 $P(\Theta)$ 中的任意集合 $\{A_i\}$，$Pos\{\bigcup_i A_i\} = \sup_i Pos\{A_i\}$。

公理 4　如果 Θ_i 是非空集合，其上定义的 $Pos\{\cdot\}$，$i = 1, 2, \cdots, n$ 满足前三条公理，并且 $\Theta = \Theta_1 \times \Theta_2 \times \cdots \times \Theta_n$，则对于每个 $A \in P(\Theta)$，

$$Pos\{A\} = \sup_{(\theta_1, \theta_2, \cdots, \theta_n) \in A} Pos_1\{\theta_1\} \wedge Pos_2\{\theta_2\} \wedge \cdots \wedge Pos_n\{\theta_n\},$$

记作 $Pos = Pos_1 \wedge Pos_2 \wedge \cdots \wedge Pos_n$。

定义 1（Liu[3]）假设 Θ 为非空集合，$P(\Theta)$ 是 Θ 的幂集，如果 Pos 满足前 3 条公理，则称其为可能性测度。

定义 2（Liu [7]）假设 Θ 为非空集合，$P(\Theta)$ 是 Θ 的幂集，如果 Pos 是可能性测度，则三元组 $(\Theta, P(\Theta), Pos)$ 称为可能性空间。

一个集合 A 的必要性测度定义为对立集合 A^c 的不可能性。

定义 3（Liu [7]）假设 $(\Theta, P(\Theta), Pos)$ 是可能性空间，A 是幂集

[1]　Nahmias S., "Fuzzy Variables", *Fuzzy Sets and Systems*, No. 1, 1978.

[2]　Liu B., "Toward Fuzzy Optimization Without Mathematical Ambiguity", *Fuzzy Optimization and Decision Making*, Vol. 1, No. 1, 2002.

[3]　Liu B., *Uncertainty Theory: An Introduction to its Axiomatic Foundations*, Berlin: Springer-Verlag, 2004.

$P(\Theta)$ 中的一个元素，A^c 是 A 的对立集合，则称

$$Nec\{A\} = 1 - Pos\{A^c\}$$

为事件 A 的必要性测度。

一个事件的可信性定义为可能性和必要性的平均值。

定义 4（Liu 和 Liu [4]）假设 $(\Theta, P(\Theta), Pos)$ 是可能性空间，A 是幂集 $P(\Theta)$ 中的一个元素，则称

$$Cr\{A\} = \frac{1}{2}(Nec\{A\} + Pos\{A\})$$

为事件 A 的可信性测度。

定义 5（Liu [7]）假设 ξ 为一从可能性空间 $(\Theta, P(\Theta), Pos)$ 到实直线 R 上的函数，则称 ξ 是一个模糊变量。

定义 6（Liu [7]）假设 ξ 是可能性空间 $(\Theta, P(\Theta), Pos)$ 上的模糊变量，称

$$\xi_\alpha = \{\xi(\theta) \mid \theta \in \Theta, Pos\{\theta\} \geq \alpha\}$$

是 ξ 的 α 水平集，而集合

$$\xi_\alpha = \{\xi(\theta) \mid \theta \in \Theta, Pos\{\theta\} \geq 0\}$$

称为 ξ 的支撑。

定义 7（Liu [7]）假设 ξ 是可能性空间 $(\Theta, P(\Theta), Pos)$ 上的模糊变量，它的隶属函数可由可能性测度 Pos 导出，即

$$\mu(x) = Pos\{\theta \in \Theta \mid \xi(\theta) = x\}, x \in \mathrm{R}。$$

定义 8（Liu [7]）假设 $f: R^n \to R$ 是一个函数，$\xi_1, \xi_2, \cdots, \xi_n$ 是可能性空间 $(\Theta, P(\Theta), Pos)$ 上的模糊变量，则 $\xi = f(\xi_1, \xi_2, \cdots, \xi_n)$ 是一个模糊变量，定义为

$$\xi(\theta) = f(\xi_1(\theta), \xi_2(\theta), \cdots, \xi_n(\theta)), \forall \theta \in \Theta。$$

定义 9（Liu [7]）假设 $f: R^n \to R$ 是一个函数，ξ_i 是可能性空间 $(\Theta_i, P(\Theta_i), Pos_i)$ 上的模糊变量，$i = 1, 2, \cdots, n$，则 $\xi = f(\xi_1, \xi_2, \cdots, \xi_n)$ 是乘积可能性空间 $(\Theta, P(\Theta), Pos)$ 上的模糊变量，定义为

$$\xi(\theta_1, \theta_2, \cdots \theta_n) = f(\xi_1(\theta_1), \xi_2(\theta_2), \cdots,$$
$$\xi_n(\theta_n)), \forall (\theta_1, \theta_2, \cdots, \theta_n) \in \Theta。$$

Liu 和 Liu [4] 给出了模糊变量的最一般的期望值定义，这个定

义不仅适用于连续的模糊变量的情况，同时也适用于离散型模糊变量的情形。

定义 10（Liu 和 Liu［4］）设 ξ 为模糊变量，则称

$$E[\xi] = \int_0^\infty Cr\{\xi \geq r\}\,dr - \int_{-\infty}^0 Cr\{\xi \leq r\}\,dr$$

为模糊变量 ξ 的期望值（为了避免出现 ∞ 或 $-\infty$ 的情形，要求上式右端中两个积分至少有一个有限）。

对于任意的模糊变量，可以利用模拟求出它的期望值。

定义 11（Liu［7］）设 ξ 为模糊变量，且 $\alpha \in (0,1]$，则

$$\xi_{\sup}(\alpha) = \sup\{r \mid Pos\{\xi \geq r\} \geq \alpha\}$$

称为 ξ 的 α 乐观值。

定义 12（Liu［7］）设 ξ 为模糊变量，且 $\alpha \in (0,1]$，则

$$\xi_{\inf}(\alpha) = \inf\{r \mid Pos\{\xi \leq r\} \geq \alpha\}$$

称为 ξ 的 α 悲观值。

定义 13（Liu［7］）假设 $\xi_1,\xi_2,\cdots,\xi_m$ 为模糊变量，若对实数集 R 上的任意的子集 $B_1,B_2,\cdots,B_m$，有

$$Pos\{\xi_i \in B_i, i = 1,2,\cdots,m\} = \min_{1 \leq i \leq m} Pos\{\xi_i \in B_i\}\,,$$

则称 $\xi_1,\xi_2,\cdots,\xi_m$ 为相互独立的模糊变量。

定理 1（Liu 和 Liu[①]）假设 ξ 和 η 是相互独立的模糊变量，并且期望值有限，则对任意的实数 a 和 b，有

$$E[a\xi + b\eta] = aE[\xi] + bE[\eta]\,。$$

第三节　农户信贷信用风险评估指标

一　评价指标体系设计的原则

在农户信用评价指标体系中，指标的选取是非常关键的，占据着

---

① Liu Y. and Liu B., "Expected value operator of random fuzzy variable and random fuzzy expected value models", *International Journal of Uncertainty*, *Fuzziness & Knowledge-Based Systems*, Vol. 11, No. 02, April 2003.

重要的地位，选取的指标是农户信用评价要素的具体表现，指标的选择很大程度上决定了评价的效果。因此，合理的、正确的信用评价指标的建立必须在一定的指导原则下进行。因此为了能够全面地、系统地对农户的信用进行综合评价，在设计指标体系时必须遵守以下几个基本原则。

（一）全面性原则

农户信用评价指标的选取要尽可能地覆盖评价的内容，应全面地反映所有显著影响农户信用状况的各项因素。从农户自身以及家庭特征、农户的偿债能力、农户家庭经营能力、农户贷款情况、农户信誉状况、农户所处地区的宏观经济环境等方面构建一套完整的农户信用评价指标体系，从而能够对农户的信用进行客观的、公正的评价。

（二）重要性原则

影响农户信用的因素非常多，应选择对农户信用评估影响较大的重要指标，舍弃影响不大的非重要指标，所选择的指标要有代表性。

（三）科学性原则

建立农户信用评价指标体系，整个指标体系的建立要在调查实践的基础上不断得到完善。所选指标可以评价教育投资的某一个方面，并且每个指标都需要有准确的内涵和外延，明确无歧义，也就是说各个指标之间相互独立，不存在包含、交叉现象，在建立农户信用评价指标体系时，既要尽量做到全面反映，又要将影响农户信用的显著性因素重点突出。

（四）可操作性原则

在保证评价体系客观正确的基础上，在保证指标全面完整的前提下，指标体系尽可能简化，信用评价指标应当比较容易查找，力求评价活动简明可行。

（五）可比性原则

不同的农户具有不同的特征，因此为了便于不同的农户进行比较，指标的设计应该选择农户共有的因素来分析。并且，指标的统计口径、计算范围尽可能保持一致，应具有相对的稳定性。

（六）定量与定性相结合原则

影响农户信用的因素中，既有定量方面的指标，如农户的家庭年收入、农户的财产总额、家庭耕地面积、林地面积等指标。也有定性方面的指标，如农户的社会资本状况、信誉状况等。在建立农户信用评价体系时，在考虑到定量方面的指标时，要充分考虑到农村评价指标的数据很难获得，要适当地引入一些定性方面的指标，通过标准化等方面使指标具有可比性，从而使得评价更加全面、合理。

（七）区域差异性原则

选择农户信用评价指标应当能考虑到河北省和其他地区的差异性，所选的指标要能体现不同省之间的可比性。

二　农户信用评价指标的选取

在考虑上述评价原则的基础上，结合调研所获得的资料以及"5C要素分析法"，同时考虑到一些指标的获得性，本研究从农户自身及家庭特征、农户的偿债能力、家庭经营状况、贷款状况、农户信誉状况、农户所处地区的宏观经济环境六个方面入手，在以定量指标为主的基础上，适当地引入了一些定性指标，构建农户信用评价指标体系。

本书将农户信用等级评估的指标体系按属性不同分信誉状况（U_1）、农户家庭结构特征（U_2）、偿债能力（U_3）、经营状况（U_4）、经营环境（U_5）五个一级指标，每一个一级指标又包含若干个二级指标。

（一）信誉状况（U_1）

农村非正规金融机构在贷款时，一般注重农户的信誉状况，农村非正规金融机构往往会把资金借给一些收入虽然低，但是非常讲信用，并且很难获得银行的贷款的农户。因此，对农户进行信用评价时，要考虑农户的信誉状况，并且要根据农户的实际情况进行及时调整。农户的信誉状况主要从农户的个人品德以及信用记录两方面体现。这类指标主要包括：

荣誉称号或政府奖励（U_{11}）。荣誉称号或政府奖励从侧面反映了一个人的信誉状况，荣誉称号或政府奖励越多，违约风险就越低。

村里口碑（U_{12}）。个人品德主要体现在与邻居的关系，在村里口碑越好，越注重自己的荣誉，违约风险越低。

遵纪守法（U_{13}）。

赌博、偷窃等不良行为（U_{14}）。

贷款历史记录（U_{15}）。是否有拖延贷款、赖账行为，按照其历史记录基本可以预测将来其还款的行为。

（二）农户家庭结构特征（U_2）

年龄（U_{21}）。农户的年龄结构与其经营能力和还款能力有较大的相关性。一般来说，农户的年龄小，获利能力低；年龄老，身体素质和劳动技能低，偿债的能力较低。

学历（U_{22}）。按常规，受教育程度与收入水平成正比，学历越高，工作的领域越广，能力越强，偿债的能力越强。

婚姻状况（U_{23}）。已婚、婚姻和谐的农户，责任感就越强，相对来说贷款违约的概率就越低。

健康状况（U_{24}）。健康状况越好，偿债能力就越强。

家庭成员状况（U_{25}）。包括家庭劳动力数量，赡养和抚养的人数。劳动力越多，需要赡养和抚养的人数越少，偿债能力就越强。

居住地稳定性（U_{26}）。在一个居住地待的时间越长，农户的情况越稳定，贷款的安全性越高。

（三）偿债能力（U_3）

家庭总资产（U_{31}）。家庭总财产是农户过去经营成果的表现，既是衡量农户经营能力的重要指标，又是反映农户偿还能力的指标。一般来说，家庭拥有的资产的价值越高，农户的还贷能力就越强。

申请农户收入（U_{32}）。农户还款来源来自家庭收入，家庭收入越高，违约的风险越小。

申请农户非农收入占比（U_{33}）。农户非农收入反映农户的商务经营能力，家庭非农收入越高，农户的商务经营能力越强，贷款的安全性越高。

家庭支出水平（U_{34}）。农户的支出水平是农户还贷意愿的重要特征，在收入一定的情况下，家庭支出越大，可以用于偿还债务的金额越小，降低了偿还贷款的能力。

农户负债总额（U_{35}）。农户现有负债总额越多，偿债能力就越低。

（四）经营状况（U_4）

农户土地面积（U_{41}）。农户耕种面积越多，偿债能力就越高。

资金投向（U_{42}）。农户贷款的资金投向影响农户的还贷风险。如果农户的借款用于生产性投资，风险相对较小。贷款的资金用于解决外出务工的费用或者是用于留守家庭成员的生活费用等，那么其风险也较小。贷款的资金用于医疗等生活性支出，其风险较大。

经营项目的创收能力（U_{43}）。农户经营项目的创收能力越强，贷款的安全性越高。

经营项目稳定性（U_{44}）。风险性越高，虽然伴随着高收益，但损失的可能性也加大，违约的风险也越高。

（五）经营环境（U_5）

所在村镇的信用状况（U_{51}）。由于农民文化素质相对较低等原因，"羊群效应"在农户中表现比较突出。如果借款农户有人拖欠贷款有可能引发连锁反应，引起从众行为，导致其他人也跟随拖欠贷款的可能性提高。

所在地的经济状况（U_{52}）。农户居住所在地的经济越发达，农户的还款能力、还款渠道等越要优于经济条件差的地区的农户。

政府补贴（U_{53}）。政府补贴，农户的收入越多，违约可能性就越小。

各类保险（U_{54}）。各类保险多，抵御各类风险的能力就越强，违约可能性就越小。

根据农户信贷信用风险的评价内容，筛选了与农户信贷信用风险比较相关的关键指标，构建了农户信贷信用风险评价的指标体系，如表7-3所示。

表 7 - 3　　　　　农户信贷信用风险评价的指标体系

一级指标	二级指标
信誉状况（U_1）	荣誉称号或政府奖励（U_{11}）
	村里口碑（U_{12}）
	遵纪守法程度（U_{13}）
	赌博、偷窃等不良行为（U_{14}）
	贷款历史记录（U_{15}）
农户家庭结构特征（U_2）	年龄（U_{21}）
	学历（U_{22}）
	婚姻状况（U_{23}）
	健康状况（U_{24}）
	家庭成员状况（U_{25}）
	居住地稳定性（U_{26}）
偿债能力（U_3）	家庭总资产（U_{31}）
	申请农户收入（U_{32}）
	申请农户非农收入占比（U_{33}）
	家庭支出水平（U_{34}）
	农户负债总额（U_{35}）
经营状况（U_4）	农户土地面积（U_{41}）
	资金投向（U_{42}）
	经营项目的创收能力（U_{43}）
	经营项目稳定性（U_{44}）
经营环境（U_5）	所在村镇的信用状况（U_{51}）
	所在地的经济状况（U_{52}）
	政府补贴（U_{53}）
	各类保险（U_{54}）

第四节　农户信用风险的评价方法的应用

一　评价的主要思路和步骤

根据建立的评价指标体系，对一级、二级指标给出 AHP 和德尔菲法相结合的权重，然后根据指标情况由决策者给出评价结果。

设农村非正规金融机构对要贷款的农户进行信贷信用风险评价，农户个数为 $S = (s_1, s_2, \cdots, s_m)$，农户信贷信用风险评价的指标体系有 t 个一级指标，N 个二级指标。

第一步，根据贷款农户实际情况，综合各个评估专家的意见，利用德尔菲法得出各个农户指标值的主观评价矩阵

$$\eta = \begin{bmatrix} \xi_{111} & \xi_{112} & \cdots & \xi_{11m} \\ \xi_{121} & \xi_{122} & \cdots & \xi_{12m} \\ \vdots & \vdots & \ddots & \vdots \\ \xi_{ij1} & \xi_{ij2} & \cdots & \xi_{ijm} \end{bmatrix}。$$

ξ_{ijm} 是对第 m 个农户第 i 个一级指标的第 j 个二级指标的主观评价。本书应用描述性语言来表示对各个贷款农户的主观评价，这些描述性语言可以用三角模糊变量来表示。

第二步，各个评估者根据指标利用 AHP 和德尔菲法给出一级指标权重 $V = (v_1, v_2, \cdots, v_t)$ 和二级指标的权重 $\omega = (\omega_1, \omega_2, \cdots, \omega_n)$，其中 n 以前为第一个一级指标的二级指标数。

第三步，从所有指标评价中，得到各个农户第一个一级指标的 n 个二级指标值的主观评级矩阵

$$\eta_1 = \begin{bmatrix} \xi_{11} & \xi_{12} & \cdots & \xi_{1n} \\ \xi_{21} & \xi_{22} & \cdots & \xi_{2n} \\ \vdots & \vdots & \ddots & \vdots \\ \xi_{m1} & \xi_{m2} & \cdots & \xi_{mn} \end{bmatrix}。$$

第四步，用模糊期望值算子与矢量归一法对该二级指标进行归一化处理，其计算公式为

$$\eta_{ij} = \frac{\xi_{ij}}{\sum_{i=1}^{m} E[\xi_{ij}]},$$

得到评价矩阵

$$\eta'_1 = \begin{bmatrix} \eta_{11} & \eta_{12} & \cdots & \eta_{1n} \\ \eta_{21} & \eta_{22} & \cdots & \eta_{2n} \\ \vdots & \vdots & \ddots & \vdots \\ \eta_{m1} & \eta_{m2} & \cdots & \eta_{mn} \end{bmatrix},$$

其中 E 为模糊期望值算子，$E[f(\xi)]$ 能利用模糊期望值的模拟算法进行估计。

假设 $f: R^n \rightarrow R$ 是一个实值函数，$\xi = (\xi_1, \xi_2, \cdots, \xi_n)$ 是定义在可能性空间 $(\Theta, P(\Theta), Pos)$ 上的模糊向量，则 $f(\xi)$ 也是一个模糊变量，它的期望值定义为

$$E[f(\xi)] = \int_0^{+\infty} Cr\{f(\xi) \geq r\} dr - \int_{-\infty}^0 Cr\{f(\xi) \leq r\} dr。$$

下面给出一个模糊模拟来估计 $E[f(\xi)]$。分别从 Θ 中均匀产生 θ_k，使得 $Pos\{\theta_k\} \geq \varepsilon$，并定义 $v_k = Pos\{\theta_k\}$，$k = 1, 2, \cdots, N$，其中 ε 是一个充分小的数。当 N 充分大时，对任意的 $r \geq 0$，可信性 $Cr\{f(\xi) \geq r\}$ 可以近似为：

$$\frac{1}{2}(\max_{1 \leq k \leq N}\{v_k \mid f(\xi(\theta_k)) \geq r\} + \min_{1 \leq k \leq N}$$
$$\{1 - v_k \mid f(\xi(\theta_k)) < r\}),$$

而对任意的 $r < 0$，可信性 $Cr\{f(\xi) \leq r\}$ 可以近似为：

$$\frac{1}{2}(\max_{1 \leq k \leq N}\{v_k \mid f(\xi(\theta_k)) \leq r\} + \min_{1 \leq k \leq N}$$
$$\{1 - v_k \mid f(\xi(\theta_k)) > r\})。$$

模拟算法具体为：

步骤 1　置 $e = 0$。

步骤 2　分别从 Θ 中均匀产生 θ_k，使得 $Pos\{\theta_k\} \geq \varepsilon$，令 $v_k = Pos\{\theta_k\}$，$k = 1, 2, \cdots, N$，其中 ε 是一个充分小的数。

步骤 3　置 $a = \min_{1 \leq k \leq N} f(\xi(\theta_k))$，$b = \max_{1 \leq k \leq N} f(\xi(\theta_k))$。

步骤 4　从区间 $[a, b]$ 中均匀产生 r。

步骤 5　如果 $r \geq 0$，则 $e \leftarrow e + Cr\{f(\xi) \geq r\}$。

步骤 6　如果 $r < 0$，则 $e \leftarrow e - Cr\{f(\xi) \leq r\}$。

步骤 7　重复步骤 4 至步骤 6 共 N 次。

步骤 8　　$E[f(\xi)] = a \bigvee 0 + b \bigvee 0 + e \cdot (b - a)/N$。

第五步，由评估矩阵 η'_1 和第一个一级指标的 n 个二级指标 $\omega = (\omega_1, \omega_2, \cdots, \omega_n)$，得到对 t 个农户的第一个一级指标模糊评价

$$r_1 = \begin{bmatrix} \eta_{11} & \eta_{12} & \cdots & \eta_{1m} \\ \eta_{21} & \eta_{22} & \cdots & \eta_{2n} \\ \vdots & \vdots & \ddots & \vdots \\ \eta_{n1} & \eta_{n2} & \cdots & \eta_{nm} \end{bmatrix} \begin{bmatrix} \omega_1 \\ \omega_2 \\ \vdots \\ \omega_n \end{bmatrix}。$$

第六步，重复步骤一到步骤五 t 次，我们可以得到对 m 个农户的所有一级指标的模糊评价。

第七步，由评价矩阵 R 和一级指标的主观权重为 V，我们可以得到对 m 个农户总的模糊评价 $e = (r_1, r_2, \cdots, r_t)(v_1, v_2, \cdots, v_t)^T$。

第八步，利用模糊模拟技术计算所有方案的期望值并进行排序

$$E[e_i] = E\left[\sum_{j=1}^{t} r_j v_j\right], i = 1, 2, \cdots, m,$$

其中 e_i 为第 i 个贷款农户的总的模糊评价。

在这个步骤中，因为对农户的评价都是依据指标值的主观评价，决策者可以依据对风险的态度是中性还是风险厌恶和风险爱好，选择模糊模拟技术对最终贷款农户的总的模糊评价估计期望值、悲观值和乐观值。[①]

二　数值例子

根据 3 个贷款农户的实际情况，利用德尔菲法，给出综合各个决策者的 3 个农户二级指标主观语言评价，见表 7 - 4。

表 7 - 4　　　　　　　农户信用风险二级指标主观语言评价

二级指标	贷款农户 1	贷款农户 2	贷款农户 3
荣誉称号或政府奖励（U_{11}）	多	一般	没有
村里口碑（U_{12}）	很好	好	很好
遵纪守法程度（U_{13}）	高	高	很高
赌博、偷窃等不良行为（U_{14}）	很少	少	很少

---

①　有关具体的模糊模拟技术参考文献，*Uncertainty Theory：An Introduction to Its Axiomatic Foundations*（Liu B.，2004）。

续表

二级指标	贷款农户1	贷款农户2	贷款农户3
贷款历史记录（U_{15}）	良	一般	一般
年龄（U_{21}）	46—60	26—35	36—45
学历（U_{22}）	初中	高中	小学
婚姻状况（U_{23}）	和谐	很和谐	一般
健康状况（U_{24}）	良	优	优
家庭成员状况（U_{25}）	低	一般	很低
居住地稳定性（U_{26}）	高	高	一般
家庭总资产（U_{31}）	高	一般	低
申请农户收入（U_{32}）	高	很低	低
申请农户非农收入占比（U_{33}）	一般	低	高
家庭支出水平（U_{34}）	高	一般	低
农户负债总额（U_{35}）	一般	低	高
农户土地面积（U_{41}）	多	少	很多
资金投向（U_{42}）	优	中	良
经营项目的创收能力（U_{43}）	一般	差	好
经营项目稳定性（U_{44}）	强	很强	一般
所在村镇的信用状况（U_{51}）	好	一般	好
所在地的经济状况（U_{52}）	很发达	一般	发达
政府补贴（U_{53}）	多	很多	少
各类保险（U_{54}）	一般	少	一般

本书应用模糊变量来表示3个农户的主观语言评价，根据文献"Evaluating attack helicopters by AHP based on linguistic variable weight"（Cheng C. et al.，1999）[1] 及经验，主观语言评价值采用五个等级从劣到优依次用：五个三角模糊变量：（0.00，0.00，0.20）、（0.05，0.25，0.45）、（0.30，0.50，0.70）、（0.55，0.75，0.95）、（0.80，1.00，1.00）表示。而这五个等级对应非常不好、不好、一般、好、非常好，或者非常不重要、不重要、一般、重要、非常重

---

[1] Cheng C.，Yang K. and Hwang C.，"Evaluating attack helicopters by AHP based on linguistic variable weight"，*European Journal of Operational Research*，Vol. 116，No. 2，July 1999.

要等。

在所有二级指标中需要对以下 5 个二级指标对应着的模糊变量进行说明：

年龄的五个档次：60 以上；46—60；36—45；26—35；25 以下。

学历的五个档次：未上学；小学；初中；高中（或中专）；大专及以上。

贷款历史记录的五个档次：有经常性拖欠习惯，拖欠记录 11 次以上；累计有 3—10 次非恶意拖欠记录但目前信用良好；偶有 1—2 次非恶意拖欠记录但目前信用良好；有借款记录但无不良记录；无借款记录。

家庭支出水平与农户负债总额的五个档次：很高，高，一般，低，很低。

这五个二级指标按照以上顺序分别对应着五个三角模糊变量：（0.00，0.00，0.20）、（0.05，0.25，0.45）、（0.30，0.50，0.70）、（0.55，0.75，0.95）、（0.80，1.00，1.00）。

根据主观语言评价表，得到各个二级指标的含有模糊变量的评价矩阵：

$$\text{信誉状况评价矩阵 } \eta_1 =$$

$$\begin{bmatrix} (0.55,0.75,0.95) & (0.30,0.50,0.70) & (0.00,0.00,0.20) \\ (0.80,1.00,1.00) & (0.55,0.75,0.95) & (0.80,1.00,1.00) \\ (0.55,0.75,0.95) & (0.55,0.75,0.95) & (0.80,1.00,1.00) \\ (0.00,0.00,0.20) & (0.05,0.25,0.45) & (0.00,0.00,0.20) \\ (0.55,0.75,0.95) & (0.30,0.50,0.70) & (0.30,0.50,0.70) \end{bmatrix},$$

$$\text{家庭结构特征评价矩阵 } \eta_2 =$$

$$\begin{bmatrix} (0.30,0.50,0.70) & (0.55,0.75,0.95) & (0.80,1.00,1.00) \\ (0.30,0.50,0.70) & (0.55,0.75,0.95) & (0.05,0.25,0.45) \\ (0.55,0.75,0.95) & (0.80,1.00,1.00) & (0.30,0.50,0.70) \\ (0.55,0.75,0.95) & (0.80,1.00,1.00) & (0.80,1.00,1.00) \\ (0.05,0.25,0.45) & (0.30,0.50,0.70) & (0.00,0.00,0.20) \\ (0.55,0.75,0.95) & (0.55,0.75,0.95) & (0.30,0.50,0.70) \end{bmatrix},$$

$$偿债能力评价矩阵\ \eta_3 =$$

$$\begin{bmatrix} (0.55,0.75,0.95) & (0.30,0.50,0.70) & (0.05,0.25,0.45) \\ (0.55,0.75,0.95) & (0.00,0.00,0.20) & (0.05,0.25,0.45) \\ (0.30,0.50,0.70) & (0.05,0.25,0.45) & (0.55,0.75,0.95) \\ (0.05,0.25,0.45) & (0.30,0.50,0.70) & (0.55,0.75,0.95) \\ (0.30,0.50,0.70) & (0.05,0.25,0.45) & (0.05,0.25,0.45) \end{bmatrix},$$

$$经营状况评价矩阵\ \eta_4 =$$

$$\begin{bmatrix} (0.55,0.75,0.95) & (0.05,0.25,0.45) & (0.80,1.00,1.00) \\ (0.80,1.00,1.00) & (0.30,0.50,0.70) & (0.55,0.75,0.95) \\ (0.30,0.50,0.70) & (0.05,0.25,0.45) & (0.55,0.75,0.95) \\ (0.55,0.75,0.95) & (0.80,1.00,1.00) & (0.30,0.50,0.70) \end{bmatrix},$$

$$经营环境评价矩阵\ \eta_5 =$$

$$\begin{bmatrix} (0.55,0.75,0.95) & (0.30,0.50,0.70) & (0.55,0.75,0.95) \\ (0.80,1.00,1.00) & (0.30,0.50,0.70) & (0.55,0.75,0.95) \\ (0.55,0.75,0.95) & (0.80,1.00,1.00) & (0.05,0.25,0.45) \\ (0.30,0.50,0.70) & (0.05,0.25,0.45) & (0.30,0.50,0.70) \end{bmatrix}。$$

按照德尔菲法，根据多个专家的意见，比较一级指标信誉状况（U_1）、农户家庭结构特征（U_2）、偿债能力（U_3）、经营状况（U_4）、经营环境（U_5）相对的重要程度，并按照标度的含义，建立一级指标比较矩阵，得到经过归一化的特征向量（见表7-5）。

表7-5　　　　　　一级指标比较矩阵及经过归一化的特征向量

	U_1	U_2	U_3	U_4	U_5	w
信誉状况 U_1	1	2	1/2	3	5	0.274
农户家庭结构特征 U_2	1/2	1	1/3	3	4	0.183
偿债能力 U_3	2	3	1	3	5	0.393
经营状况 U_4	1/3	1/3	1/3	1	2	0.095
经营环境 U5	1/5	1/4	1/5	1/2	1	0.055

$\lambda_{max} = 5.161$，$C.I. = 0.040$，$R.I. = 1.120$，$C.R. = 0.036 < 0.1$，判断矩阵的一致性检验通过。

　　按照德尔菲法，根据多个专家的意见，比较从属于一级指标信誉状况（U_1）的二级指标荣誉称号或政府奖励（U_{11}）、村里口碑（U_{12}）、遵纪守法（U_{13}）、赌博和偷窃等不良行为（U_{14}）、贷款历史记录（U_{15}）的相对重要性，构建两两比较矩阵，得到经过归一化的特征向量（见表7-6）。

表7-6　　信誉状况指标的二级指标比较矩阵及经过归一化的特征向量

	U_{11}	U_{12}	U_{13}	U_{14}	U_{15}	w
荣誉称号或政府奖励 U_{11}	1	1/4	1/2	1/3	1/6	0.580
村里口碑 U_{12}	4	1	3	2	1/2	0.260
遵纪守法 U_{13}	2	1/3	1	1/2	1/4	0.096
赌博、偷窃等不良行为 U_{14}	3	1/2	2	1	1/3	0.158
贷款历史记录 U15	6	2	4	3	1	0.428

　　$\lambda_{max} = 5.051$，$C.I. = 0.013$，$R.I. = 1.120$，$C.R. = 0.012 < 0.1$，判断矩阵的一致性检验通过。

　　按照德尔菲法，根据多个专家的意见，比较从属于一级指标农户家庭结构特征（U_2）的二级指标年龄（U_{21}）、学历（U_{22}）、婚姻状况（U_{23}）、健康状况（U_{24}）、家庭成员状况（U_{25}）、居住地稳定性（U_{26}）的相对重要性，构建两两比较矩阵，得到经过归一化的特征向量（见表7-7）。

表7-7　　农户家庭结构特征指标的二级指标比较矩阵及
经过归一化的特征向量

	U_{21}	U_{22}	U_{23}	U_{24}	U_{25}	U_{26}	w
年龄 U_{21}	1	3	3	2	1/2	4	0.241
学历 U_{22}	1/3	1	1/2	1/3	1/4	2	0.073
婚姻状况 U_{23}	1/3	2	1	1/2	1/4	2	0.098
健康状况 U_{24}	1/2	3	2	1	1/3	4	0.167
家庭成员状况 U_{25}	2	4	4	3	1	5	0.371
居住地稳定性 U_{26}	1/4	1/2	1/2	1/4	1/5	1	0.051

　　$\lambda_{max} = 6.162$，$C.I. = 0.032$，$R.I. = 1.240$，$C.R. = 0.026 < 0.1$，判断矩阵的一致性检验通过。

　　按照德尔菲法，根据多个专家的意见，比较从属于一级指标偿债能力（U_3）的二级指标家庭总资产（U_{31}）、申请农户收入（U_{32}）、申请农户非农收入占比（U_{33}）、家庭支出水平（U_{34}）、农户负债总额（U_{35}）的相对重要性，构建两两比较矩阵，得到经过归一化的特征向量（见表7-8）。

表7-8　　偿债能力指标的二级指标比较矩阵及经过归一化的特征向量

	U_{31}	U_{32}	U_{33}	U_{34}	U_{35}	w
家庭总资产 U_{31}	1	2	4	3	1	0.330
申请农户收入 U_{32}	1/2	1	2	3	1/2	0.189
申请农户非农收入占比 U_{33}	1/4	1/2	1	1/2	1/3	0.080
家庭支出水平 U_{34}	1/3	1/3	2	1	1/2	0.113
农户负债总额 U_{35}	1	2	3	2	1	0.288

　　$\lambda_{max} = 5.141$，$C.I. = 0.035$，$R.I. = 1.120$，$C.R. = 0.031 < 0.1$，判断矩阵的一致性检验通过。

　　按照德尔菲法，根据多个专家的意见，比较从属于一级指标经营状况（U_4）的二级指标农户土地面积（U_{41}）、资金投向（U_{42}）、经营项目的创收能力（U_{43}）、经营项目稳定性（U_{44}）的相对重要性，构建两两比较矩阵，得到经过归一化的特征向量（见表7-9）。

表7-9　　经营状况指标的二级指标比较矩阵及经过归一化的特征向量

	U_{41}	U_{42}	U_{43}	U_{44}	w
农户土地面积 U_{41}	1	1/3	1/2	1/2	0.121
资金投向 U_{42}	3	1	2	2	0.421
经营项目的创收能力 U_{43}	2	1/2	1	2	0.268
经营项目稳定性 U_{44}	2	1/2	1/2	1	0.190

　　$\lambda_{max} = 4.070$，$C.I. = 0.023$，$R.I. = 0.900$，$C.R. = 0.026 < 0.1$，判断矩阵的一致性检验通过。

　　按照德尔菲法，根据多个专家的意见，比较从属于一级指标经营环境（U_5）的二级指标所在村镇的信用状况（U_{51}）、所在地的经济状况（U_{52}）、政府补贴（U_{53}）、各类保险（U_{54}）的相对重要性，构建两两比较矩阵，得到经过归一化的特征向量（见表7-10）。

表7-10　　　经营环境指标的二级指标比较矩阵及经过归一化的特征向量

	U_{51}	U_{52}	U_{53}	U_{54}	w
所在村镇的信用状况 U_{51}	1	1	2	3	0.351
所在地的经济状况 U_{52}	1	1	2	3	0.351
政府补贴 U_{53}	1/2	1/2	1	2	0.189
各类保险 U_{54}	1/3	1/3	1/2	1	0.109

$\lambda_{max} = 4.010$，$C.I. = 0.003$，$R.I. = 0.900$，$C.R. = 0.003 < 0.1$，判断矩阵的一致性检验通过。

根据表7-5至表7-10经过归一化的特征向量得到农户信贷信用风险评价指标权重（见表7-11）。

表7-11　　　　　农户信贷信用风险评价指标权重

一级指标	二级指标
信誉状况（0.274）	荣誉称号或政府奖励（0.580）
	村里口碑（0.260）
	遵纪守法程度（0.096）
	赌博、偷窃等不良行为（0.158）
	贷款历史记录（0.428）
农户家庭结构特征（0.183）	年龄（0.241）
	学历（0.073）
	婚姻状况（0.098）
	健康状况（0.167）
	家庭成员状况（0.371）
	居住地稳定性（0.051）
偿债能力（0.393）	家庭总资产（0.330）
	申请农户收入（0.189）
	申请农户非农收入占比（0.080）
	家庭支出水平（0.113）
	农户负债总额（0.288）

一级指标	二级指标
经营状况 （0.095）	农户土地面积 （0.121）
	资金投向 （0.421）
	经营项目的创收能力 （0.268）
	经营项目稳定性 （0.190）
经营环境 （0.055）	所在村镇的信用状况 （0.351）
	所在地的经济状况 （0.351）
	政府补贴 （0.189）
	各类保险 （0.109）

用模糊期望值算子与矢量归一法对第一个一级指标的 n 个二级指标各个农户指标值进行归一化处理，得到评价矩阵

$$\eta'_1 =$$

$$\begin{bmatrix} (0.42,0.58,0.73) & (0.23,0.38,0.54) & (0.00,0.00,0.15) \\ (0.30,0.38,0.38) & (0.21,0.28,0.36) & (0.30,0.38,0.38) \\ (0.22,0.31,0.39) & (0.22,0.31,0.39) & (0.33,0.41,0.41) \\ (0.00,0.00,0.57) & (0.14,0.71,1.29) & (0.00,0.00,0.57) \\ (0.31,0.43,0.54) & (0.17,0.29,0.40) & (0.17,0.29,0.40) \end{bmatrix}。$$

同理也可以得到各个一级指标的归一化评价矩阵。

按照步骤5到步骤7，可以得到对3个农户总的模糊评价。

第八步，本实例中利用模糊模拟技术计算所有方案的期望值。

根据3位农户各个指标的模糊分数以及指标权重计算出每个农户的信用得分，由于农户的得分经过标准化处理，因此农户最后的信用得分是在0分至1分之间。3位农户的得分分别为0.467489，0.401595，0.274128。3个农户的信用评价从优到劣依次为农户1、农户2、农户3。

由于信息不对称的存在，农村非正规金融机构的农户贷款对象与正规金融机构有所不同，农村非正规金融机构可以参考正规金融机构农户信用评分标准，根据经验，设立符合自身特点的信用评分指标，并对贷款农户采取简单、易操作的主观语言评价，利用上述计算方法

步骤，得出农户的信用等级。

模糊变量有着深刻的数学原理，使具有模糊性的语言变量用模糊变量来表示，能将人们的语言数学化、系统化，便于人们接受和理解。鉴于模糊变量去模糊化的计算比较复杂，可以利用模糊模拟技术来计算模糊变量的期望值、乐观值和悲观值，并且这些模糊模拟计算已经有了现成的算法和程序，可以在实际运用中使用。只要会操作计算机、知道简单编程的人员即可了解和掌握模糊模拟技术的基本原理及其基本步骤，并且所得结果简单明确，容易为广大处于农村非正规金融机构的决策者了解和掌握。

第八章

结论和政策建议

第一节　结论

从河北省农村非正规金融机构现状出发，借鉴国内外农村非正规金融机构的成功经验，对河北农村非正规金融机构的现状和发展对策进行了研究。

通过实地调研发现，河北农村金融市场上的正规金融机构对农村金融需求存在信贷配给问题，发放的贷款不能满足农村金融的市场需求，造成农村金融市场效率低下、农村金融供给不足。河北农村非正规金融机构内生于乡土社会网络，与正规金融机构相比，在农村金融供给中拥有一定的比较优势。其比较优势建立在有限范围的地缘、业缘、亲缘基础上，在一定的信任半径内发挥作用，克服了正规金融信息不对称和道德风险的问题。在农村正规金融机构无法满足广大农户资金需求的情况下，农村非正规金融机构在一定程度上缓解了农村金融供求的不平衡，成为不可忽视的农村金融力量。

河北农村非正规金融机构面临着发展的瓶颈。绝大部分农村非正规金融机构至今仍然处于法律定位的缺失状态中，法律和政策规定的迟滞成为其继续发展的软肋。而农村非正规金融机构发展中也面临着资金不足、信息优势降低、风险控制能力弱、农村金融市场竞争日趋激烈等难以逾越的问题。政府相关政策的陆续出台和相关研究的逐渐深入，为农村非正规金融机构向正规金融机构转化指明了方向。

分析了河北农村非正规金融机构和正规金融机构在农村金融市场上信息、资金、监管等各个方面的比较优势，探讨两者开展合作的可行性和必要性。通过构建分析农村非正规金融机构和正规金融机构的博弈模型，得出二者合作是解决农村金融市场信贷配给问题、促进河北省农村非正规金融机构发展的一个可行途径。

河北省农村非正规金融机构的信用风险状况及控制能力，不仅决定机构未来发展的核心竞争力，而且关系到农村金融的供给能力，影响农村金融的支农力度。因此针对河北省农村非正规金融机构，构建了一个有效、操作性强的河北省农村非正规金融机构农户信用风险评级模型，对提升农村非正规金融机构信用风险管理水平具有重要的作用。

第二节　相关政策建议

虽然农村非正规金融机构的发展促进了中国金融制度的变迁，但针对非正规金融机构还未制定专门和特定的法律规范，对非正规金融活动大都只是在部分条款中进行了大致和宽泛的规定，针对河北省农村非正规金融的制度安排更是少之又少。规范和发展河北省农村非正规金融的核心问题是制度设计问题，在正规金融与非正规金融的合作博弈中，博弈规则就是一种合作制度安排。这种合作制度安排通常是以立法形式或其他强有力的约束形式给予规定，正规金融与非正规金融的博弈必须在既定的制度框架内进行，制度对参与博弈的双方都具有约束力，参与者在既定的制度框架内进行自我约束和策略的行事。如果制度安排不合理，非正规金融机构的自我发展或者与正规金融机构合作，就必然导致非最优的结果。由于市场主导的诱致性制度变迁是组织和个人因制度不均衡而产生的为追求潜在利润的自发性反应，是潜在利润的内化过程。从这个意义上说，政府应放松对需求推动的内生性金融制度创新行为的限制，适时、适度地突破政策约束，提供与之相适应的制度供给至关重要。只有合理制定制度体系，才能有效地促进非正规金融在河北省农村的健康发展，从而使非正规金融充分发挥促进区域经济发展的作用，最终实现整个国家的经济增长。

一　构建非正规金融发展的法律体系

加强对农村非正规金融机构立法工作的研究。根据河北省农村的实际情况，参考世界上一些国家或浙江温州等其他省份地区为非正规金融的发展制定的相关法律法规的经验，针对农村非正规金融机构出台专门的法规、条例或管理办法，用来规范和指导非正规金融机构活动。法规或条例应当明确界定合法的非正规金融机构形式，对非正规金融从机构的设立、机构的组织架构、经营管理、监督检查等方面加以明确，实现对农村非正规金融监管的规范化、制度化和法治化，为农村非正规金融机构提供法律保障。对于导致非正规金融风险失控、给社会治安产生负面影响或违法犯罪的非正规金融机构行为不能放任自流，要依法严厉打击。

完善农村非正规金融立法并非将全部非正规金融机构纳入政府监管部门的监管范畴，而是以法律形式提供一种交易双方应遵循的博弈规则，通过法律允许非正规金融机构的有序发展。当非正规金融交易规模扩大、组织化程度提高、不再具有信息优势和低交易成本优势时，可通过制度设计，鼓励非正规金融机构转化成正规金融机构。

二　加强对非正规金融的监管和监测

就中国目前的情况来看，对非正规金融的管制日益放松。但放松的同时要加强对非正规金融的监管。金融监管是一国政府监管部门对金融机构实施的监督和业务管制。对于正规金融而言，中国拥有完备的监管立法和部门规章，因而可以对正规金融实施科学有效的监管。但非正规金融是游离在国家有效的监管范围之外的，在目前还没有针对农村非正规金融出台专门的监管法律。农村非正规金融监管要明确监管主体、监管对象和监管内容，制定农村非正规金融机构市场准入和退出机制，辅之以改革的配套措施，以便尽最大可能对纷繁复杂的非正规金融进行监管，保证农村非正规金融有序演进。在目前法律缺位、非正规金融转化为正规金融还需要一段时日的情况，加强对非正规金融的监管和监测势在必行。

对于河北省农村非正规金融机构的监管，还要考虑到河北省区域经济的特征。在考虑京津冀协同发展的同时，也要注意到河北省的地区差异，对各地农村非正规金融监管也应该按照经济发展状况的不同而区别对待，区别监管，对不同区域的农村金融采取不同的监管方式，根据它们的规模大小、业务范围、市场定位、财务状况等确立合适的标准将它们划分成不同的类别，然后有针对性地实施分类监管，强化非正规金融的规则与制度。

三　加快信用体系建设

金融机构的良好运营需要良好的信用环境作支撑。提高信用环境的质量，对农村非正规金融机构的规范化发展同样重要。由于我国社会信用制度的缺失和法制的不健全，借贷农户维护信用的收益不大，而毁坏信用的损失也有限，借贷农户普遍缺乏维护信用的积极性，导致信用风险是农村非正规金融机构发展面临的主要风险。信用关系的发展和完善、信用秩序的形成和确立都是建立在有一个健全的信用制度的基础之上的。这种健全的信用制度又是由一系列相关的法律法规来体现和维护的。因此，应加快社会信用方面的立法步伐，完善信用方面的法律法规体系，加强金融生态环境建设，逐步促进改善金融业生存的信用环境。同时，充分发挥政府在信用环境建设中的作用。政府可以发挥宏观调控的作用，促进建立农村非正规金融机构信息系统和数据库的建设，采取对农业融资信用风险进行统计评估的模式，利用政府在调动信息技术资源方面的特有优势，开展信用风险的补充服务。通过地方政府和监管部门的独有优势，积极发挥其信息传递者作用，促进农村非正规金融机构之间、农村非正规金融和正规金融机构、农村非正规金融和地方组织等的信息连接和交流。

四　加快建立存款保险制度

存款保险制度是一种金融保障制度，是指由符合条件的各类存款性金融机构可以依照强制或自愿原则，按照一定比例缴存保险费，建立存款保险准备金。当这些金融机构发生经营危机或面临破产倒闭时，存款保险机构通过向存款人提供贷款、紧急资金援助、赔偿保险金等方式，保证金融机构的清偿能力，从而保护存款人的利益，维护银行信用，稳定金融秩序的一种制度。该制度具有事前管理和事后救助的双重职能。如果建立了存款保险制度，参加存款保险的金融机构面临破产倒闭时，存款保险机构将会最大限度地维护存款人的利益，将其损失降到最低限度。如果建立了存款保险制度，那么就将由存款保险机构为金融机构的经营后果提供最后保障，同时也就会为参与其中的非正规金融机构的发展创造更有利的条件。从这一点来看，非正规金融机构也会主动向正规金融转化，从而有助于监管部门加强对非正规金融的监管。截至 2014 年 3 月，中国尚未建立显性的存款保险制度。

五　加快利率市场化进程

放松利率管制、实行利率市场化改革将促进非正规金融与正规金融的竞争、合作和互补。非正规金融的自发性促使其借贷利率更为市场化、更接近市场均衡利率水平，因此，为非正规金融在动员储蓄、资本形成、资源配置方面提供了生存空间。加快利率市场化改革步伐，就能够使市场化的利率正确反映市场供求状况，引导资金在全社会范围内的合理、有序、高效流动，也促进了正规金融与非正规金融的融合。

附　录

调查问卷

调查说明：（以下选择题可以多选）

本项调查不涉及被调查者的姓名，调查结果仅作为学术研究之用，您的回答将不会对您造成任何影响，请您根据您的真实情况作答，谢谢。

河北农村金融服务基本情况调查

调查日期：＿＿＿＿＿＿＿＿＿＿＿＿＿调查者：＿＿＿＿＿＿＿＿＿＿＿＿

调查地点：河北省＿＿＿＿＿＿县（市）＿＿＿＿＿＿镇（乡）

＿＿＿＿＿＿村

一　被调查农户的家庭情况

1. 户主年龄：＿＿＿＿＿＿岁，性别：（a. 男 b. 女）

户主文化程度：（a. 小学及以下 b. 初中 c. 高中 d. 高中以上）

户主主要从事的工作或职业：（a. 无业 b. 工资收入 c. 自营工商业 d. 农业）

家庭总人数＿＿＿＿＿＿，务农劳动力＿＿＿＿＿＿人，外出打工＿＿＿＿＿＿人，上学＿＿＿＿＿＿人，现有总耕种面积＿＿＿＿＿＿亩。

2. 家庭收入的主要渠道：（a. 种植业 b. 养殖业 c. 工资性收入 d. 自营工商业收入 e. 其他收入）

3. 您的家庭年收入为多少？　（a. 1 万以下 b. 1 万—5 万

c. 5 万—10 万 d. 10 万以上）

4. 家庭支出的主要渠道：（a. 生产经营性支出 b. 生活性消费支出）

5. 最近的三年中（2009 年 7 月—2012 年 7 月），生产或生活上有没有资金的困难？（a. 有 b. 没有）

6. 在您需要借款时，最有可能在哪些地方获得借款？

［a. 亲戚朋友 b. 私人钱庄 c. 同村人 d. 高利贷 e. 担保机构 f. 农村合作社、互助社 g. 合会 h. 典当行 i. 小额贷款公司 j. 邮政储蓄银行 k. 村镇银行 l. 信用社 m. 其他（请说明其他的借款来源）］

7. 您的借款主要用于（a. 一般农业生产支出 b. 子女教育 c. 家庭成员治病 d. 婚娶 e. 经营性投资 f. 修建房屋 g. 买车 h. 维持或扩大本企业的生产经营 i. 归还欠款 j. 其他）（请说明）

8. 你觉得贷款期限一般应该是：（a. 1—3 个月 b. 3—6 个月 c. 6 个月—1 年 d. 1—2 年 e. 2—3 年 f. 3 年以上）

9. 您是否从银行或者信用社获得过贷款？（该问题只需有借款经历者回答）

a. 是（请继续回答第二部分）

b. 否（请跳过第二部分，直接回答第三部分）

二 农户从银行、信用社金融机构资金融入情况

1. 最近三年中您向银行、农信社等金融机构申请借款的次数为_____次，您成功获得贷款的次数为_____次，总额为_____元，借款利率一般为_____（月利率）

2. 你的贷款抵押方式是_____

3. 您对当前贷款利率水平的评价（a. 太高 b. 较高 c. 合适 d. 较低）

4. 您是否有过在贷款到期日未能足额还款的情况（a. 有 b. 没有）

5. 若您的借款不能按时偿还，您会［a. 借钱还债 b. 以财产抵押 c. 与债主商量延期偿还 d. 其他（请说明其他的含义）］

6. 您从银行、信用社获取贷款花费的时间为

（a. 1 个月以内 b. 1—3 个月 c. 3—6 个月 d. 6—12 个月 e. 1 年以上）

7. 向银行、农信社等金融机构贷款时，主要存在的问题有 [a. 利率太高 b. 额度太小 c. 期限太短 d. 抵押评估、公证费等额外费用太高 e. 审批效率太低 f. 上门针对性服务较少 g. 信用社自身实力有限，力不从心 h. 无抵押担保 i. 其他（请说明其他的原因）]

三　农户从非正规金融机构资金融入情况（本调查中非正规金融机构是指除了银行、信用社以外的机构、组织、个人）

1. 您的非正规金融渠道获得的借款主要来自于

[a. 合会 b. 标会 c. 轮会 d. 亲戚朋友 d. 同村人 e. 其他非正规金融机构 f. 其他（请说明）]

2. 最近三年中您通过非正规金融渠道获得借款的次数为＿＿＿＿＿＿次，获得的借款总额为＿＿＿＿＿＿元，借款利率一般为＿＿＿＿＿＿（月利率）

3. 您当地有没有合会、标会、钱庄等非正规金融机构（a. 比较多 b. 一般 c. 比较少 d. 没有）

4. 这些非正规金融机构的利率与银行、信用社相比（a. 很高 b. 比较高 c. 差不多 d. 不清楚）

5. （1）向私人借款时合约的签订情况：（a. 无任何形式 b. 口头约定 c. 立字据）

（2）向私人借款时利息是（a. 无息 b. 低息 c. 高息）

（3）向私人借款时需要担保和抵押吗（a. 要 b. 不要）

（4）向私人借钱是否通过中间人介绍（a. 是 b. 否）

（5）向私人借款的过程中发生过纠纷吗（a. 有过 b. 没有）

（6）向私人借款时的期限（a. 约定期限 b. 不约定期限）

6. （1）若您的借款不能按时偿还，你会 [a. 借钱还债 b. 以房屋或其他财产抵押 c. 帮债主打工 d. 与债主商量延期偿还 e. 其他（请说明）]

（2）发生违约后您的债主采取了哪些措施
〔a. 通过朋友协商解决 b. 与您商量延期 c. 诉诸法律 d. 与您发生暴力冲突 e. 其他（请说明）〕

7. 假如你既有从正规金融借的钱也有从非正规金融借的钱时，归还时一般会选择（a. 先还正规金融的 b. 先还非正规金融的）

8. 您认为农村非正规金融机构在贷款中存在的主要问题是〔a. 有时会伤了亲戚朋友之间的感情 b. 担保机构水平参差不齐 c. 利率过高 d. 信誉危机严重 e. 无政府部门监管 f. 无法律保障权利 g. 其他（请说明）〕

四　农户资金融出情况

1. 如果家中有了闲散资金，会主要用来〔a. 扩大生产、投资 b. 用于消费 c. 先储蓄起来再说 d. 用于借贷 e. 其他（请说明）〕

2. 闲散资金选择存在哪里〔a. 家中 b. 信用社 c. 银行 d. 其他（请说明）〕

3. 家中是否向外借出过钱（a. 有，b. 无），主要借给〔a. 亲戚 b. 朋友或熟人 c. 生意伙伴 d. 其他（请说明）〕

4. 借钱给别人主要是因为（a. 互助 b. 盈利）

5. 借钱给别人时，采取了什么措施来保证还款（a. 立了字据 b. 有担保 c. 有抵押 d. 没有什么措施）

6. 出现借款纠纷一般如何解决（a. 找朋友调解 b. 找村委会调解 c. 诉诸法律 d. 自家上门强行解决 e. 亲属之间调解 f. 不了了之）

后　记

本书为作者 2012 年承担的河北省社会科学基金项目，项目编号：HB12YJ083。所有项目组成员都对本书的完成做出了贡献，付出了很多心血。倘若此书能够对河北省农村非正规金融机构的发展有所助益，并能对改善河北农村金融供给、完善农村金融组织创新做出微薄贡献，则是我们最大的荣幸和满足。

进入 21 世纪以来，解决好我国"三农"问题已成为推动经济和社会发展、改善民生、构建和谐社会的重要举措。农村非正规金融机构在缓解农村贫困、促进农村经济发展方面发挥着巨大作用，成为不可忽视的农村金融力量。但是农村非正规金融机构面临着发展的瓶颈，法律地位的缺失、资金不足、信息优势的相对性、风险控制能力弱、外部环境剧烈变化等问题成为农村非正规金融机构继续发展的软肋。

近年来，农村非正规金融机构及其制度的建立受到了政府的重视，在国家出台大量调整放宽农村地区银行业金融机构准入政策的大背景下，小额贷款公司、村镇银行等新型农村金融机构，展示出其强劲的活力，民营银行的试点工作也终于破冰。然而小额贷款公司、村镇银行等金融机构在发展过程中出现了很多新的问题，这些新问题对促进农村非正规金融机构向正规金融机构转化，并使其为"三农"服务提出了挑战。尽管我国金融监管当局放宽了金融业的准入门，但是农村非正规金融只有在具备一系列条件后才能向正规金融机构转化，那些内生于农村社区不能向正规金融机构转化的各类农村非正规金融机构，如何健康地发展就成了一个迫切需要解决的现实问题。因此探讨农村非正规金融产生的原因，研究如何引导和规范农村非正规金融机构，使其快速健康发展就具有较强的理论意义和实际应用价值。

项目的研究得到了河北经贸大学金融学院的大力支持，借此机会，我们向金融学院表示衷心感谢。感谢刘颖副院长在组织、发动、挑选调研学生工作中所起的关键性作用。刘颖教授、武翠芳副教授、李海燕教授、马胜祥教授、研究生贾志环对本书框架的形成、实地调研的实施、模型构建、理论研究的深化、资料收集都提供了大量实际的支持，在此向他们表达诚挚的感谢。

感谢河北经贸大学金融学院 2010 级、2011 级参与调研的学生，是他们深入到河北省 11 个地级市的农村进行调研，他们付出的劳动为本书第一手的数据资料和原创性的研究奠定了基础。尤其感谢 2011 级金融工程 2 班的邸丰博、化冰、陈超、徐伟强、刘锦、李彦苇、张淞皓、郭永利、孟凡亮等同学，在调研报告后期的查错、整理、筛选中所做的大量工作。

在本书即将出版之际，感谢河北经贸大学学术著作出版基金资助，感谢相关专家对书稿初稿提出的中肯而富有建设性的建议。中国社会科学出版社的宫京蕾老师对这本学术著作的出版付出了大量的心血，在此表示感谢。

限于条件，本书中尚有某些观点和若干资料未能注明出处，在此对有关作者一并表达谢意和歉意。

由于笔者学力有所不逮，并且近年来有关农村非正规金融大量政策相继出台，本书难免挂一漏万，有失偏颇，不当之处敬请专家和实际工作者批评指正。此外，现实中农村非正规金融机构向正规金融机构转化或者与正规金融机构合作，也会不断产生新问题、新风险，这些都有待于笔者以及更多有志之士在后续的研究和实践中不断探索和完善。